# 企业高质量发展实战

## 新型精益＋
## 数字化＋
## 评价驱动

陈杰浩　陈广乾
王宝友　问　斌 | 主编

人民邮电出版社

北　京

**图书在版编目（CIP）数据**

企业高质量发展实战：新型精益+数字化+评价驱动 / 陈杰浩等主编. -- 北京：人民邮电出版社，2025.

ISBN 978-7-115-67299-5

Ⅰ. F279.2

中国国家版本馆 CIP 数据核字第 2025GM4161 号

## 内 容 提 要

本书围绕"企业高质量发展"这一时代主题，基于对中国经济运行规律和发展趋势的深入洞察，结合国内外先进经验和理论成果，提出"新型精益思想、数字化转型、评价驱动"三轮传动的企业可持续高质量发展模式。其中，新型精益思想引导企业行走在最优发展路径上，形成贯穿企业全价值链的"新"管理哲学；数字化转型支撑企业打造高效劳动工具，构建"数据+算法"的企业新型决策机制；评价驱动为企业高质量发展打造"体检中心""指挥中心""驱动中心"，推动企业可持续高质量发展。此外，本书还通过多个案例分析，展示企业在三轮传动模式指导下形成的生动实践。

本书适合从事与企业高质量发展、数字化转型相关工作的人员阅读，可帮助读者更好地了解如何通过新型精益思想、数字化转型、评价驱动推动企业可持续高质量发展。

◆ 主　　编　陈杰浩　陈广乾　王宝友　问　斌
　　责任编辑　胡　艺
　　责任印制　马振武

◆ 人民邮电出版社出版发行　　北京市丰台区成寿寺路 11 号
　　邮编　100164　　电子邮件　315@ptpress.com.cn
　　网址　https://www.ptpress.com.cn
　　三河市中晟雅豪印务有限公司印刷

◆ 开本：720×960　1/16
　　印张：19.5　　　　　　　　　　　2025 年 6 月第 1 版
　　字数：237 千字　　　　　　　　 2025 年 6 月河北第 1 次印刷

定价：99.80 元

读者服务热线：(010)53913866　印装质量热线：(010)81055316
反盗版热线：(010)81055315

# 本书编委会

主　编：陈杰浩、陈广乾、王宝友、问　斌

副主编：史　劼、刘　倩、欧阳旭、张子纯、李　霖、张红军
　　　　李悟杰、李昊巍、许莉新、杜栋栋、钱　程、姜　元
　　　　周　彪、梁惠民、马　斌、孙令波、李　科、刘　俊
　　　　卢　宁、张昉临、王树志、徐迎辉、李晓松、李　铮

编　委：高　洋、尹建伟、王　丛、武晓燕、王长青、乔奇超
　　　　王瑞莹、周永旺、吴　斌、王一男、徐圣杰、雷　鸣
　　　　李天罡、冯　雪、赵安琪、李　瑞、岳姝言、吴　楠
　　　　张曼丽、于遵朋、陈玉伟、赵方宇、曹崧梓、佟晓宇
　　　　龚　冀、查　礼、宋雨伦、白　冰、鲍月华、门小棠
　　　　王立冬、石　为、韩显男、闫　龙、陈毅敏、张　华
　　　　王　磊、姜　宜、冉娅梅、王　俊、罗　玮、蒋　涛
　　　　朱江峰、朱依鑫、徐　韬、王　津、梁立鹏、耿冬柏
　　　　胡时伟、彭　勃、刘文江、周明宇、高　鹏、黄　锋
　　　　李　冰、崔向雨、张昊天、滕　飞、王伟华、陈子杰
　　　　郭明军、李　飞、程煦宇、何　壮、黄庆霖、彭凌华
　　　　计鹏飞、谢璐璐、贾明宇、汤建国、兰恩泽、韦泽宇
　　　　黄纪华、韦洁敏、王省谋、唐　臻、鲍　波、唐　霁

# 推荐序一

　　高质量发展是全面建设社会主义现代化国家的首要任务，企业是高质量发展的基石和主力军。习近平总书记多次对企业高质量发展作出重要指示，强调"我国经济由高速增长转向高质量发展，这是必须迈过的坎，每个产业、每个企业都要朝着这个方向坚定往前走"。

　　国际环境复杂，不确定性明显增加，新一轮科技革命和产业变革深入推进，中国经济转向高质量发展新阶段。企业要更加注重在创新、效率、可持续性等方面提升竞争力，这也是治理体系和治理能力现代化的重要内容。中国工业互联网研究院数据管理与应用研究所基于丰富的实践经验和科研沉淀，精心编纂本书，以系统化的思维和实操性的解决方案，为企业发展提供了清晰的路径指引。

　　本书聚焦国家高质量发展战略，洞察中国经济发展规律和趋势，结合国内外先进经验和理论成果，提出了"新型精益思想、数字化转型、评价驱动"三轮传动的企业可持续高质量发展模式。书中强调的新型精益思想，是对传统管理理念的一次深刻变革。它倡导企业在追求经济效益的同时，应更加注重赋能新时代的劳动者、先进的劳动资料以及创新的劳动对象，在数字化浪潮中孕育新质生产力，助力企业夯基立柱，在激烈的市场竞争中脱颖而出。数字化转型大势所趋，本书通过深入剖析数字化转型的成功案例，揭示了数字化如何助力企业提升决策效率、优化资源配置、增强市场竞争力，为企业的可持续发展注入新的活力。评价驱动是确保企业高质量发展的重要保障。

本书建立了一套科学有效的评价体系，它能客观反映企业的经营状况和发展成果，通过建立企业"体检中心""指挥中心""驱动中心"，企业可以及时发现问题、调整策略，不断推动自身向更高水平迈进。书中通过丰富的案例分析，生动展示了企业在"三轮传动模式"指导下取得的显著成效，具有很强的实践指导价值，将为相关领域的学术研究提供宝贵的参考。

中国工业互联网研究院依托国家工业互联网大数据中心，深入研究以数据驱动为核心的产业高质量发展创新模式，为企业高质量发展路径探索提供强有力的技术支撑。数据管理与应用研究所的团队成员们始终保持着高度的责任感和使命感，不畏艰难、勇于创新，在26个省（区、市）、20多个行业、6000多家企业积极实践探索，为本书编纂工作提供了大量案例和数据支持。

"草长莺飞二月天，拂堤杨柳醉春烟"，本书如同这生机勃勃的春景，为企业高质量发展注入了新的活力和动力。衷心希望本书能够为我国企业高质量发展、数字化转型相关从业者、实践者、管理者和政策制定者提供有益的经验和启示，并助力我国企业迈向高质量发展新征程。期待这部著作能够引导、激发企业形成更多的理论成果、创新成果、实践成果。

中国工业互联网研究院院长　鲁春丛

# 推荐序二

在当今这个历史与未来交织的关键节点，第四次工业革命，以人工智能、量子计算、生物技术等为技术突破口，正在重塑人类的生存方式、思维方式和生产方式。发达国家纷纷发力，美国通过"再工业化策略"，推动高端制造业的回归；德国以"工业4.0"为核心，推动制造业向智能化、网络化和服务化转型发展；日本提出打造5.0版超智能社会规划，追求产品持续改进和极致品质，促进经济结构进一步发展。各国共同的发展思路，已然从"量"的扩张转向"质"的提升，表现为资源配置效率高、环境负面影响小、经济发展效益好，这是优化经济结构、强化创新能力、增进产业升级的高质量发展。

中国正快步走在实现中华民族伟大复兴的时代征程中，中国企业面临着转型升级以实现可持续高质量发展的紧迫任务。党的二十大报告指出："高质量发展是全面建设社会主义现代化国家的首要任务。"党的二十届三中全会强调："当前和今后一个时期是以中国式现代化全面推进强国建设、民族复兴伟业的关键时期。"高质量发展已成为时代新机遇，随着一系列理论、技术、业务的变革与融合，高质量发展不仅是国家战略的深刻转型，还是对每一个中国企业提出的时代命题与挑战。这本书为中国企业实现高质量发展提供了重要指引。

本人一直从事管理科学与工程等领域的研究，在能源与环境政策、循环经济等领域也开展一些研究工作，深知企业高质量发展面临着涉及面广、业务关联性强、协调难度大、工作周期长、投资成本高等问题，它是一项复杂的系统工程。本书从高质量发展这一时代趋势入手，是中国工业互联网研究院携手众多生态伙伴进行广泛而深入的实践探索总结，提出了三轮传动模式，此模式形象地将驱动企业高质量发展的新型精益思想、数字化转型和评价驱动三大要素比喻成三个紧密咬合的传动齿轮。其中，新型精益思想"齿轮"能够将思想传动给数字化转型和评价驱动，数字化转型"齿轮"按照新型精益思想"齿轮"的指引完成每一项任务的执行，评价驱动"齿轮"不断地验证企业高质量发展的完成情况，共同构成企业高质量发展"三轮传动引擎"。

本书提出的新型精益思想，与本人研究的循环经济理念不谋而合，作为优化发展路径的指南针，促进了流程的创新再造及生产方式的根本变革，引领企业向更高效、更优质的发展模式迈进。本书深刻剖析传统精益管理的局限，探究新型精益思想在当前数字化时代的灵活性、适应性、包容性，旨在通过"新制造、新服务、新业态"模式，构建企业层级分明的新质生产力体系。

本人及团队长期关注数字化技术对企业管理模式和运营效率产生的深刻影响，本书提出的"三大要素、四大步骤、一个机制"为企业高质量发展提供高效劳动工具的转型模式，也为本人研究如何优化企业运营流程和决策机制提供了新的思路。同时，本书基于"数据＋算法"的智能决策机制能有效地对市场与生产中的不确定性进行相关分析，将数字化转型提升到和人类社会几千年以来与不确定性抗争的哲学高度，令人耳目一新。

本书构建的科学评估诊断验证体系和本人提出的"宏观可持续路径—中观产业协同—微观行为机理"理论分析框架的顶层逻辑一致。该评估诊断验证体系从多个维度出发，充分考虑企业发展的多元化特征，如发展阶段、类型、模式等，设计细分化的评价指标，形成针对性强、覆盖面广的评价矩阵，为持续推动高质量发展构筑坚实的评估与反馈机制。

在这个技术和思想井喷的时代，本人相信"三轮传动模式"将成为推动企业高质量发展的关键力量。面对高质量发展这一波澜壮阔的历史进程，任何个体或单一机构的力量都是有限的，唯有汇聚众智、广纳群言，方能在这场深刻的变革中乘风破浪、稳健前行。本书是作者团队在探索企业可持续高质量发展道路上的一份真诚记录、一份对过往尝试的思考总结。它能够为社会各界提供一面镜子，映照出企业在发展转型进程中的位置与前进方向；同时，它能搭建起多方交流的平台，吸引更多的专家、学者、企业家、研究者和创业者共同参与到这场思想盛宴中，共同为中国企业可持续高质量发展贡献力量。

北京理工大学经济学院院长　王兆华

# 推荐序三

在世界百年未有之大变局加速演进，全球贸易竞争日益加剧的背景下，中国企业如何实现可持续高质量发展已成为时代赋予每个企业管理者的重大课题。山东海化集团作为一家以海洋化工为主业的大型集团，近年来在高质量发展的道路上不断实践与探索。近日，我有幸读到本书，深感其在企业高质量发展领域的指导意义与实践价值，特此推荐。

本书基于党的二十大指出的"高质量发展是全面建设社会主义现代化国家的首要任务"，结合对中国经济运行规律和发展趋势的深入分析，提出了"新型精益思想、数字化转型、评价驱动"三轮传动的企业可持续高质量发展模式。该模式理论框架清晰，案例分析丰富，为企业提供了高质量发展的可行路径以及可借鉴、可复制的成功经验。

在新型精益思想方面，本书吸收了传统精益思想的精髓，结合新时代产业发展机遇与挑战，提出了应用"精益数字化"精准赋能企业价值创造，该思路和山东海化集团独创的"点线"目标管理方法相得益彰。"点线"目标管理方法强调由大量生产、大量消耗的粗放型生产方式向资源节约、高效利用的绿色低碳循环发展方式转变，通过层层分级落实的目标管理体系，形成由点、线组成的战略保障网络，实现"千斤重担人人挑，人人肩上有指标"的管理目标。

在数字化转型方面，山东海化集团积极响应国家号召，大力推进数字化转型战略，于2024年和金蝶软件（中国）有限公司签署战略合作协议，借助企业级 PaaS 和 SaaS 平台，提升山东海化集团运营管理效率，打造化工与新材料行业数字化转型标杆。本书提到数字化转型赋能企业高质量发展的四大步骤，启发了山东海化集团管理团队高效落实数字化转型战略。业务分解重构、人岗组织完善、数字工具赋能、闭环持续改善等实施步骤将是数字化技术有效赋能集团业务高质量发展的重要指引。

在评价驱动方面，山东海化集团高度重视构建科学、全面、有效的评价体系，根据每条产品线的实际业务要求，设置了100余项一级关键指标点，1000余项二级、三级关键指标点。本书提到的《企业核心能力诊断评估规范》团体标准，为企业提升核心能力和水平绘制出清晰的"路线图"与"施工图"，将为山东海化集团现有指标体系和实施路径持续优化提供有力支撑。

作为山东海化集团的董事长，我深感责任重大，也清楚认识到在这条道路上探索与实践的重要性。我深知，要实现高质量发展，必须紧跟时代步伐，不断创新管理模式，提升核心竞争力。我相信，借鉴本书的先进理念和实践案例，将进一步提升集团的管理效能，推动企业在高质量发展的道路上走得更远、更稳。在此，我衷心推荐此书给所有关心企业高质量发展、致力于推动企业转型升级的同仁们。让我们携手共进，共同开创中国企业高质量发展的新篇章！

山东海化集团有限公司董事长 ｜ 孙令波

"夫风生于地，起于青萍之末。"——出自战国·宋玉的《风赋》。在这个历史与未来交织的关键节点，中国这片古老而又充满活力的土地，已经探索出一条独具中国特色的现代化建设道路，正处在快步奔向实现中华民族伟大复兴的时代征程中。党的二十届三中全会强调："当前和今后一个时期是以中国式现代化全面推进强国建设、民族复兴伟业的关键时期。"中国经济经过改革开放40余年的发展，已经进入转型升级阶段，踏上了高质量发展的壮阔征程。这不仅是国家战略的深刻转型，还是对每一个中国企业提出的时代命题与挑战。

"壹引其纲，万目皆张。"——出自《吕氏春秋·离俗览》。高质量发展虽以宏观层面的经济高质量发展为源起被提出，但也涵盖中观层面的产业高质量发展和微观层面的企业高质量发展，是一个贯穿微观、中观和宏观的高质量发展完整体系。归根结底，经济的高质量发展必须依赖微观层面企业的高效和卓越发展来达成。无论是推动经济发展方式转变、经济结构优化和增长动力转换，还是实施质量变革、效率变革和动力变革，都离不开企业的主体性作用。高质量发展成功与否关键在于企业能否实现高质量发展。

"形而上者谓之道，形而下者谓之器。"——出自《易传·系辞传上》。世间的万事万物，我们唯有透析本质，方能掌握和推动事物的发展。企业高质量发展是一个复杂的系统工程，在复杂多变的国际局势和全球经济形势下，企业高质量发展的关键路径已成为应对这些日益加剧的不确定性环境的核心策略，其在本质上是应对不确定性的方法，这是一个既理性又灵活的过程。企业要成为一个"智者"，既要有西方哲学的冷静分析，又要有东方哲学的圆融智慧。将我国古代哲学中的"道、法、术、器"思想应用于提升企业高质量发展的过程，以道构法、以法优术、以术利器、以器载道，构建提升企业核心能力的理论体系。其中，"道"是指世界的普遍规律，不以人的意志为转移的客观存在，只能被发现、认知和掌握，是客观规律，是时代趋势；"法"是指专注于落地实施的指导思想、制度规范，强调在发展中需要遵守的建设理念、制度规范和道德伦理规范等，如企业经营管理的精益思想；"术"是指解决问题的具体办法或手段，源于"道"和"法"，由人发明并能在实践中不断提升完善，如数字化转型（能够帮助企业从惨淡经营的状态转变为高质量发展的模式）；"器"象征着具体的实现工具和知识技能，能够为"术"（落实相应的办法）提供基本前提，如人工智能、区块链、云计算、元宇宙等各种技术工具和手段。

"操千曲而后晓声，观千剑而后识器。"——出自《文心雕龙·知音》。中国工业互联网研究院联合生态伙伴，经过在26个省（区、市）、20多个行业、6000多家企业的实践探索，总结、凝练出企业高质量发展的"三轮传动模式"，即新型精益思想、数字化转型和评价驱动，它们如同3个相互咬合的齿轮，共同构成企业高质量发展的"三轮传动引擎"。其中，新型精益思想作为引领，指明企业高质量发展的方向，引导企业走最优发展路径。新型精益思想不仅适用于传统生产制造领域，它还是一种贯穿企业全价值链的管理哲学，与数字化理念深度融合，共同推动企业实现流程再造和精细化管理，提升企业核心竞争力。数字化转型作为实践路径，提供了强大的技术支撑，支撑企业打造高效劳动工具，通过线上化、信息化和数字化等发展路径，企业适应数字时代的管理模式和思路已形成，数据驱动助力企业构建新型决策机制，这不仅能充分满足市场需求，还能促进产品和服务的创新。评价驱动作为帮助企业持续改进的工具，为企业高质量发展打造"体检中心""指挥中心"和"驱动中心",帮助企业搭建验证指标体系,使企业能够及时发现问题、分析问题和解决问题,确保企业能够持续优化运营模式,保持竞争优势,并确保企业高质量发展方向的正确性与有效性。基于该模式,本书面向大型国有企业、大型民营企业、中小型企业这3类企业进行典型应用的探索,以总结、验证"三轮传动模式"的实践成效,并为读者提供可借鉴、可复制的成功经验,为学术界、企业界提供更丰富的实证研究素材。

"观天之道,执天之行,尽矣。"——出自《黄帝阴符经·上篇》。探索未知世界是推动人类文明发展和科技原始创新的驱动力,其过程推动了科技的多元创新,催生了新的产业空间。中华民族是一个善于创新的民族,拥有深厚的文化底蕴和无尽的对智慧的追求,如古老的道家思想、儒家文化、佛教文化。斗转星移,站在百年未有之大变局的时代关口,构建一个和合大同、由规则主导的未来数字空间是传承历史和憧憬未来的归集点,而科技革命是创造这一空间的基础和重要源头。智能算力、大数据、算法模型、元宇宙、区块链等新一代信息技术为未来数字空间奠定技术基础。未来数字空间将成为连接全球的重要纽带,为世界经济、文化、科技等领域的交流与合作提供强有力的载体。

2024 年 10 月 1 日

# 致谢

——

在本书编纂工作圆满落幕的难忘时刻，我们心怀无比的崇敬与感恩之情，回望这段非凡旅程以及踏出的每一步坚实的足迹。本书凝练和总结推动企业高质量发展的"新型精益思想、数字化转型、评价驱动"三轮传动模式，努力构筑起一座通往可持续价值创造与发展的桥梁。然而，我们也清醒地认识到，其中仍有诸多不足与待完善之处，它更像一盏初燃的灯火，在当前百年未有之大变局的背景下，努力为产业和科技变革的航程提供一丝光亮。我们要深深感谢这个伟大的时代，正是它的蓬勃发展与无限可能，孕育并滋养了推动企业高质量发展的伟大事业。

我们要特别感谢中国工业互联网研究院的鼎力支持与悉心指导，它以其深厚的行业洞察力和前瞻性的战略思维，为本书的架构与内容注入强大的生命力，确保本书在企业高质量发展领域的权威性和引领性，使其内容更加丰富多元、视角更加宽广深远并成为引领时代变革的重要文献。

我们非常感谢陈广乾、刘倩等业界先驱的卓越贡献。他们不仅是数字化转型的弄潮儿，还是推动中国企业高质量发展的领航者。他们的经验与洞见，如同璀璨星辰，为本书增添了无尽的智慧光芒。特别值得一提的是，陈广乾老师即便身体不适，仍毅然决然地坚持参与编写，他的无私奉献精神成为这段历程中最为闪耀的光芒。

我们还要特别感谢那些勇于尝试、大胆实践的企业。正是它们的不断探索与积累，才使这些理论与实践得以相互印证，逐步沉淀为可复制、可推广的路径、

1

模式和思想。这些学校和企业包括但不限于青岛兮易信息技术有限公司、国家能源集团电子商务有限公司、重庆机电智能制造有限公司、中国经济信息社有限公司、北京理工大学、中资检验认证有限公司、青岛海信电子技术服务有限公司，它们的支持与贡献，为本书的丰富性和实用性奠定了坚实的基础，推动中国企业在高质量发展的道路上越走越远、越攀越高。

对于参与本书编纂的每一位作者、编辑及审稿专家，我们的感激之情难以言表。是他们，以匠心独运的笔触、严谨求实的态度、不懈追求卓越的精神，共同编织了这部凝聚着心血与汗水的佳作。是他们的智慧与努力，让本书得以问世，成为启迪思想、引领实践的宝贵财富，惠及万千读者，激发无限可能。

我们满怀深情地向每一位读者致以最崇高的敬意。是你们的关注、支持和鼓励，如同温暖的阳光与甘甜的雨露，滋养了我们的创作之心，激发了我们的探索之志。本书虽只是高质量发展的浩瀚海洋中一朵小小的浪花，但我们期望它能激起更多思考的涟漪，为共同开创高质量发展的美好未来贡献自己的一份力量。

在此，我们以此书为媒，向所有在高质量发展探索路上不懈奋斗的同仁们致以最美好的祝愿。愿我们不忘初心、牢记使命，以更加坚定的步伐、更加昂扬的斗志，在第四次工业革命的浪潮中乘风破浪、砥砺前行。让我们携手并肩、行稳致远，共同书写中国企业和现代产业体系迈向高质量发展的新篇章！

在全面建设社会主义现代化国家的伟大征程中，高质量发展作为首要任务，承载着中华民族伟大复兴的历史使命与时代重任。党的二十大指出："高质量发展是全面建设社会主义现代化国家的首要任务。"在这一宏伟蓝图下，企业作为宏观经济增长的基本单元和中观层面产业进步的核心构成，其高质量发展显得尤为重要。本书正是在此背景下应运而生，旨在深入剖析和探讨中国企业如何通过创新模式实现可持续高质量发展。

回顾历史，中国企业在改革开放的浪潮中取得了举世瞩目的成就，规模、实力显著提升，但与世界一流企业相比，仍存在管理方式粗放、竞争力不强等突出问题。随着全球经济一体化的不断深入和市场竞争的日趋激烈，企业面临的发展环境更加复杂多变。因此，迫切需要一种创新模式来引导企业在高质量发展的进程中行走在最优发展路径上，提升企业的价值创造能力和整体竞争力。

本书基于对中国经济发展规律和趋势的深刻洞察，结合国内外先进经验和理论成果，提出"新型精益思想、数字化转型、评价驱动"三轮传动的企业可持续高质量发展模式。这一模式不仅是对传统精益思想的继承和发展，还是对数字化转型和评价驱动在高质量发展中的重要作用的深入阐述。

在新型精益思想方面，本书借鉴传统精益思想的精髓，结合新时代产业发展机遇与挑战，阐述应用"精益思想＋数字化"驱动企业高质量发展的新方法。这一方法不仅能优化生产过程，还延伸应用于企业的各项管理业务，从战略层面提升企业的整体竞争力。通过引入新型精益思想，企业可以不断优化资源配置，提升产品质量与运营效率，实现成本效益的最大化。

在数字化转型方面，本书阐述数字化转型的内涵和本质，探讨数字化转型对于企业高质量发展的具体作用及实施路径。数字化转型作为实现企业高质量发展目标的关键步骤，通过技术革新打破传统运营模式的桎梏，实现业务流程的自动化、高效化与智能化。本书还深入剖析数字化赋能企业高质量发展的三大要素、四大步骤和一个机制，分析和总结数字化转型赋能企业高质量发展的路径。

在评价驱动方面，本书强调构建科学、全面、有效的评价驱动对于企业可持续高质量发展的重要性。评价驱动如同企业的"健康监测仪"，通过多维度、全方位的评估，帮助企业实时动态地发现并解决发展中的问题。本书从评价驱动的基本概念和理论框架出发，结合实际案例，多维度阐述评价驱动如何推动企业高质量发展。

此外，本书还通过丰富的案例分析，深入剖析"新型精益思想、数字化转型和评价驱动"三轮传动模式在不同类型企业中的具体应用和成效。这些案例不仅展示三轮传动模式的成功要素和挑战，还为企业提供可借鉴的成功经验和应对策略。

全书共分为7章。

第1章阐述高质量发展的历史进程、内涵要义和主要内容，以及美、日、德等发达国家的发展经验，同时分析我国高质量发展所面临的环境挑战、产业现状和发展规划，从宏观层面为高质量发展提供理论支撑。

第2章聚焦企业高质量发展的本质内涵及关键路径，从"质量"的定义出发，从宏观、中观、微观3个角度对企业高质量发展的关键要素进行展开分析，并通过"道、法、术、器"哲学思想框架探讨推动企业高质量发展的理论、路径和方法。

第3章深入剖析驱动企业高质量发展的三轮传动模式，新型精益思想、数字化转型和评价驱动如同3个相互咬合的齿轮，共同构成企业高质量发展"三轮传动引擎"。

第4章聚焦新型精益思想,新型精益思想是一种更加全面和深入的管理方法,是一种应用"精益思想+数字化"驱动企业高质量发展的新方法,它不仅优化生产过程,还延伸应用于企业的各项管理业务,融合数字化时代即时性和个性化的要求,从战略层面提升企业的整体竞争力。

第5章聚焦数字化转型,阐述数字化转型赋能企业高质量发展的"三大要素、四大步骤、一个机制"。其中,三大要素分别是思想指引、业务转型与工具赋能。四大步骤分别是业务分解重构、人岗组织完善、数字工具赋能和闭环持续改善。一个机制是"显差-析差-关差"评估诊断机制。

第6章详细阐述评价驱动如何推动企业高质量发展,从其定义与内涵出发,探讨其在企业高质量发展中的重要作用。详细阐述中国工业互联网研究院等制定的《企业核心能力诊断评估规范》(T/CIE-250-2024)标准的指标点,并针对不同类型企业在构建和应用评价驱动时的关注点和重点进行分析。

第7章通过具体案例分析,展示"新型精益思想、数字化转型和评价驱动"三轮传动模式在不同类型、不同规模企业实践中的应用与成效,进一步验证该模式的可行性和有效性。

后记则对中国经济发展的未来进行展望,强调高质量发展在实现中华民族伟大复兴中国梦中的重要作用,阐述数据要素、数字空间等对构筑中国经济可持续高质量发展的重要意义,展望未来并对未来提出期许。

本书所提出的"新型精益思想、数字化转型、评价驱动"三轮传动推动企业可持续高质量发展模式,既是对当下高质量发展建设思路的一次总结,又是对中国式现代化新发展模式的一次创新探索。希望本书能够为企业的高质量发展提供有益的参考和借鉴,共同推动中国经济高质量发展进程。

**本书编写团队**

## 第 6 章　评价驱动：推动企业可持续高质量发展

# Chapter

第 1 章

## 高质量发展是中国新时代的首要任务

党的二十大报告指出："高质量发展是全面建设社会主义现代化国家的首要任务。"这一论断不仅是中国共产党自党的十九大报告首次提出高质量发展理论以来，历经 7 年实践检验的深刻认识和战略性判断，还是对我国未来一段时间发展的明确指引。当前，我国已经探索出一条独具中国特色的现代化建设道路，并正以坚定的步伐迈向实现中华民族伟大复兴的时代征程。在这一征程中，高质量发展作为首要任务，其背后的思想体系蕴含着深刻的历史逻辑、理论逻辑和实践逻辑，值得深入探讨和研究。本章旨在详细阐述高质量发展的历史进程、内涵要义和主要内容，全面分析美、日、德等发达国家经济和产业发展历程和经验，剖析我国高质量发展所面临的环境挑战、产业现状和发展规划，提出对推动我国宏观层面的经济社会高质量发展、中观层面的产业高质量发展和微观层面的企业高质量发展的相关认识。

## 1.1 中国式高质量发展

"坚持以推动高质量发展为主题"是中国经济社会发展的历史必然和现实要求。中国式高质量发展是将我国实际发展情况同马克思主义基本原理相结合，不断推进马克思主义中国化的理论创新成果。高质量发展跃升为时代主题和全面建设社会主义现代化国家的首要任务，经过了长期且复杂的演进历程，其内涵要义体现在经济增长的稳定性、发展的均衡性、环境的可持续性等多个维度，涵盖了构建高水平社会主义市场经济体制、建设现代化产业体系等内容。

### 1.1.1 我国高质量发展的历史进程

高质量发展是国家经济社会发展政策的一贯延续，如图 1-1 所示。党的十八大到党的十九大期间，国家提出了以提高经济发展质量和效益为中心引领经济发展新常态的策略。党的十九大到党的二十大期间，国家明确了以高质量发展为主题推动经济社会发展的方针。党的二十大以来，高质量发展成为全面建设社会主义现代化国家的首要任务。

以提高经济发展质量和效益为中心引领经济发展新常态
- 将创新驱动发展上升为国家战略
- 从国内外双维度策略优化经济空间布局
- 着力提高供给体系质量和效率

高质量发展成为全面建设社会主义现代化国家的首要任务

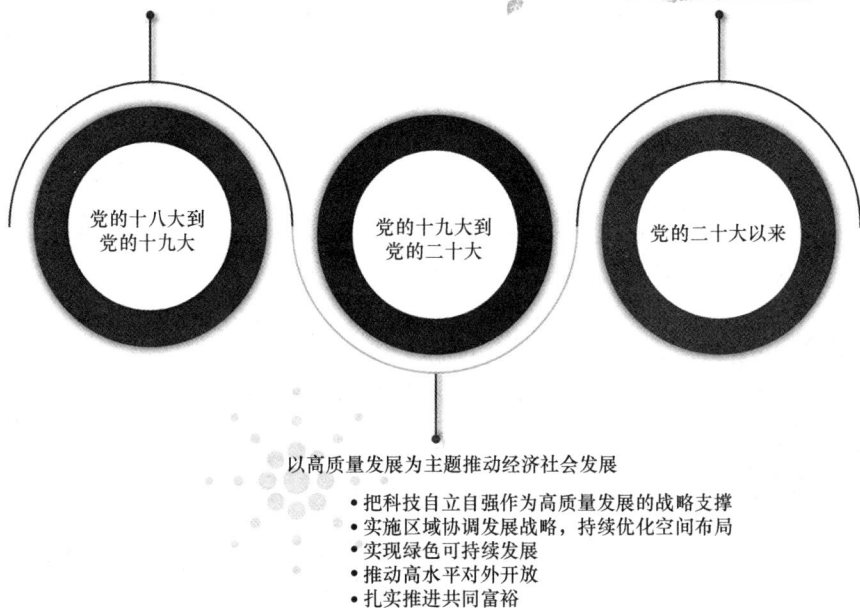

党的十八大到党的十九大

党的十九大到党的二十大

党的二十大以来

以高质量发展为主题推动经济社会发展
- 把科技自立自强作为高质量发展的战略支撑
- 实施区域协调发展战略，持续优化空间布局
- 实现绿色可持续发展
- 推动高水平对外开放
- 扎实推进共同富裕

图 1-1 高质量发展的历史进程

### 1.党的十八大：以提高经济发展质量和效益为中心引领经济发展新常态

党的十八大以来，我国经济步入新常态，这标志着经济发展的条件和外部环境发生了根本性转变。在此背景下，认识、适应和引领新常态成为我国经济发展的核心逻辑。党的十八大提出："加快形成新的经济发展方式，把推动发展的立足点转到提高质量和效益上来。"自此，"提高质量和效益"成为这一阶段中央经济工作会议的关键词，国家从转换发展动力、优化空间布局、提高供给体系质量等方面持续发力。

**将创新驱动发展上升为国家战略。**2015 年 3 月，《中共中央 国务院关于深化体制机制改革加快实施创新驱动发展战略的若干意见》的发布，擘画了全面深化科技与创新领域的体制机制改革的宏伟蓝图。该文件旨在打破科技成果转化过程中的制度性束缚，确保科技成果顺畅转化和市场应用。同年 10 月，我国正式实施了修订后的《中华人民共和国促进科技成果转化法》，标志着我国科技成果转化与应用的法律保障进一步完善。2016 年，我国相继印发了《实施〈中华人民共和国促进科技成果转化法〉若干规定》《促进成果转移转化行动方案》。一系列连贯而有力的举措，共同构成了促进科技成果转化的"三部曲"，为我国科技创新事业注入了强劲动力。2016 年 5 月，《国家创新驱动发展战略纲要》出台，明确了分三步将我国建设成为世界科技创新强国的宏伟战略目标，如图 1-2 所示。与此同时，地方政府也加速出台和配套相关政策，落实国家战略总体布局，18 个国家自主创新示范区相继建立，标志着贯穿东中西的自主创新示范网络已基本形成，这为我国科技创新和经济发展提供了坚实的基础和广阔的空间。

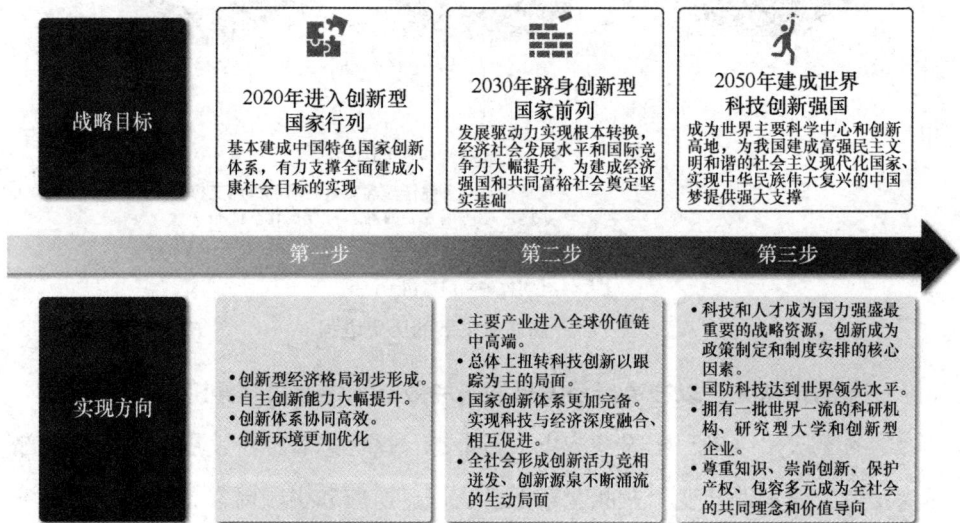

| 战略目标 | 2020年进入创新型国家行列 基本建成中国特色国家创新体系，有力支撑全面建成小康社会目标的实现 | 2030年跻身创新型国家前列 发展驱动力实现根本转换，经济社会发展水平和国际竞争力大幅提升，为建成经济强国和共同富裕社会奠定坚实基础 | 2050年建成世界科技创新强国 成为世界主要科学中心和创新高地，为我国建成富强民主文明和谐的社会主义现代化国家、实现中华民族伟大复兴的中国梦提供强大支撑 |
|---|---|---|---|
| | 第一步 | 第二步 | 第三步 |
| 实现方向 | • 创新型经济格局初步形成。 • 自主创新能力大幅提升。 • 创新体系协同高效。 • 创新环境更加优化 | • 主要产业进入全球价值链中高端。 • 总体上扭转科技创新以跟踪为主的局面。 • 国家创新体系更加完备，实现科技与经济深度融合、相互促进。 • 全社会形成创新活力竞相迸发、创新源泉不断涌流的生动局面 | • 科技和人才成为国力强盛最重要的战略资源，创新成为政策制定和制度安排的核心因素。 • 国防科技达到世界领先水平。 • 拥有一批世界一流的科研机构、研究型大学和创新型企业。 • 尊重知识、崇尚创新、保护产权、包容多元成为全社会的共同理念和价值导向 |

图 1-2 《国家创新发展战略纲要》的"三步走"战略目标

**从国内外双维度策略优化经济空间布局。**国际方面，2013 年，中央先后提出建设"新丝绸之路经济带"和"21 世纪海上丝绸之路"的合作倡议，通过共建"一带一路"，优化我国经济发展外部空间布局。2014 年 11 月，原中央财经领导小组第八次会议对"一带一路"倡议进行了深入研讨，并发起设立丝路基金和建立亚洲基础设施投资银行，为"一带一路"建设提供资金支持。2015 年 3 月，《推动共建丝绸之路经济带和 21 世纪海上丝绸之路的愿景与行动》正式发布，详细阐述了该倡议的框架思路、合作重点和合作机制等关键要素，为各国共同参与、互利共赢搭建了广阔平台，共建"一带一路"的宏伟蓝图得以清晰展现。国内方面，中央先后提出京津冀协同发展和长江经济带发展等一系列重大区域战略。2015年4月，《京津冀协同发展规划纲要》作为指导性文件印发实施，围绕生态、产业、交通等方面布局京津冀协同发展战略框架，对京津冀地区的协同发展起到了至关重要的引领作用。2016年3月，《长江经济带发展规划纲要》审议通过，明确长江经济带的未来发展新蓝图，确立了长江经济带"一轴、两翼、三极、多点"的发展新格局。

**着力提高供给体系质量和效率。**2015年11月，原中央财经领导小组第十一次会议首次提出"供给侧结构性改革"。同年，中央经济工作会议明确了"去产能、去库存、去杠杆、降成本、补短板"五大任务，标志着供给侧结构性改革从理论探讨上升为战略部署。随后，为了深入实施供给侧结构性改革，国家出台了一系列细化措施，涵盖了经济结构的多个方面。2016年8月，国务院对钢铁、煤炭等国民经济主导型产业提出了具体的化解过剩产能目标。同年年底，中央经济工作会议进一步增加了农业供给侧结构性改革、振兴实体经济、促进房地产市场平稳健康发展3项重点工作。2016年3月，《中华人民共和国国民经济和社会发展第十三个五年规划纲要》出台，确立了供给侧结构性改革是"十三五"时期经济社会发展的主线。

### 2. 党的十九大：以高质量发展为主题推动经济社会发展

从党的十九大到党的二十大，是"两个一百年"奋斗目标的历史交汇期。党的十九大报告指出："我国社会主要矛盾已经转化为人民日益增长的美好生活需要和不平衡不充分的发展之间的矛盾。"这深刻揭示了新时代我国发展的内在动力与面临的挑战。基于此，2017年12月，中央经济工作会议明确提出："我国经济已由高速增长阶段转向高质量发展阶段。"这标志着我国经济发展进入了全新的历史阶段，强调质量而非单纯的速度成为发展的关键目标。党的十九届五中全会进一步明确提出，"十四五"时期经济社会发展要以推动高质量发展为主题。这标志着国家将高质量发展提升到一个全新的战略高度。

**把科技自立自强作为高质量发展的战略支撑。**自党的十八大以来，我国在科技领域制度保障建设方面取得了显著进展。然而，我国在基础科学研究的制度建设和科技成果转化方面，仍存在深层次的体制机制障碍。基础科学研究是科技创新的源泉，是提升国家核心竞争力的关键。2018 年 1 月，《国务院关于全面加强基础科学研究的若干意见》正式发布，对全面加强基础科学研究作出战略部署。2021 年 11 月，《科技体制改革三年攻坚方案（2021－2023 年）》审议通过，就构建关键核心技术攻关的高效组织体系、优化科技力量结构、完善科技激励机制作出全面部署。2021 年 12 月，中央经济工作会议提出"制定实施基础研究十年规划"，进一步强化基础研究对国家发展和安全的战略支撑作用。此外，国家深入把握创新区域高度集聚规律，布局科技创新区域发展，批复《京津冀系统推进全面创新改革试验方案》等，在既有的 18 个国家自主创新示范区基础上，同意宁波、温州高新技术产业开发区等建设国家自主创新示范区，确立在长三角地区、粤港澳大湾区建设全球科技创新高地的战略定位。

**实施区域协调发展战略，持续优化空间布局。**2018 年 11 月，《中共中央 国务院关于建立更加有效的区域协调发展新机制的意见》印发实施，构筑了适应新时代区域协调发展战略的机制框架。在新时代背景下，国家相继对西部大开发、东北振兴、中部崛起、东部率先发展作出全新部署，提出粤港澳大湾区建设、长三角一体化发展、黄河流域生态保护和高质量发展、成渝地区双城经济圈等区域重大战略。在此基础上，区域协调发展战略被进一步细化，其涵盖范围包括革命老区、民族地区、边疆地区、贫困地区、功能区、资源型地区等多元化区域的发展。针对欠发达地区，国家协同推进乡村振兴战略和以人为本的新型城镇化，以城乡融合破解发展不平衡不充分问题。2019 年 4 月，《中共中央 国务院关于建立健全城乡融合发展体制机制和政策体系的意见》出台，对促进城乡之间要素的顺畅流动，实现公共资源的合理配置，全面消除影响城乡融合发展的体制机制障碍等进行了深入细致的统筹规划。

**实现绿色可持续发展。**党的十九大把"美丽中国"纳入社会主义现代化强国建设的目标，"坚持人与自然和谐共生"被确立为新时代坚持和发展中国特色社会主义的基本方略之一，污染防治攻坚战被明确列为三大攻坚战之一，因此国家先后出台了一系列政策来预防和解决环境污染问题。2021年2月，《国务院关于加快建立健全绿色低碳循环发展经济体系的指导意见》出台，旨在解决我国资源环境生态问题，推动经济社会发展全面绿色转型，构建了涵盖生产、流通、消费3个社会再生产的关键环节和基础设施、技术创新、法律法规政策3项关键支撑的绿色低碳循环发展体系。同年9月，《中共中央 国务院关于完整准确全面贯彻新发展理念做好碳达峰碳中和工作的意见》印发，对我国的碳达峰、碳中和工作进行了全面部署和规划，为碳达峰、碳中和两个阶段的总体目标提供了明确的路线图和施工图。

**推动高水平对外开放。**党的十九大以来，在已有的11个自由贸易试验区基础上，国家又分批次设立了海南、山东、江苏等10个自由贸易试验区，形成了海陆统筹、协调分布的开放态势。2018年，海南在自由贸易试验区实践基础上探索建设自由贸易港，成为首个中国特色自由贸易港。2020年6月，中共中央、国务院发布《海南自由贸易港建设总体方案》，为海南自由贸易港的建设提供了政策支持，旨在将海南岛打造成新时代全国改革开放新高地。同年11月，《区域全面经济伙伴关系协定》（RCEP）签署，中国加入全球最大自由贸易区。2020年1月，《中华人民共和国外商投资法》正式施行，并成为中国第一部外商投资领域统一的基础性法律，完善了新时代外商投资法律制度的总体框架，进一步明确了外资准入、保护、管理等方面的规则，为外商投资提供了更加稳定、透明、可预期的法律环境。

**扎实推进共同富裕。**党的十九大向全党全国人民发出坚决打赢脱贫攻坚战的动员令。2018年发布的《中共中央 国务院关于打赢脱贫攻坚战三年行动的指导意见》明确了脱贫攻坚各项工作的时间表和路线图。在此基础上，各部门、各地区相继印发有针对性的行动方案，推动脱贫攻坚落地实施。国家强化基本公共服务政策与打赢脱贫攻坚战、决胜全面建成小康社会等时代需求相互配合，更加关注农村、贫困人口和弱势群体的民生问题，推动基本公共服务朝着公平可及、精准帮扶的方向发展。此外，提高人民收入水平也是逐步实现共同富裕的重要内容。2020 年 10 月，党的十九届五中全会审议通过的《中共中央关于制定国民经济和社会发展第十四个五年规划和二〇三五年远景目标的建议》，把"提高人民收入水平"作为完整的一节进行部署。

### 3. 党的二十大：高质量发展成为全面建设社会主义现代化国家的首要任务

图 1-3　2023 年 5 月 28 日，C919 大型客机执飞的东航 MU9191 航班，从上海虹桥机场顺利飞抵北京首都机场，圆满完成首次商业航班飞行[1]

随着第一个百年奋斗目标的圆满实现，中国历史性地解决了绝对贫困问题，开启了迈向第二个百年奋斗目标的新征程。在这一新的历史阶段，中国面临着全新的战略任务与挑战。这要求我们在已有成就的基础上继续深化发展，同时积极应对国内外环境的复杂变化，推动经济社会的全面进步，确保中华民族伟大复兴的中国梦稳步向前发展。2022 年 10 月，党的二十大报告明确提出"高质量发展是全面建设社会主义现代化国家的首要任务"，这一论断凸显了高质量发展在第二个百年奋斗目标进程中的全局性、长远性和战略性意义。

2023 年 2 月，中共中央、国务院印发《质量强国建设纲要》，并对宏观经济的发展质量、中观产业的质量竞争力以及微观产品、服务、品牌的质量水

---

1　王初 / 摄，源自人民网—《人民日报》，《大江东 /C919 商业首航，大咖们都来乘坐啦！大家赶紧约起》。

平进行了全面部署。同月，中共中央、国务院印发《数字中国建设整体布局规划》，并提出了数字中国建设"2522"的整体框架，为中国经济的高质量发展提供有力支撑。

高质量发展注重处理数量和质量、规模和效益的辩证关系，具有经济增长模式从"有没有"向"好不好"转变的深刻内涵。它不仅是一个具有战略导向意义的重大经济课题，还是一个彰显人民性、全面性、长期性和现代化的鲜明特点的重大政治课题。在高质量发展的理论指引下，党中央清晰界定了"全面建设社会主义现代化国家、向第二个百年奋斗目标进军"的目标和路径，并坚定不移贯彻创新、协调、绿色、开放、共享的新发展理念，将其作为引领经济社会发展的行动指南，取得一系列标志性成果，如图1-4所示，从2007年C919项目立项，到2017年5月5日首飞成功，C919见证了中国航空制造业高质量发展的铿锵步伐。同时，我国加快构建以国内大循环为主体、国内国际双循环相互促进的新发展格局，以推动经济实现量的合理增长和质的有效提升。

**图1-4　2022年11月9日，空客天津总装线的首架空客A321飞机上线开始总装**

### 1.1.2　我国高质量发展的内涵要义

我国高质量发展的内涵要义体现在经济增长的稳定性、发展的均衡性、环境的可持续性等多个方面，本节从经济、社会、人民3个维度出发，对高质量发展的内涵要义进行系统性分析。

## 1. 高质量发展是以质量和效益为首的发展

经济发展是一个非线性的螺旋式上升过程，量在积累到一定程度后，必然转向质的提升。在这一过程中，"中等收入陷阱"概念揭示了中等收入经济体在进一步发展中面临的增长困境。历史经验表明，从中等收入国家向高收入国家的跨越，总是伴随着发展模式的深刻转型。2012 年，由世界银行和国务院发展研究中心联合课题组撰写的《2030 年的中国：建设现代、和谐、有创造力的社会》指出，在 1960 年的 101 个中等收入经济体中，到 2008 年只有 13 个成为高收入经济体，87% 的中等收入经济体在将近 50 年的时间里，都无法成功跨越"中等收入陷阱"，进入高收入经济体行列。北京大学政府管理学院教授白智立将"中等收入陷阱"的三大特征总结为：经济发展较乏力，不能进一步得到发展；收入差距扩大、贫富差距扩大；环境问题比较严重。成功跨越"中等收入陷阱"的经济体无一例外地实现了从数量扩张到质量提升的转变。因此，高质量发展是顺应经济发展内在规律的必然选择，也是确保经济持续健康发展的重要基石。

高质量发展标志着发展战略的深刻转变，从过去单纯聚焦于数量和增速的扩张，转变为以质量和效益为核心导向的发展模式。其基本要求体现在资源配置的高效优化、绿色发展的实现、经济社会全面进步的推动及发展成果的普惠性上。高质量发展的核心是提升资源配置的效率与效益，通过创新驱动、绿色发展和智能化转型等手段，推动经济结构的优化升级，从而实现经济增长的质量与效益的同步提升。从本质上看，高质量发展标志着经济社会发展方式的深刻转型，它意味着社会发展的方向不再仅仅关注各领域产品和服务供给的数量和覆盖面，如"有没有""大不大""足不足"，而是更加注重产品和服务的质量、创新性与可持续性，如"好不好""优不优""美不美"。这种转变体现在物质产品、服务、环境、生活品质等各个方面的综合提升上，最终促进经济社会的全面协调与可持续发展。

## 2. 高质量发展是社会多维度全面协调的发展

高质量发展已被确立为我国未来经济社会发展的核心目标与新要求，旨在推动社会经济体系朝着更加高效、可持续、绿色且惠及全民的方向迈进。

2021 年 3 月，习近平在参加第十三届全国人民代表大会第四次会议青海代表团审议时强调，高质量发展是"十四五"乃至更长时期我国经济社会发展的主题，关系我国社会主义现代化建设全局。高质量发展不仅起始于经济发展这一基础环节，还深度涵盖了政治、文化、社会制度等多个维度的成熟与完善。它深刻反映了一个国家或地区社会发展的根本理念与最终追求，是经济繁荣、政治稳定、文化昌盛、社会和谐等多方面共同进步的综合体现。高质量发展并非仅限于经济领域的单一追求，而是对经济社会全面进步所设定的总体性、综合性要求。因此，各地区在推进高质量发展的进程中，应当紧密结合自身的实际情况，坚持因地制宜的原则，充分发挥自身优势，同时积极弥补短板，努力探索并走出一条既符合时代发展潮流又契合本地区实际情况的高质量发展之路。

当前，高质量发展在我国已经超越单纯的经济增长的范畴，它已经成为我国社会主义现代化强国建设道路上的核心驱动力。高质量发展要求我国在经济社会发展中秉持科学的发展理念，激发科技创新的强劲动力，构建合理的经济结构，并打造能有效满足市场需求、高效运转的供给体系。同时，它还要求致力于营造多样且平衡的生态环境，建立健全坚强有力的社会保障体系。这一要求体现了我国发展理念的深刻变革，旨在构建一个更加繁荣、和谐、可持续的社会主义现代化国家。所以，高质量发展始于经济领域的深度优化与提升，随后逐步超越单一经济范畴，广泛而深入地渗透到社会生活的方方面面，实现经济社会各领域的全面进步与协同发展。

### 3. 高质量发展是以人民为中心的发展

高质量发展必须以满足人民日益增长的美好生活需要为出发点和落脚点，是以人民为中心的发展。自改革开放以来，我国始终沿着共享发展成果、逐步迈向共同富裕的正确道路坚定前行，致力于让发展成果更多更公平惠及全体人民，不断提升人民群众的幸福感、获得感和安全感。让全体人民更加公平地共享发展成果，不仅是高质量发展的核心宗旨与根本追求，还是激发绝大多数人积极性、主动性、创造性的关键所在，是汇聚成推动高质量发展磅礴力量的必要条件。

高质量发展深刻彰显了社会主义的本质特征与价值导向。它不仅仅是对经济发展规律的精准把握，还是在国际竞争日益激烈的背景下，主动顺应社会发展潮流，以高水平、高质量的标准满足人民日益增长的美好生活需要的重要体现。这一发展路径，将人民对美好生活的向往置于核心地位，鲜明地体现了以人民为中心的发展思想，即人民利益高于一切的价值追求。

速度与质量是相辅相成的辩证统一体，二者之间存在着密不可分的联系。缺乏适度的发展速度，往往难以谈及真正意义上的发展质量。而高质量发展，则是对发展速度与发展质量双重维度的全面考量，它强调在追求经济"量"的扩张的同时，更加注重"质"的提升。高质量发展的显著特征体现在以下3个方面：从单一聚焦于经济规模扩张与增长过程，转变为深度关注增长所带来的实际成果及其背后的效益；从追求经济增长单一维度，拓宽至经济发展、社会公平正义、生态环境保护等多个层面；从关注国内生产总值（GDP）数值增长，转向关注以人民为中心的社会整体的繁荣与和谐。

### 1.1.3 我国高质量发展的主要内容

我国高质量发展的主要内容可以总结为构建高水平社会主义市场经济体制、建设现代化产业体系、全面推进乡村振兴、促进区域协调发展和推进高水平对外开放 5 个方面，如图 1-5 所示。

第一，构建高水平社会主义市场经济体制是实现高质量发展的需要，涉及全面深化改革、鼓励非公有制经济发展、完善市场经济基础制度、深化经济体制改革、建设更高水平开放型经济新体制以及产权制度保障体系等多个方面。第二，建设现代化产业体系是推动经济高质量发展的重要途径，以建设现代化工业为核心，同时包括现代化农业、现代化服务业和现代化基础设施等建设内容。第三，全面推进乡村振兴，着力于推进农业农村现代化、提升乡村建设水平和乡村治理水平等，促进农业、农村、农民的全面发展。该战略关注农业的生产效率和质量，还涉及乡村的生态宜居、文化传承、社会治理和农民生活水平的提升。第四，促进区域协调发展，我国通过各地区之间的合作与协调，能够缩小区域发展差距，通过合理分工和优化发展路径、创新发展理念和模式，能够形成优势互补的区域经济布局。第五，推进高水平对外开放，强调提升贸易自由化、便利化水平，扩大高质量产品和服务进口，更好满足人民群众多元化的消费需求，增强国内国际两个市场、两种资源联动效应，促进互利共赢，推动形成全面开放新格局，为中国式现代化厚植更强大经济基础、营造更有利国际环境、提供更坚实战略支撑。

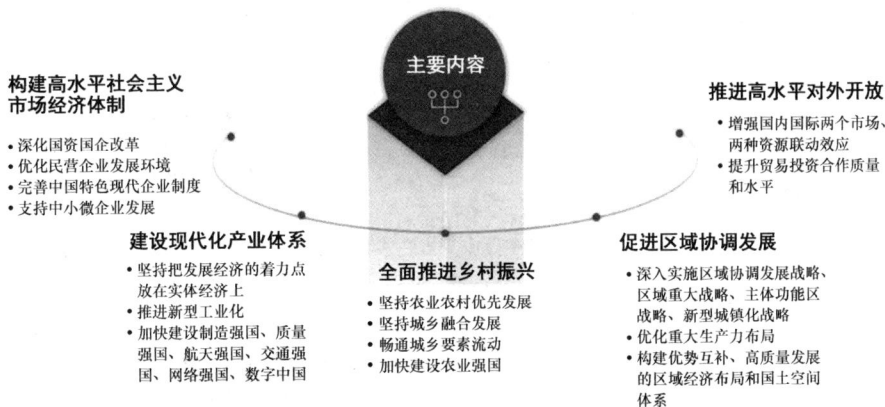

**图 1-5　我国高质量发展的主要内容**

## 1.2　从世界经济发展史看我国高质量发展

自 18 世纪中叶起，世界经济发展经历了 3 次重大的产业革命，每一次都极大地推动了社会生产力的飞跃和社会结构的深刻变革。第一次产业革命以蒸汽机的广泛应用为标志，开启了工业化时代，催生了工厂制度的诞生，极大地促进了生产力的飞跃，并触发了社会结构的根本性变革。19 世纪 70 年代，第二次产业革命以电力和内燃机的发明与普及为核心，引领人类社会进入电气化时代。20 世纪中叶，第三次产业革命以电子计算机的诞生为标志，信息技术的迅猛发展推动了信息产业的崛起，标志着人类社会步入信息时代。

纵观世界历史，产业革命推动了不同国家或地区的工业化进程，如图 1-6 所示。英国在第一次产业革命中成为第一代工业化国家；西欧（包括英国、德国、法国、低地国家[1]和丹麦）和美国在第二次产业革命中实现工业飞速发展，以日本和苏联为代表的第三代工业化国家同样是在第二次产业革命的背景下形成的；第三次产业革命推动了新兴市场经济体成为第四代工业化经济体[2]。这些国家或地区的发展历程为中国转向高质量发展的历史进程提供了宝贵经验。

中国的高质量发展是一项复杂的系统工程，必须借鉴世界先进经济体的历史发展经验，跨越多重关口，解决存在的突出矛盾和问题。

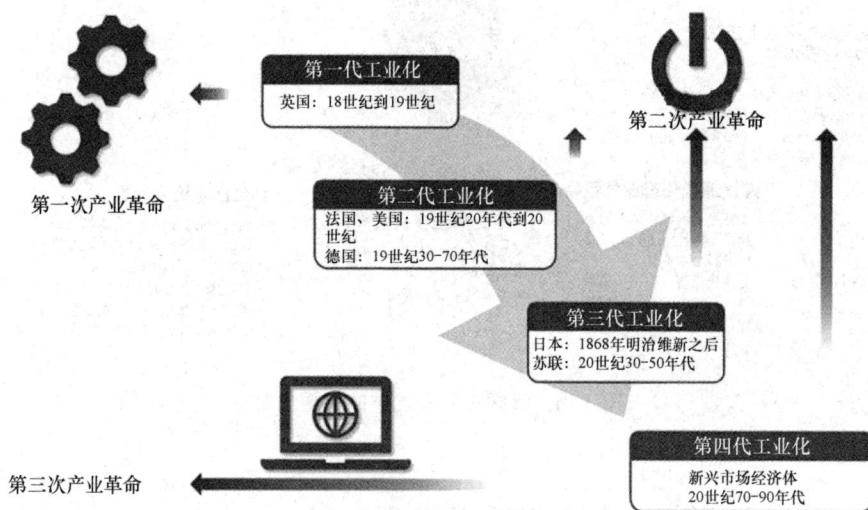

图 1-6　世界范围内产业革命和工业化进程

## 1.2.1　从国外产业经济史看高质量发展

霍利斯·钱纳里利用第二次世界大战后 9 个准工业化国家（或地区）在 1960 年至 1980 年间丰富的历史数据，构建了一个多国模型，深刻剖析了不发

---

1　低地国家是对荷兰、比利时和卢森堡三国的统称。

2　楚钰. 世界发达国家工业化进程及其特点 [J]. 政策 ,2003(4):59-59.

达经济逐步迈向成熟工业经济的复杂演变过程，并创造性地将其划分为 3 个阶段，每个阶段又进一步细化为两个时期，如表 1-1 所示。本节结合上述理论，总结分析了发达国家迈向技术密集型产业和知识密集型产业的经验与挑战。

表 1-1　经济发展阶段与产业结构的关系

| 时期 | 经济发展阶段 | | 标准产业结构 |
| :---: | :---: | :---: | :--- |
| 1 | 不发达经济阶段 | | 初级产业：食品、皮革、纺织等部门 |
| 2 | 工业化阶段 | 初期 | 劳动密集型产业：食品、烟草、建材等 |
| 3 | | 中期 | 资本密集型产业：石油、化工、煤炭等 |
| 4 | | 后期 | 新兴服务业：金融、信息、广告等 |
| 5 | 发达经济阶段 | 初级 | 技术密集型产业 |
| 6 | | 高级 | 知识密集型产业 |

### 1. 国外先进经济体经济发展历程

（1）美国经济发展历程

根据美国著名经济史学家哈罗德·福克纳的划分，1783—1860 年这一时期为美国的农业时代。在这一时期，农业的蓬勃发展不仅为迅速扩张的工业部门提供了不可或缺的原材料和丰富的粮食储备，还奠定了实现工业化的基础。

美国经济发展历程表明，美国政府的各类产业政策对经济发展发挥了重要作用。从 18 世纪末至 19 世纪，美国政府采取了包括高关税政策在内的一系列有力的经济政策，用来保护本国的战略产业免受外部竞争冲击，推动国家发展，如通过联邦土地划拨和政府采购稳定市场，并通过补贴加速基础设施建设。19 世纪中期，美国棉纺织业成为经济增长的重要引擎。第二次工业革命期间，美国工业化重心向重化工业倾斜，钢铁、电气、运输设备制造业和炼油行业蓬勃兴起，推动美国经济快速增长。1894 年，美国工业总产值超越英国，成为全球最发达的工业化国家。图 1-7 显示出当时美国的重工业已经实现流水化作业。1913 年，美国制造业的产值已占据全球制造业总产值的 40% 以上，美国的工业总产量已经超过了英国、法国和德国的总和，工业化使美国在不到一百年的时间内成为世界上实力最强的工业国。

图1-7　20世纪初罗杰河工厂的冲压钢结构车间中的工具和模具部门的工人[1]

　　美国经济的繁荣态势持续了相当长的时间，一直保持到1929年世界经济大危机的爆发。尤其是在1914年第一次世界大战爆发后，美国凭借其在工业生产、技术创新以及资源分配等方面的巨大优势，成功地抵消了战争初期带来的短暂经济冲击，并迅速恢复了增长势头。在这一过程中，美国加强了国内的工业化建设，并通过大规模的军需生产和出口，逐渐在全球市场中占据了重要地位，完成了一个长期依赖外债的负债国，向成为全球主要借债国的转变。1929—1933年，美国出现经济大萧条，乏力的政策支持和升温的贸易保护主义加剧了经济问题。当时执政的胡佛政府在面对经济大萧条的蔓延时，采取了一系列积极的应对措施，试图通过政府干预来遏制危机的进一步加剧。然而，由于当时的经济体系缺乏有效的调节机制，加之国际市场的萎靡和国内信贷紧张

---

1　收录于美国亨利·福特博物馆。

等因素的共同作用，这些措施未能有效阻止大萧条的蔓延，美国经济陷入了困境。直到罗斯福颁布新政乃至爆发第二次世界大战之后，美国经济才彻底走出大萧条的阴影。在这一时期，美国政府对经济活动的干预大幅增加，采取了多项重要措施，以应对经济大萧条的深远影响，并推动经济复苏。为实现风险防范、减少贫困、促进就业和振兴经济，政府成立了一些关键的政府机构和批准了一系列法案。例如，成立了美国联邦存款保险公司（FDIC）来保障储户存款，增强金融系统的稳定性；设立了美国重组融资公司（RFC），以支持金融机构和企业的复苏；实施了美国《农业调整法》（AAA），通过补贴和调控减少过剩农产品，稳定农业市场；通过《国家工业复苏法》（NIRA），恢复工业生产，促进市场需求；推出《劳工进步管理法》（WPA），大规模投入公共工程项目，创造就业机会。

在第二次世界大战期间，美国政府建设了大量的军事工厂和基础设施，如价值数百亿美元的军事工业设施，遍布全国的石油和天然气管道、炼油厂、电厂以及军事基地等。战争期间的军事需求刺激了工业生产，大量就业机会的出现缓解了失业问题。这一系列的举措，尤其是在战时经济转型的推动下，成功地帮助美国摆脱了大萧条的阴影，实现了经济的全面复苏和强劲增长。

从第二次世界大战结束到 20 世纪 60 年代，美国经济逐渐由低迷进入复苏，再进入战争财富模式，迎来了其经济发展的"黄金时代"。

（2）日本经济发展历程

日本作为第三代工业化国家的典型代表，也是最早开始工业化的亚洲国家。

第二次世界大战战败后，日本依靠美国的庇护，继续推行政府主导型战略，确立了外向型经济发展路径，经济实力迅速提升，20 世纪 60 年代后期，日本的国民生产总值超过英国、法国和联邦德国，成为世界第二大经济体。图1-8 中展示了 1955 年东京夜晚的场景，在一定程度上体现了 20 世纪中期日本经济的发展水平。

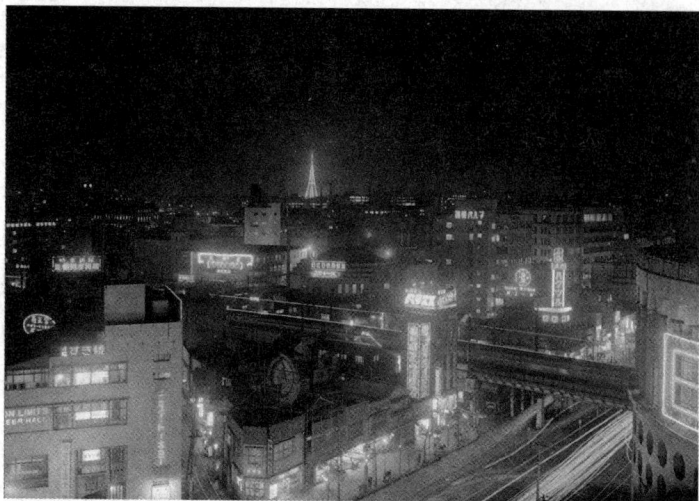

图1-8　1955年3月26日，东京市中心一座新的电视台和电视塔上，
闪光灯的光芒照亮了四周[1]

　　20世纪50到60年代，日本抓住美国"去工业化"进程中产业转移的机遇，快速完成了工业化进程。另外，在完成工业化后，自20世纪70年代开始，日本模仿美国的产业转移模式，有序地将劳动密集型产业、资本密集型产业甚至部分技术密集型产业向东南亚国家和地区转移，开启了自己的"去工业化"进程，形成了"雁行式"国际产业转移格局。然而，当日本的"去工业化"进程开始起步、相关问题还没有充分暴露时，美国却自20世纪70年代末开始"再工业化"进程。美国推行"再工业化"进程的动向、其初期所显现出的良好效果以及由此给日本带来的巨大压力，促使日本也开始"再工业化"进程。于是，在日本出现了"去工业化"进程和"再工业化"进程的叠加，导致了产业空心化和泡沫经济崩溃的后果。

　　20世纪90年代以来，日本经济出现了三大现象，引起世界的高度关注：一是日本经济至今还没有完全走出泡沫经济崩溃的阴影；二是日本产业空心化进一步加剧；三是随着一系列严重质量问题、造假问题的不断曝光，日本开始从"日本制造等于高质量"的"神坛"跌落。从表面上看，这三大现象之间似

---

1　美联社图片。

乎并不相干，但深入分析发现，上述三大现象的出现有共同的根源，即在追随、模仿美国"去工业化"与"再工业化"政策的过程中，日本经济发展战略出现了重大的失误：一方面，日本没有把握好"去工业化"与"再工业化"的精髓，放大了美国"去工业化"与"再工业化"政策的失误，使日本经济陷入泥潭；另一方面，在美国开始大力纠正"去工业化"与"再工业化"进程中的政策失误时，日本仍徘徊于陈旧的理念之中，觉醒迟缓，甚至有不少人坚持认为是"制造业毁灭了日本"，试图使日本在"脱实向虚"的道路上继续前行。日本的经验教训值得正处于高质量发展进程中的中国进行深入研究。

（3）德国经济发展历程

德国的第一次工业革命始于 19 世纪中叶，以铁路建设、煤炭开采和钢铁生产为标志。在这一时期，受政治分裂和农奴制等因素的影响，德国的工业化进程较为缓慢。1848 年，德国爆发革命后，开始加速工业化进程，铁路建设对德国的工业扩张起到了决定性作用。

1871 年，德国取得普法战争胜利，实现了统一，这为工业化提供了有利的政治环境。统一后的德国经济迅速发展，1900 年，其经济规模已与英国相当，成为世界上最大的经济体之一。在这一时期，德国的重工业如钢铁、化学和电力等产业迅速崛起，并在国际上占据领先地位。

尽管德国在第一次世界大战期间经历了严重的经济破坏，但在战后其通过民主化改造和欧洲一体化进程，联邦德国得以迅速恢复生产。第二次世界大战对德国经济造成了毁灭性打击，导致人才流失和经济基础受损。第二次世界大战后，德国通过一系列改革和政策调整，经济得到迅速恢复并发展。1948 年的货币改革为德国经济复苏奠定了基础。在康拉德·阿登纳和路德维希·艾哈德的领导下，德国建立了自由的经济体，进一步的改革和马歇尔计划的援助推动了经济的繁荣。这一时期被称为"德国经济奇迹"，使德国成为欧洲的经济引擎，德国发展成为当时世界上最发达的经济体之一。从 1950—1973 年，德国经历了战后繁荣发展期，重工业率先发展，随后化学、汽车、电气等新兴行业逐步取代重工业成为经济增长的引擎。

1990 年两德统一后，德国政府采取了一系列结构性改革措施，包括改革失业保险和救济制度、降低社会福利、降低税率、增加教育和科研投资、大力发展职业教育等。这些改革使德国企业成本降低、经济效益提高，失业率下降，经济长期稳定向好。2008 年国际金融危机对德国经济造成了冲击，但德国凭借坚实的工业基础和灵活的劳动力市场，在危机期间迅速复苏。2010 年，德国经济增长 3.6%，远超其他发达国家或地区。在这一时期，德国经济增长主要靠对外贸易拉动，内需也发挥重要作用。

### 2. 国外先进经济体产业发展历程

#### （1）美国产业发展历程

美国的经济崛起主要得益于科技创新和政府的战略引导。回顾历史，美国的产业政策在塑造经济格局、推动先进制造业发展方面发挥了举足轻重的作用。这些政策旨在弥补市场机制的不足，通过政府的适度干预来优化资源配置、促进产业升级和经济增长。在政策推动下，美国成功培育了一批在全球具有影响力的先进制造业企业，并在航空航天、信息技术、生物医药、新能源等关键领域取得了突破性进展。

在 20 世纪，美国政府实施了多样化的产业政策以驱动经济增长，这些政策包括但不限于补贴、税收减免、直接贷款与保险支持、风险投资激励、政府建设合同与采购、研发推动、标准制定、价格调控、市场准入与生产规模管理。1951 年成立的斯坦福工业园（如图 1-9 所示）是世界上第一个高科技园区，为硅谷的崛起奠定了基础。美国政府在互联网、半导体、高温超导等关键科技产品的研发中扮演了直接或间接的主导角色，推动了硅谷的创新与繁荣。

图 1-9　20 世纪的斯坦福工业园

　　以半导体产业为例，美国政府在 20 世纪 50 年代后期扮演了至关重要的角色，直接承担了超过 25% 的研发支出。通过一系列军事采购项目，美国政府为半导体企业提供了大量的财政支持，特别是在技术开发阶段，军方高价支付并承担了大部分的技术研发风险和成本。这种支持促使了半导体技术的快速进步和产业的初步发展。1965 年，美国军方的市场需求在整个半导体产业中占据了 28% 的份额，在集成电路领域，这一比例更是高达 72%。尽管进入 70 年代后，军方在市场中的重要性逐渐下降，但半导体产业发展前期的军事采购仍为美国半导体产业奠定了坚实的基础。1987 年，美国政府拨款 1 亿美元，引导 10 多家半导体企业组建了半导体制造技术战略联盟，推动了半导体技术的研究、开发和推广，促进企业之间的开发援助、研发合作、规范统一技术标准等。1987—1992 年，半导体制造技术战略联盟花费了 3.7 亿美元，用于半导体设备改进和设备供应相关的外部研发项目支出。为应对外国企业的竞争和并购威胁，促进美国半导体企业的合作研究，美国政府还通过放松反垄断法，允许企业开展更广泛的合作研究，以促进技术协同和强强联合。

　　从 1989 年到 1999 年，美国半导体产业经历了显著的整合和扩张，共发生了 111 起并购事件，并成立了 244 个合资项目。这一系列并购和合资活动推动了产业的集聚和技术整合，也增强了美国半导体企业的全球竞争力。1991 年，为了进一步保护美国企业在国际市场上的利益，美国政府与日本政府签订了《半导体贸易协议》，该协议的核心目的是确保美国半导体产业不受不公平市场竞争的影响，特别是来自日本市场的倾销压力。美国政府对半导体行业的持续研发支持为产业提供了强大的技术驱动力，通过军事采购、科研资助等手段，有效推动了技术创新和产业规模的扩展，使得美国企业在全球半导体行业的竞争中占据了主导地位。

　　1951 年，随着斯坦福大学内产业的逐渐兴盛，特曼[1]在周边建立了世界上

---

1　弗雷德·特曼 (1900 年 6 月 7 日—1982 年 12 月 19 日) 曾任美国斯坦福大学校长，硅谷创业的元老，被誉为"硅谷之父""电子革命之父"。

第一个高新技术园区——斯坦福工业园。这里成为世界上最先进的以硅为基础的高科技产品的生产地，仙童半导体公司、英特尔、AMD 等知名企业相继出世，并发展为享誉全球的"硅谷"企业。与半导体产业的蓬勃发展紧密相连，硅谷作为军用技术向民用技术成功转化的杰出范例，历来被誉为私人创业者的天堂，其发展模式也被广泛视为市场机制高效运作的标杆。美国政府在硅谷企业的成长过程中扮演了至关重要的角色。从 20 世纪 50 年代开始，硅谷企业便成为美国国防部重要的采购来源之一。例如，作为美国高新技术领域的领军企业，英特尔公司便得益于美国政府的采购、研发资助以及贸易保护政策。苹果公司的创新产品，如计算机、iPad 和 iPhone 等，同样受益于政府资助的多项基础研发项目和国际贸易政策支持。美国政府不仅在资金上为这些企业提供了重要支持，还通过制定有利的贸易政策，保障了它们在全球市场上的竞争优势。针对硅谷企业创新和风险投资的"神话"，硅谷历史研究学者阿伦·拉奥和皮埃罗·斯加鲁菲就指出，硅谷的体制实际上是一种长于开发、短于研究的体制，而美国政府才是硅谷最大的风险投资者和最有力的战略设计者。

（2）日本产业发展历程

日本产业发展历程体现了技术创新、政策支持和市场需求变化的相互作用。从第二次世界大战后初期的美国扶持，到黄金时期的出口导向，再到贸易摩擦后的内需转变，以及后期的衰退与转型，日本在电子和新材料领域经历了多次重大变革。

第二次世界大战后，日本电子产业得到了美国的大力支持，美国向日本转移了大量先进技术，帮助日本经济全面复苏。1957 年，《电子工业振兴临时措施法》的颁布进一步推动了电子产业的发展。1970—1985 年，日本电子产品在海外广受欢迎，出口额逐年上升，出口占电子工业总产值的比例达到了 56%。半导体产业是电子产业的核心组成部分，对电子产品的性能和功能有着至关重要的影响。在这一时期，日本的半导体产业迅速崛起，成为全球半导体产业的重要力量。在这一阶段，受益于对美国市场的出口，日本电子产业迎来了黄金时期，包括收音机、电视机（TV）、盒式磁带录音机和磁带录像机（VTR）等民用电子产品。这些产品在美国市场具有绝对领先的优势。例如，日本的 VTR 产值在巅峰时期超过 2 万亿日元，占世界总产量的 80%，出口额高达 1.6 万亿日元。然而，1985 年美国对日政策的转向以及《广场协议》导致的日元升值压力，迫使日本电子产业的驱动力由出口向内需转变。此外，日本企业在半导体产业的发展趋势中未能及时调整战略，仍执着于研发寿命长、性能高的 DRAM 产品，错过了个人计算机（PC）的时代。这一战略失误导致日本半导体产业由盛转衰，最终在 2012 年日本已经不存在 DRAM 企业。在这一时期，日本电子产业的产值和出口增加了 1.5 倍，但内需市场成为主要增长引擎。2000 年以后，日本电子产业总体上出现了明显的衰退。国内 TV、PC 的消费增速趋缓，与海外企业竞争加剧。到 2013 年，日本电子产业呈现贸易赤字的状态。

日本在 20 世纪 50 年代引入晶体管技术，半导体工业逐步崛起。1954—1969 年是日本半导体硅材料发展的起步阶段，应用领域从整流器、二极管延伸至晶体管和集成电路。70 年代初，日本半导体产业整体落后美国 10 年以上。然而，通过超大规模集成电路（VLSI）研发联合体带动技术创新，日本半导体材料产业迅速崛起。1986 年，日本在全球半导体产业链中的份额约为 50%，一度超过了美国。此外，日本还通过"官产学"合作体制，推动了科研成果的高效转化，通过"VLSI 项目"集中研发资源，推动了半导体材料的发展。在光刻胶、电子气体等关键材料领域，日本企业如信越化学、SUMCO 占据了主导地位，并实现了技术突破。这一时期，日本在半导体材料、电子材料、碳纤维复合材料及特种钢等领域取得重大成就。

（3）德国产业发展历程

德国产业发展历程经历了多次重大转型，成功应对了 20 世纪 80 年代的大规模产业结构调整，并在 1990 年统一后解决了东西部经济发展不平衡的难题。作为全球领先的工业强国，德国不断探索创新发展路径，率先在 21 世纪提出了"工业 4.0"战略。这一战略不仅奠定了德国制造业在全球的领先地位，还明确了以智能化、数字化为核心的未来制造业发展方向。德国产业发展历程为我国迈向高质量发展过程中所面临的挑战提供了新视角。

20世纪70年代至80年代期间，德国鲁尔区的发展逐渐陷入困境，面临着能源与钢铁产能过剩、环境污染加剧以及国际竞争加剧等多方面的挑战。石油和天然气的普及使煤炭能源的地位迅速下滑，导致煤炭产能出现严重过剩。同时，长期依赖重工业的发展模式对环境造成了极大的破坏，空气和水资源的污染问题愈发严峻。此外，随着发展中国家凭借低劳动力成本在全球市场中占据更大份额，鲁尔区的工业面临着更加激烈的国际竞争压力。鲁尔区传统的发展模式弊端逐渐暴露，导致大量煤矿和钢铁厂相继倒闭停产，大批工人失业，区域经济陷入危机。

联邦德国开始对产业结构进行调整，转变鲁尔区既有的以采煤、钢铁、煤化工、重型机械为主的产业结构。联邦德国政府前瞻性地制定了鲁尔区产业结构调整的多个指导方案，主要包括优化整合传统产业资源、发展新兴产业、促进技术创新、发展第三产业4个方面。这些措施不仅集中优化了产能分布，淘汰小、散、弱产能，还推动了产学研结合，加速了技术转化，为转型过程提供了人才支持与稳定的社会环境。

在优化整合传统产业资源方面，鲁尔区成功打造了如鲁尔煤矿公司和蒂森钢铁等一批代表性企业，进一步巩固了其产业基础。在发展新兴产业方面，鲁尔区大力兴建高等院校和科研机构，促进产学研紧密结合。在教育定位上，这些机构不仅关注传统产业所注重的专业人才培养，还前瞻性地布局新兴产业和新技术领域，奠定了区域创新与可持续发展的基础。在促进技术创新方面，企业和科研机构联合政府支持的技术开发中心，共同加速了产学研之间的高效对接。这种协同模式特别注重与中小型、创新型企业的互动合作，为技术创新和成果转化提供了有力支持。同时，政府在促进就业方面出台了一系列措施，不仅为企业创造就业机会提供资金奖励，还资助产业工人进行转岗培训，确保转型过程中的人才供给与社会稳定。在发展第三产业方面，鲁尔区利用其丰富的工业历史遗产和废旧厂区，将这些资源转化为工业文化旅游等服务业的基础，成功开拓了工业文化旅游的新路径，提升了区域的服务业比重与多样化发展水平。例如，德国埃森[1]利用以前的废旧矿场建成了世界上最美的矿区，修复后的德意志关税同盟煤矿成为德国煤矿焦化厂公园（如图1-10所示），是联合国教科文组织认定的世界遗产，也是埃森从一座工业城市转型的例证。

图1-10 德国煤矿焦化厂公园[2]

德国的产业转型政策聚焦于将产业发展定位于制造业产业链的中高端，充分发挥其在机械、汽车和电子电气等优势产业中的品牌影响力和技术优势。通过强化这些领域的核心竞争力，德国不仅保持了制造业的国际领先地位，还推动了高附加值产业的创新发展。第三产业在德国的崛起在很大程度上得益于制造业的带动。例如，德国企业在向客户销售制造业产品和设备的同时，还会提供一系列配套服务，包括技术培训、定制化技术解决方案和完善的售后服务体系。这一做法不仅提升了产品的整体价值，还拓展了服务业务，形成了制造业与服务业相互促进的局面。这种"服务型制造"模式，不仅提升了制造业的附加值，还为客户提供了全方位支持，代表了未来制造业发展的重要方向。这一

---

1 埃森是德国西部北莱茵-威斯特法伦州的一个非县辖城市，城市位于鲁尔区，所属行政区首府为杜塞尔多夫，城市规模210.34平方千米，2012年年底人口约57万，位列德国第九大城市。

2 张帆/摄，来自新华网《镜头连中外 | 从鲁尔矿区到北京首钢：工业遗存焕发新生》。

模式正是我们今天倡导的发展模式，即通过将制造与服务深度融合，实现产业链的高效延伸与持续升级，如图 1-11 所示。

19 世纪中期，随着发展中国家劳动力成本优势显现和市场逐步开放，欧美国家普遍呈现出"去工业化"趋势，制造业的占比不断下降。在这一背景下，联邦德国的制造业占比也一度有所下滑。然而，凭借丰富的产业转型经验，德国在 20 世纪 90 年代后期迅速调整产业政策，聚焦制造业的高附加值和技术升级，成功遏制了制造业占比的下滑趋势。通过一系列稳健的政策调整，德国不仅稳固了制造业的核心地位，还确保了第二产业在 GDP 中的占比长期保持在 30% 左右，显著高于美国、英国和法国等其他发达国家的同期水平。这一政策导向使德国制造业在全球范围内始终保持竞争力，为其在新一轮工业革命中占据有利地位奠定了坚实的基础，同时也为传统工业强国在"去工业化"浪潮中提供了一个转型成功范例。

**图 1-11　1970 年的德国大众汽车厂 [1]**

"工业 4.0"概念首次亮相是在 2011 年 4 月于德国举行的汉诺威工业博览会上，标志着德国在全球制造业领域率先提出了面向未来的智能化发展愿景。

---

[1] 照片拍摄于 1970 年 8 月 11 日，在一群消费者参观联邦德国沃尔夫斯堡大众工厂的过程中。让消费者参观工厂是西方汽车厂拉近厂家和消费者关系的一种方式。

2013 年 4 月，德国"工业 4.0"工作组发布了题为《保障德国制造业的未来：关于实施"工业 4.0"战略的建议》的详细报告，明确了这一战略的核心目标和发展方向。随后，在 2013 年 12 月 19 日，德国电气电子和信息技术协会（VDE）进一步发布了"工业 4.0"标准化路线图，为该战略的实施提供了系统的指导框架。这份路线图不仅细化了"工业 4.0"在智能制造、互联技术、数据处理等领域的标准规范，也勾勒出德国未来制造业发展的蓝图。德国能够率先提出"工业 4.0"概念，得益于其在智能制造领域的深厚积累和完善的政产学研协作体系。

早在 20 世纪 70 年代，以西门子等知名企业为代表，德国工业便开始着力提升生产自动化水平，逐步探索并发展出一条智能制造的创新路径。通过持续的技术积累和探索，德国形成了以自动化和数字化为核心的制造业优势。"工业 4.0"战略正是依托德国在嵌入式系统与自动化工程领域的技术实力，牢牢把握新一代工业生产技术的主导权。德国的研究机构为企业的研发提供坚实的技术支持，并促进技术的不断突破。德国政府协助科研机构在全国设立技术支持网点，并由弗劳恩霍夫协会等四大研究机构牵头，打造出以创新资源为纽带的全国性创新聚集带。这种协作模式以企业为创新主体，扶持并推动成立技术创新联盟，使科研成果能够及时转化为实际应用。高效的创新体系为德国的技术革新提供了有力支撑，使其在全球范围内成为前沿工业技术的引领者，并进一步夯实了德国制造在国际上的竞争优势。

### 3. 国外产业经济发展史对我国高质量发展的启示

（1）美国产业经济发展对我国高质量发展的启示

美国通过制定有效的产业政策组合，塑造出更具全球竞争力的产业生态，推动第四次工业革命技术的应用和发展。美国的经济发展历程清晰表明，政府的产业政策在推动产业升级和结构优化中起到了决定性作用。美国政府每年对研发的巨额投入不仅有效弥补了企业的资金缺口，还推动了经济向更高层次迈进。此外，美国政府通过修订和出台企业并购与重组的法律框架，甚至在某些情况下直接参与经济中的并购重组活动，为美国企业搭建起实现"规模经济"

与"技术创新"的双重平台，促进了市场结构的优化与产业组织的变革。

从美国的经济发展历程中，我们可以吸取金融危机的教训，及时调整产业发展战略，将发展中心落到实体经济上，防止出现"去工业化"或"实业空心化"现象。第二次世界大战后，美国启动了去工业化浪潮，间接推动了西欧和日本的工业化进程，尤其是日本，利用美国去工业化赋予的产业转移机会完成经济结构转型升级，积累了良好的技术和经济基础。然而，进入 20 世纪 70 年代，全球经济格局与科技革命发展发生了翻天覆地的变化。第三次科技革命的迅猛推进不仅重塑了生产方式和产业结构，还加速了全球化的步伐，使各国经济更加紧密相连。金融市场的蓬勃发展使金融资产规模急剧膨胀，金融逐渐成为经济增长的重要驱动力。进入 20 世纪后期，美国经济开始展现出显著的金融化和"去工业化"趋势，制造业面临着前所未有的挑战，产业规模逐渐萎缩，传统制造业岗位大量流失。为应对这一变化，美国政府出台了鼓励先进制造的政策措施，掀起"再工业化"浪潮，力图将经济重心从虚拟经济转移至实体经济上来。美国的第二次去工业化始于 2001 年，以中国为代表的新兴经济体利用劳动力等成本优势积极承接美国传统产业，加快工业化步伐。

发展实体经济和制造业是实现我国经济结构调整和动能转换的关键举措，是实现高质量发展的第一要义。近年来，美国政府相继发布了一系列政策，重新启动"再工业化"战略来提升本国制造业的竞争力，这对我国经济结构的转型与升级形成了新的挑战和压力。特别是在两国产业重叠或可能成为竞争的领域，包括贸易、投资及技术溢出的控制等，意图是全方位地抑制我国的发展，削弱我国相关产业的发展。我国需要加快推动经济结构的转型，将建设现代化产业体系作为推动经济转型升级的重要抓手，提升自主创新能力，加强关键技术攻关，通过优化产业结构、提升产业链现代化水平、加强创新能力建设等措施，增强经济的内生动力和抗风险能力，推动产业向高端化、智能化、绿色化、服务化方向迈进，为经济持续健康发展提供坚实支撑。

（2）日本产业经济发展对我国高质量发展的启示

我国正处于从工业大国向工业强国转变的关键阶段，这一转型过程对于实现高质量发展至关重要。首先应深刻认识到产业发展并非简单的线性过程，而是与全球经济格局、科技进步、国内产业结构变化等多重因素紧密相关的复杂现象。日本在模仿美国"去工业化"和"再工业化"的过程中，不仅未能有效吸取经验，反而放大了其失误，导致了严重的消极后果，曾一度面临制造业空心化、就业结构失衡等问题。"去工业化"和"再工业化"进程加重了日本的产业空心化，金融自由化政策导致虚拟资本脱离实体经济，最终导致了泡沫经济的崩溃。这提醒我国在推进新型工业化的同时，应注重产业结构的优化升级和区域布局的合理性，通过发展新兴产业、改造提升传统产业、淘汰落后产能等措施，推动产业结构向更加高效、可持续的方向发展。

把握好技术革命带来的重大机遇，实现企业的高质量发展。日本在20世纪80年代的经济辉煌，主要是基于其传统的产业结构和组织形式所取得的。然而，当信息革命到来时，日本却未能及时调整产业结构，抓住这一历史机遇。日本制造业造假事件、质量问题频发，昔日以高品质著称的"日本制造"光环正在失色，这不能不引起人们的深入思考。日本制造业出现这一系列严重的质量问题、造假事件，其根源还在于：在"去工业化"和"再工业化"的过程中，企业忽视了精益求精的"工匠精神"，转而追求短期利益，投机心理蔓延，因此忽视质量甚至通过造假来保生存、获发展。

目前，全世界正处于第四次产业革命之中，我们经常说"弯道超车"，但若没有技术变革和国际政治经济环境的大变化，即便出现弯道，后发国家也很难赶超发达国家。我国企业要敏锐捕捉当前机遇，致力于技术创新的核心地位，显著增加研发投入，以激发和提升自身的自主创新能力，力求在关键领域形成并掌握一批具有国际领先水平的核心技术和产品。同时，企业需要主动优化产业结构，加快步伐推动产业结构的深层次调整与升级换代，特别是要大力发展信息技术等具有高增长潜力的新兴产业，为经济注入新活力。

（3）德国产业经济发展对我国高质量发展的启示

对比德国、美国、日本三国产业经济发展历程，美国和日本分别经历了生产要素和经济结构"脱实向虚"、房地产市场和股票市场持续过快上涨等困境，虚拟经济泡沫破裂后，经济遭到极大破坏。德国专注实体经济，有效规避了虚拟经济过度膨胀的风险。德国鲁尔区的产业转型历程，作为世界范围内产业转型升级的典范，展示了政府在推动经济高质量发展中的核心引领与支撑作用。

德国政府作为宏观调控的主体，在鲁尔区产业转型的初期，便展现出了高度的前瞻性和战略眼光。面对资源枯竭、环境污染、产业结构单一等严峻挑战，制定了详尽而科学的宏观产业规划，不仅明确了产业转型的方向和目标，还细化了产业转型升级的具体路径和措施，为整个区域的可持续发展奠定了坚实基础。为了保障规划的顺利实施，德国政府还出台了一系列针对性强、操作性好的产业支撑措施，如税收优惠、财政补贴、金融支持等，有效激发了市场主体的积极性和创造力。

在产业转型的阵痛期，德国政府更是发挥了不可替代的作用。面对产业结构调整带来的大量失业问题，德国政府通过加强社会保障体系建设，加大对转岗人员的培训力度，提升工人的职业技能和就业竞争力，为失业人员提供基本的生活保障和再就业服务。这一系列措施不仅有效缓解了社会矛盾，还促进了人力资源的优化配置，为产业转型的顺利进行提供了有力的专业技术人员保障。此外，在推动鲁尔区产业转型的过程中，德国政府还注重促进区域协调发展，通过加强区域间的合作与交流，推动资源共享和优势互补，实现多个区域产业结构的优化升级和协同发展。

德国的经验表明，我国在面对类似资源型城市转型时，应制定全面而科学的产业转型规划，明确转型方向和目标，并细化具体路径和措施，确保转型工作的有序进行。采用税收优惠、财政补贴、金融支持等政策手段，激励市场主体参与产业转型，增强其积极性和创造力。在产业转型过程中，我国应完善社会保障体系建设，加大对转岗人员的培训力度，提升其职业技能，为失业人员提供基本的生活保障和再就业服务，缓解社会矛盾。同时，实施区域协调发展战略，加强区域间的合作与交流，推动资源共享和优势互补，实现多个区域产业结构的优化升级和协同发展，促进整体经济的均衡发展。

## 1.2.2 从新中国经济发展史看高质量发展

现代化作为中华民族的百年梦想,不仅反映了我国人民对美好生活的向往,也是国家发展战略的核心内容。中国式现代化是世界现代化进程中的重要组成部分,既折射出世界现代化的一般规律,也体现出我国的民族特色,是世界性和民族性的有机统一。在 1949 年新中国成立以前,我国的现代化道路呈现出被动防御的特点,其根本原因在于缺乏有效统一的政治体制下的现代化领导核心,由此导致我国的现代化缺乏制度性改革的有效支撑。新中国成立后,中国共产党作为社会主义现代化建设事业的领导核心,由此开始有计划分阶段地推进工业化和社会改革,真正开启了中国现代化的实践进程。我国自此走上具有自觉性和主观能动性的现代化道路。以 1949 年为中国式现代化的有效起点,将世界现代化进程的一般规律与我国每一发展阶段所面临的初始条件和禀赋约束相统一,中国式现代化的独特道路可划分为以下 3 个标志性阶段,如图 1-12 所示。

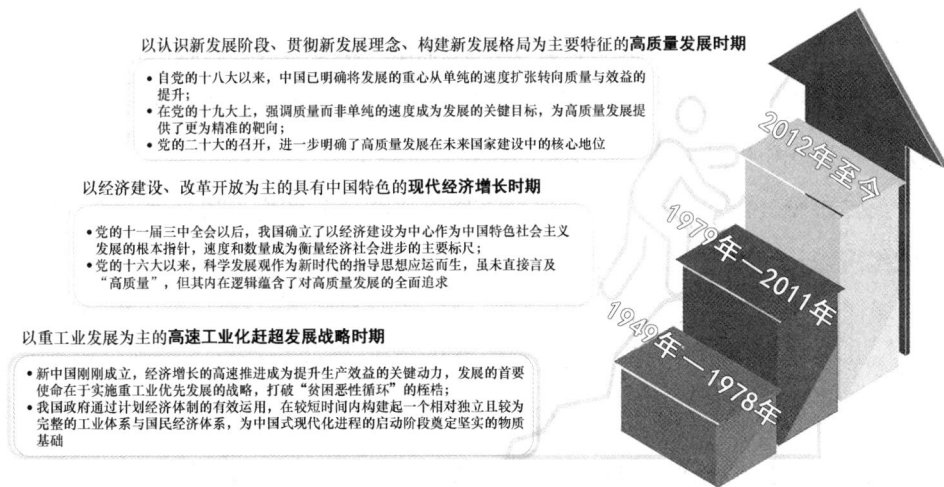

**以认识新发展阶段、贯彻新发展理念、构建新发展格局为主要特征的高质量发展时期**
- 自党的十八大以来,中国已明确将发展的重心从单纯的速度扩张转向质量与效益的提升;
- 在党的十九大上,强调质量而非单纯的速度成为发展的关键目标,为高质量发展提供了更为精准的靶向;
- 党的二十大的召开,进一步明确了高质量发展在未来国家建设中的核心地位

**以经济建设、改革开放为主的具有中国特色的现代经济增长时期**
- 党的十一届三中全会以后,我国确立了以经济建设为中心作为中国特色社会主义发展的根本指针,速度和数量成为衡量经济社会进步的主要标尺;
- 党的十六大以来,科学发展观作为新时代的指导思想应运而生,虽未直接言及"高质量",但其内在逻辑蕴含了对高质量发展的全面追求

**以重工业发展为主的高速工业化赶超发展战略时期**
- 新中国刚刚成立,经济增长的高速推进成为提升生产效益的关键动力,发展的首要使命在于实施重工业优先发展的战略,打破"贫困恶性循环"的桎梏;
- 我国政府通过计划经济体制的有效运用,在较短时间内构建起一个相对独立且较为完整的工业体系与国民经济体系,为中国式现代化进程的启动阶段奠定坚实的物质基础

2012年至今
1979年—2011年
1949年—1978年

**图 1-12 我国经济发展的 3 个阶段**

**第一阶段(1949—1978 年)以重工业发展为主的高速工业化赶超发展战略时期。**

新中国成立初期,经济发展所面临的核心制约因素之一是资本要素的稀缺性，主要体现在农业产值在国民经济中所占的比例过高、人均收入水平持续偏低及经济剩余相对较少上。面对国家一穷二白、各项事业亟待复兴的严峻形势，迅速恢复生产活动、确保广大民众的基本温饱需求，成为维护社会稳定以及安定民心的一项首要任务。在此背景下，经济增长的高速推进成为提升生产效益的关键动力。当时我国经济发展的首要使命在于实施重工业优先发展战略，以此作为资本积累的主要驱动力，确保优先开展生产资料的生产。这一战略旨在通过缓解资源禀赋的局限，打破"贫困恶性循环"的桎梏，为中国式现代化进程的启动阶段奠定坚实的物质基础。尽管这一赶超型发展战略以重工业为核心，与西方发达国家先轻工业后重工业的常规工业化路径不同，但其核心仍聚焦于数量型增长模式，显著特点是依赖大规模的资本要素投入来推动生产力的飞跃性提升。历史实践证明，我国政府通过计划经济体制的有效运用，迅速集中资源，在较短时间内构建起一个相对独立且较为完整的工业体系与国民经济体系，实现了显著的经济发展成就，为我国工业化进程和国民经济的快速增长提供了强劲动力。

然而，这一发展模式也面临着一定的挑战，即高储蓄率导致的消费相对不足，以及高投资率背后可能隐藏的经济效益不高等问题。这些问题促使我国开始深入反思并积极探索现代化发展的新路径。

**第二阶段（1979—2011 年）以经济建设、改革开放为主的具有中国特色的现代经济增长时期。**

重工业化的赶超发展战略之所以导致低消费与低效益的负面效应，核心原因在于它未能顺应我国特有的要素禀赋结构，即劳动力资源相对充裕而资本资源相对稀缺的现状。这一结构特征内在地要求优先发展劳动密集型产业，以此作为提升居民收入水平、激发居民消费潜力的有效途径，从而推动社会主义现代化的进程。解决人民日益增长的物质文化需要同落后的社会生产之间的矛盾，成为这一时期改革与发展的核心任务。基于此，家庭联产承包责任制、国有企业改革以及乡镇企业的兴起等一系列重大改革举措应运而生，它们共同构成了通过优化资源配置、促进经济结构调整来解决主要矛盾的逻辑基础。

党的十一届三中全会以后，我国确立了以经济建设为中心的发展策略。在这一特定的历史阶段，受到客观实际条件的制约和历史发展阶段的局限，速度和数量成为衡量经济社会进步的主要标尺，反映了我国对发展的迫切需求和特定时期对发展策略的合理选择。

随着党的十三届四中全会的召开，国民经济发展迎来了质的飞跃。在量的迅猛增长之外，社会各界对"质量提升"的呼声日益高涨，体现在产品质量、教育质量与人口素质等多个维度。这标志着提升经济发展质量的理念正在悄然萌芽。同时，"发展是党执政兴国的第一要务"成为全党全社会的共识，进一步巩固了发展的核心战略地位。

党的十六大以来，科学发展观立足于我国社会主义初级阶段的基本国情，总结我国发展实践，借鉴国外发展经验，适应我国发展要求而被提出。它强调经济、社会与人民的全面协调发展，引领我国迈向新的发展阶段。这一理论推动了经济发展模式由粗放型向集约型转变，节约型社会与环境友好型社会的构建目标更加明确且稳步推进。科学发展观虽未直接言及"高质量"，但其内在逻辑蕴含了对高质量发展的全面追求，不仅聚焦于经济社会的质量提升，更关注人的全面发展，推动中国特色社会主义向内涵式、深度化方向发展。

邓小平指出："中国式的现代化，必须从中国的特点出发。"我国成功崛起是国家能力与市场规模相互作用、共同推进的必然结果。在这一时期，我国经济仍以数量型增长为主，核心在于解放和发展生产力，扩大物质基础，以此推动现代化进程。"三步走"发展战略的提出，规划了从解决基本温饱，到实现全面小康，再到迈向共同富裕的现代化路径，每一步都紧密围绕着提升人民生活水平这一核心，将人民群众的切身感受作为衡量中国式现代化进程的重要标尺和目标方向。

**第三阶段（2012年至今）以认识新发展阶段、贯彻新发展理念、构建新发展格局为主要特征的高质量发展时期。**

高质量发展是经济的数量型增长模式达到一定阶段的产物。我国经济经过改革开放30多年的发展取得了显著增长，成为世界第二大经济体，这一辉煌成就主要得益于数量型增长模式的支撑。然而，随着发展阶段的深入，该模式逐渐显现出生产效率瓶颈、经济结构失衡以及过度依赖外需等深层次问题。人口红利逐渐减弱、资本边际收益递减及技术模仿效应降低等多重强约束条件的叠加影响，导致过去依赖规模扩张实现回报递增的发展模式难以为继。产业结构低端化、低质化的特征日益显著，供给侧中低端产品供给过剩，与高端、高质量产品供给不足之间的矛盾加剧了市场的不平衡。这些问题不仅制约了经济的持续健康发展，还凸显了向高质量发展模式转型的迫切需求。

我国推动高质量发展的实践是一个随着发展条件和目标不断变化而持续深化的过程。党的十八大以来，我国已明确将发展重心从单纯的速度扩张转向质量与效益的提升，这一战略转型标志着我国经济发展进入了新的阶段。党的十九大提出我国社会主要矛盾已经转化为人民日益增长的美好生活需要和不平衡不充分的发展之间的矛盾，为高质量发展提供了更为精准的靶向。党的二十大的召开，更是在我国已成功实现第一个百年奋斗目标的历史节点上，为向第二个百年奋斗目标迈进绘制了宏伟蓝图，进一步明确了高质量发展在未来国家建设中的核心地位。这3个重要历史节点贯穿起新时代我国高质量发展的实践历程。

## 1.3 从高质量发展到企业的高质量发展

党的二十大报告明确提出："高质量发展是全面建设社会主义现代化国家的首要任务。"我国高质量发展是实现宏观层面的经济社会高质量发展、中观层面的产业高质量发展和微观层面的企业高质量发展。

### 1.3.1 我国高质量发展的重点政策解读

回顾我国高质量发展历程，国家围绕构建高水平社会主义市场经济体制、建设现代化产业体系、全面推进乡村振兴、促进区域协调发展、推进高水平对外开放等重点领域作出一系列重大部署，为实现高质量发展打下坚实基础。本书梳理了2015年以来中央和地方出台的高质量发展相关政策，从政策层面进行整体汇总及文件内容解读，如表 1-2 所示。

表 1-2　2015 年以来我国出台的高质量发展相关政策

| 序号 | 时间 | 名称 | 文件内容解读 |
|---|---|---|---|
| 1 | 2015年3月 | 《中共中央 国务院关于深化体制机制改革加快实施创新驱动发展战略的若干意见》 | 深化体制机制改革，加快实施创新驱动发展战略。到2020年，基本形成适应创新驱动发展要求的制度环境和政策法律体系，为进入创新型国家行列提供有力保障。营造激励创新的公平竞争环境，建立技术创新市场导向机制，强化金融创新的功能，完善成果转化激励政策，构建更加高效的科研体系，创新培养、用好和吸引人才机制，推动形成深度融合的开放创新局面，加强创新政策统筹协调 |
| 2 | 2015年3月 | 《推动共建丝绸之路经济带和21世纪海上丝绸之路的愿景与行动》 | 共建"一带一路"致力于亚欧非大陆及附近海洋的互联互通，建立和加强沿线各国互联互通伙伴关系，构建全方位、多层次、复合型的互联互通网络，实现沿线各国多元、自主、平衡、可持续的发展。以政策沟通、设施联通、贸易畅通、资金融通、民心相通为主要内容，积极利用现有双边和多边合作机制，推动"一带一路"建设，促进区域合作蓬勃发展 |
| 3 | 2015年3月 | 《京津冀协同发展规划纲要》 | 京津冀协同发展是党中央作出的一项重大战略决策。该规划纲要除明确京津冀区域整体定位及3地分别定位以外，还确定京津冀协同发展的近期、中期、远期目标。京津冀协同发展，这个顶层设计开启了3地功能互补、错位发展、相辅相成的新征程。从更为宏阔的方面看，以建设以首都为核心的世界级城市群为目标的京津冀地区，承载了推动中国实现全局均衡发展、改变经济发展"南强北弱"的状况、深刻重塑中国乃至世界经济地理版图格局的历史使命 |

续表

| 序号 | 时间 | 名称 | 文件内容解读 |
|---|---|---|---|
| 4 | 2016年2月 | 《实施〈中华人民共和国促进科技成果转化法〉若干规定》 | 打通科技与经济结合的通道，促进大众创业、万众创新，鼓励研究开发机构、高等院校、企业等创新主体及科技人员转移转化科技成果，推进经济提质增效升级 |
| 5 | 2016年3月 | 《长江经济带发展规划纲要》 | 围绕"生态优先、绿色发展"的基本思路，确立了长江经济带"一轴、两翼、三极、多点"的发展新格局。从规划背景、总体要求、大力保护长江生态环境、加快构建综合立体交通走廊、创新驱动产业转型升级、积极推进新型城镇化、努力构建全方位开放新格局、创新区域协调发展体制机制、保障措施等方面描绘了长江经济带发展的宏伟蓝图，是推动长江经济带发展重大国家战略的纲领性文件 |
| 6 | 2016年5月 | 《国家创新驱动发展战略纲要》 | 制定了"三步走"的战略目标，到2020年进入创新型国家行列，到2030年跻身创新型国家前列，到2050年建成世界科技创新强国。该战略纲要提出了8个战略任务，一是推动产业技术体系创新，创造发展新优势；二是强化原始创新，增强源头供给；三是优化区域创新布局，打造区域经济增长极；四是深化军民融合，促进创新互动；五是壮大创新主体，引领创新发展；六是实施重大科技项目和工程，实现重点跨越；七是建设高水平人才队伍，筑牢创新根基；八是推动创新创业，激发全社会创造活力 |
| 7 | 2018年1月 | 《国务院关于全面加强基础科学研究的若干意见》 | 明确了我国基础科学研究"三步走"的发展目标。提出到21世纪中叶，把我国建设成为世界主要科学中心和创新高地，涌现出一批重大原创性科学成果和国际顶尖水平的科学大师，为建成富强民主文明和谐美丽的社会主义现代化强国和世界科技强国提供强大的科学支撑 |

续表

| 序号 | 时间 | 名称 | 文件内容解读 |
|---|---|---|---|
| 8 | 2018年11月 | 《中共中央 国务院关于建立更加有效的区域协调发展新机制的意见》 | 对建立区域战略统筹机制、健全市场一体化发展机制、深化区域合作机制、优化区域互助机制、健全区际利益补偿机制、完善基本公共服务均等化机制、创新区域政策调控机制、健全区域发展保障机制、切实加强组织实施等工作进行了原则安排。到21世纪中叶，建立与全面建成社会主义现代化强国相适应的区域协调发展新机制，区域协调发展新机制在完善区域治理体系、提升区域治理能力、实现全体人民共同富裕等方面更加有效，为把我国建成社会主义现代化强国提供有力保障 |
| 9 | 2019年4月 | 《中共中央 国务院关于建立健全城乡融合发展体制机制和政策体系的意见》 | 重塑新型城乡关系，走城乡融合发展之路，促进乡村振兴和农业农村现代化，建立健全有利于城乡要素合理配置的体制机制，建立健全有利于城乡基本公共服务普惠共享的体制机制，建立健全有利于城乡基础设施一体化发展的体制机制，建立健全有利于乡村经济多元化发展的体制机制，建立健全有利于农民收入持续增长的体制机制。到2035年，城乡融合发展体制机制更加完善；到21世纪中叶，城乡融合发展体制机制成熟定型 |
| 10 | 2020年6月 | 《海南自由贸易港建设总体方案》 | 对标国际高水平经贸规则，解放思想、大胆创新，聚焦贸易投资自由化便利化，建立与高水平自由贸易港相适应的政策制度体系，建设具有国际竞争力和影响力的海关监管特殊区域，将海南自由贸易港打造成为引领我国新时代对外开放的鲜明旗帜和重要开放门户 |

| 序号 | 时间 | 名称 | 文件内容解读 |
|---|---|---|---|
| 11 | 2020年10月 | 《中共中央关于制定国民经济和社会发展第十四个五年规划和二〇三五年远景目标的建议》 | 到2035年基本实现社会主义现代化远景目标。就制定国民经济和社会发展第十四个五年规划和2035年远景目标提出12点建议。一是坚持创新驱动发展，全面塑造发展新优势；二是加快发展现代产业体系，推动经济体系优化升级；三是形成强大国内市场，构建新发展格局；四是全面深化改革，构建高水平社会主义市场经济体制；五是优先发展农业农村，全面推进乡村振兴；六是优化国土空间布局，推进区域协调发展和新型城镇化；七是繁荣发展文化事业和文化产业，提高国家文化软实力；八是推动绿色发展，促进人与自然和谐共生；九是实行高水平对外开放，开拓合作共赢新局面；十是改善人民生活品质，提高社会建设水平；十一是统筹发展和安全，建设更高水平的平安中国；十二是加快国防和军队现代化，实现富国和强军相统一 |
| 12 | 2021年2月 | 《国务院关于加快建立健全绿色低碳循环发展经济体系的指导意见》 | 建立健全绿色低碳循环发展经济体系，促进经济社会发展全面绿色转型，健全绿色低碳循环发展的生产体系，健全绿色低碳循环发展的流通体系，健全绿色低碳循环发展的消费体系，加快基础设施绿色升级，构建市场导向的绿色技术创新体系，完善法律法规政策体系。 |

| 序号 | 时间 | 名称 | 文件内容解读 |
|---|---|---|---|
| 13 | 2021年9月 | 《中共中央 国务院关于完整准确全面贯彻新发展理念做好碳达峰碳中和工作的意见》 | 坚持系统观念，处理好发展和减排、整体和局部、短期和中长期的关系，把碳达峰、碳中和纳入经济社会发展全局，坚定不移走生态优先、绿色低碳的高质量发展道路。到2025年，绿色低碳循环发展的经济体系初步形成，重点行业能源利用效率大幅提升。到2030年，经济社会发展全面绿色转型取得显著成效，重点耗能行业能源利用效率达到国际先进水平。 |
| 14 | 2021年11月 | 《科技体制改革三年攻坚方案（2021－2023年）》 | 开展科技体制改革攻坚，目的是从体制机制上增强科技创新和应急应变能力，突出目标导向、问题导向，抓重点、补短板、强弱项，锚定目标、精准发力、早见成效，加快建立保障高水平科技自立自强的制度体系，提升科技创新体系化能力 |
| 15 | 2023年2月 | 《质量强国建设纲要》 | 把推动发展的立足点转到提高质量和效益上来，培育以技术、标准、品牌、质量、服务等为核心的经济发展新优势，推动中国制造向中国创造转变、中国速度向中国质量转变、中国产品向中国品牌转变，坚定不移推进质量强国建设。到2025年，质量整体水平进一步全面提高，中国品牌影响力稳步提升，人民群众质量获得感、满意度明显增强，质量推动经济社会发展的作用更加突出，质量强国建设取得阶段性成效 |
| 16 | 2023年2月 | 《数字中国建设整体布局规划》 | 到2025年数字中国建设取得重要进展，数字基础设施高效联通，数据资源规模和质量加快提升，数据要素价值有效释放。数字基础设施和数据资源体系被业内视为建设数字中国的"两大底座"。到2035年数字化发展水平进入世界前列，数字中国建设取得重大成就，推进数字技术与经济、政治、文化、社会、生态文明建设"五位一体"深度融合 |

| 序号 | 时间 | 名称 | 文件内容解读 |
|---|---|---|---|
| 17 | 2024年3月 | 《推动大规模设备更新和消费品以旧换新行动方案》 | 实施设备更新、消费品以旧换新、回收循环利用、标准提升四大行动，大力促进先进设备生产应用，推动先进产能比重持续提升，推动高质量耐用消费品更多进入居民生活 |
| 18 | 2024年3月 | 《以标准升级助力经济高质量发展工作方案》 | 加快推进标准制修订工作，充分征求企业、消费者等相关方意见，坚持急用先行，成熟一项及时出台一项。要强化监督检查，完善配套政策，确保各项标准落实落地 |
| 19 | 2024年3月 | 《关于严把发行上市准入关从源头上提高上市公司质量的意见（试行）》 | 严把拟上市企业申报质量，压实中介机构"看门人"责任，突出交易所审核主体责任，强化证监会派出机构在地监管责任，坚决履行证监会机关全链条统筹职责，优化多层次资本市场功能衔接，规范引导资本健康发展，健全全链条监督问责体系 |
| 20 | 2024年3月 | 《促进国家级新区高质量建设行动计划》 | 紧紧围绕改革开放综合功能平台的定位，推动新区在建设现代化产业体系上更有作为。增强新区科技和产业竞争力，多措并举扩大有效需求，支持新区深化重点领域改革，加强统筹协调和组织实施。努力打造高质量发展引领区、改革开放新高地、城市建设新标杆，更好地服务区域重大战略和区域协调发展战略，为中国式现代化建设贡献力量 |
| 21 | 2024年3月 | 《商务部等9部门关于推动农村电商高质量发展的实施意见》 | 从6个方面提出14条具体举措。一是搭建多层次农村电商综合服务平台，二是加快农村现代物流配送体系建设，三是培育多元化新型农村电商主体，四是提高农村电商产业化发展水平，五是开展多种形式的农村电商促销活动，六是巩固拓展电子商务进农村综合示范政策成效。该实施意见围绕加强统筹协调、做好配套支持、创新监管方式等强化工作保障机制，压紧压实责任，确保取得实效 |

| 序号 | 时间 | 名称 | 文件内容解读 |
|---|---|---|---|
| 22 | 2024年3月 | 《我国支持科技创新主要税费优惠政策指引》 | 将支持科技创新摆在突出位置，出台实施一系列针对性强的税费政策举措，逐步形成了一套涵盖创新链产业链资金链人才链的多税种、全流程科技创新税收优惠政策体系，较好满足了新时期我国科技创新发展的新形势、新要求，对激发企业创新活力、支持高水平科技自立自强、促进经济高质量发展发挥了重要作用 |
| 23 | 2024年6月 | 《促进创业投资高质量发展的若干政策措施》 | 促进创业投资高质量发展，围绕创业投资"募投管退"全链条，进一步完善政策环境和管理制度。培育多元化创业投资主体，多渠道拓宽创业投资资金来源，加强创业投资政府引导和差异化监管，健全创业投资退出机制，优化创业投资市场环境。该政策措施为培育发展新质生产力、实现高水平科技自立自强、塑造发展新动能新优势提供有力支撑 |

### 1.3.2　我国高质量发展的建设路径

我国所倡导的高质量发展是一个多维度的综合概念，具有广泛而深刻的内涵，它全面覆盖了宏观、中观与微观三大维度，其建设路径体现在宏观经济、产业经济及企业运营3个层面，如图1-13所示。在宏观经济层面，高质量发展追求的是经济增长的稳定性、协调性与可持续性，强调通过优化经济结构、提高创新能力、促进绿色发展等方式，实现经济总量的合理增长与质量效益的同步提升。在产业经济层面，高质量发展要求加快产业转型升级，推动传统产业改造升级与新兴产业的培育壮大，构建现代化产业体系。主要包括提升产业链发展水平、增强产业竞争力、促进产业融合发展等方面，以实现产业结构的优化与产业质量的提升。在企业运营层面，高质量发展聚焦于提升企业的核心竞争力和可持续发展能力，要求企业加强技术创新、管理创新和产品创新，提高生产效率与产品质量，同时注重履行社会责任，实现经济效益与社会效益的和谐统一。

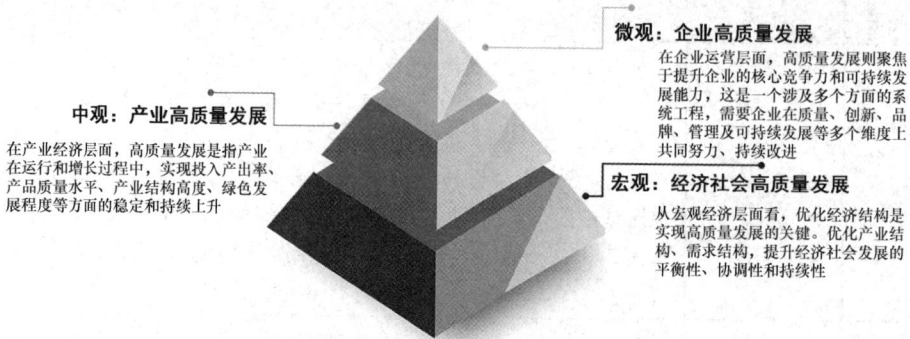

**微观：企业高质量发展**
在企业运营层面，高质量发展则聚焦于提升企业的核心竞争力和可持续发展能力，这是一个涉及多个方面的系统工程，需要企业在质量、创新、品牌、管理及可持续发展等多个维度上共同努力、持续改进

**中观：产业高质量发展**
在产业经济层面，高质量发展是指产业在运行和增长过程中，实现投入产出率、产品质量水平、产业结构高度、绿色发展程度等方面的稳定和持续上升

**宏观：经济社会高质量发展**
从宏观经济层面看，优化经济结构是实现高质量发展的关键。优化产业结构、需求结构，提升经济社会发展的平衡性、协调性和持续性

**图 1-13 我国高质量发展的建设路径**

### 1. 宏观：经济社会高质量发展

从宏观经济层面看，优化经济结构是实现高质量发展的关键。党的十八大以来，我国经济结构调整取得了显著进展，产业结构不断优化，第一产业保持平稳增长，第二产业加快转型升级，第三产业规模日益壮大，新兴产业蓬勃发展。通过加快构建"高精尖"经济结构，推动发展绿色经济，我国经济结构实现了重大变革，质量效益稳步提升。在此背景下，实现经济社会高质量发展，需要持续优化产业结构、需求结构，提升经济社会发展的平衡性、协调性和持续性。

（1）产业结构优化

产业结构优化是指推动产业结构合理化和高级化发展的过程，是实现产业结构与资源供给结构、技术结构、需求结构相适应的状态。这一过程涉及在现有资源条件和技术水平的约束下，调整与现有经济发展水平不相适应的产业结构，科学配置生产要素，使产业间和产业内部的要素布局趋于合理化。

产业结构合理化注重强化产业间的协调能力和提升关联水平，优化国民经济各产业间的比例关系，实现资源在产业间的合理配置和有效利用。产业结构高级化则指通过运用先进技术提高生产要素的产出效率，推动产业向附加值更高的方向发展。

优化产业结构有助于实现产业结构与资源供给结构相适应，提高经济发展的质量和效益。产业结构优化的过程不仅有助于提高资源利用效率，推动传统产业结构组织模式的变革，催生新型产业形态，还能在保持经济增长的同时，使产业朝着低污染、低能耗的方向发展，降低排放强度。

（2）需求结构优化

需求结构优化以高质量的产品和服务供给为核心驱动力，不仅包括现有市场需求的升级，还需要前瞻性地引领并激发市场涌现出全新的、更高层次的消费需求。优化需求结构能显著提升供给体系对市场需求变动的响应速度与灵活性，进而开辟消费增长的新领域，构建多样化、创新型的消费场景，不断丰富消费者的消费体验。需求结构优化是推动经济社会高质量发展的重要手段，关键在于扩大内需与促进消费。

扩大内需，即增强国内市场的消费与投资需求。提高居民收入水平、完善社会保障体系、改善消费环境等措施，可以有效激发居民的消费潜力，促进消费升级，从而推动经济增长。同时，加大基础设施建设投资、鼓励民间投资等举措，也能有效扩大投资需求，为经济增长提供持续动力。

促进消费则是扩大内需的重要途径。消费是经济增长的最终动力，也是经济结构优化的重要标志。深化消费领域改革，打破制约消费的体制机制障碍，可有效释放消费潜力，包括提高产品和服务质量、丰富消费品种类、优化消费环境等方面的工作。同时，还需要加强消费者权益保护，提高消费者满意度和信任度，进一步激发消费热情。

### 2. 中观：产业高质量发展

在产业经济层面，高质量发展是指产业在运行过程中，实现投入产出率、产品质量水平、产业结构高度、绿色发展程度等的稳定和持续上升。主要内容包括重点产业竞争力提升、产业内大企业数量不断增加等。产业的高质量发展是实现宏观经济高质量发展的重要支撑。

党的二十届三中全会指出，要健全提升产业链供应链韧性和安全水平制度。产业高质量发展的过程也是产业链供应链优化升级的过程。构建新发展格局的核心要义在于确保经济循环的顺畅无阻，而产业链作为经济循环体系中的主动脉，其完整性与高效运作直接关系到大国经济循环的畅通无阻。产业链如同一条紧密相连的链条，各环节之间相互依存、环环相扣，任何一处的阻滞都将导致整个链条上下游企业的连锁反应。因此，推动产业高质量发展不仅是应对当前国内外复杂经济形势的迫切需求，还是实现宏观经济高质量发展的长远之计。

（1）升级传统产业，激发产业新活力

现代化产业体系的先进性是其核心竞争力的重要体现，它要求产业体系全面融入并引领新一轮科技革命和产业变革的浪潮。在这一进程中，产业不仅需要大量采纳最前沿的技术、工艺、设备，还需要引入高效的管理方法，确保每一个环节都能紧跟时代步伐，展现出高端化、数字化、智能化、绿色化的现代新兴技术特征。高端化意味着产业向高附加值、高技术含量的领域迈进，提升产品与服务的质量与档次；数字化则是利用大数据、云计算等信息技术手段，实现生产、管理、销售等环节的全面数字化转型；智能化则是通过人工智能、物联网等技术的深度应用，使生产过程更加精准、高效、灵活；绿色化则强调在产业发展的同时，采用科技含量高、资源消耗低、环境污染少的生产方式，注重生态环境保护，实现可持续发展。

实现传统产业升级的重点在于促进技术创新与推动绿色化转型。一方面，强化传统行业优势领域，提升产业链的完整性，促进关键技术的创新与迭代。科技创新不仅解决了产业发展的技术瓶颈问题，还为产业转型升级提供了强有力的支撑。推动人工智能、大数据等前沿技术与传统行业的深度融合，加速产业数字化的进程，实现产业的智能化升级。在重点行业内构建"产业大脑"，集中整合并优化利用各类数据资源。另一方面，推动绿色化转型。构建绿色低碳循环经济体系，推动产业的可持续发展，提升制造业的绿色生产水平，积极发展绿色服务业，壮大绿色能源产业，加快新能源技术的研发与应用，加快绿色科技创新和先进绿色技术推广应用，发展绿色低碳产业链和供应链。制定一系列针对低碳、节能、节水、资源综合利用及绿色制造等重点领域的标准规范，覆盖产品设计、生产流程、能源消耗、水资源管理、废弃物处理等多个环节，促进资源的节约利用和材料的合理应用，为各行各业提供明确的绿色化转型指南，推动产业发展模式向更加环保、可持续的消费和生产模式转变。

（2）培育新兴产业，铸就发展强动能

在推动高质量发展的过程中，新产业的培育扮演着至关重要的角色，它们往往源自技术领域的革命性突破，能够引领经济摆脱传统增长模式的束缚，开辟全新的生产力发展路径，成为高质量发展的坚实基石。当前，工业互联网、大数据、云计算、人工智能、区块链等前沿技术日新月异，为新一代信息技术、生物技术、新能源、新材料、高端装备、新能源汽车、绿色环保等战略性新兴产业的蓬勃发展注入了强劲动力。与此同时，类脑智能、量子信息、基因技术、未来网络、深海空天开发、氢能与储能等前沿科技领域也在孕育着未来产业的雏形，这些领域代表着科技创新的最前沿，预示着未来经济社会的无限可能。

值得注意的是，新兴产业的崛起并非孤立存在，它们与传统产业之间存在着紧密的互动关系。一方面，新兴产业的发展需要传统产业提供市场空间、原材料、零部件等关键支持，这促进了传统产业的转型升级和市场需求的扩大；另一方面，传统产业通过吸收前沿科技的创新成果推动改造升级，也能显著提升自身的发展质量和效益。因此，在培育新兴产业的同时，推动传统产业与新兴产业的融合发展，是实现经济高质量发展的重要途径。培育新兴产业需要从扩大新兴产业市场空间、加快上下游产业链的协同发展、优化政策引导和支持3个方面入手。

一是扩大新兴产业市场空间。把握新能源汽车、锂电池等前沿产品迅猛发展的黄金机遇，积极促进以品牌为先导、创新驱动为核心的新型全球产业链构建。在此过程中，加速推进全国统一大市场的建设步伐，打破地方保护壁垒，消除市场分割现象，充分释放我国庞大内需市场的巨大潜力。不断拓宽和丰富新兴技术的应用场景，加速推动新兴产业规模的快速扩张与技术迭代升级，进而助力更多新兴产业逐步崛起并成为国民经济的支柱性产业。

二是加快上下游产业链的协同发展。加速数字技术在高端制造业中的广泛渗透与应用，构建数字技术与制造业深度融合、互为驱动、持续优化的正向循环体系。深化推进先进制造业集群化发展战略专项行动，完善集群的组织架构与管理效能，强化专业化服务与支持机制，打造集创新研发、公共服务于一体的综合平台。聚焦关键领域，培育一批特色鲜明、协同高效、结构优化的先进制造业集群，通过集群效应促进产业链上下游紧密衔接，显著提升新兴产业链的整体竞争实力与协同创新能力。

三是优化政策引导与支持。有效融合新兴产业发展与扩大内需战略，充分激活需求侧创新动力，精准调控财税等支持政策的力度与节奏，以实现两者相辅相成、协同并进。强化标准引领作用，激励技术创新与企业间的优化整合，避免资源浪费与低层次重复建设。深刻洞察新兴产业的全周期发展规律，特别是加大对前期创新阶段的支持力度，增强资源要素的配置与保障能力，加速关键核心技术的突破与创新步伐，为产业链持续健康发展奠定坚实基础。

### 3. 微观：企业高质量发展

从企业运营层面看，实现高质量发展不仅关乎经济规模和速度的增长，还强调企业在可持续发展路径上的全面提升。"企业"为什么而存在？"关于企业的目的，只有一个正确而有效的定义，那就是'创造顾客'"[1]。随着全球化进程的加速，消费者市场正经历一场深刻的变革，从追求普遍适用的大众化产品转向渴望独特体验的个性化和高品质商品。在这一背景下，企业面临着前所未有的挑战：不仅要与来自世界各地的竞争对手同台竞技，还需要敏捷地捕捉并响应消费者快速变化的需求。这一趋势迫使企业必须将高质量发展作为核心战略，以增强其在市场中的竞争力。

国家倡导的高质量发展理念，将质量第一与效益优先作为基本原则，进一步细化为追求更高质量的产品与服务、更高效的运营模式、更加均衡的社会公平、更长远可持续的发展路径及更为坚实的安全保障体系。同时，这一战略还高度重视激发发展的内生动力、强大的创新能力及国际市场的竞争力。企业层

---

1　彼得・德鲁克，《管理的实践》（*The Practice of Management*），1954 年出版。

面的高质量发展是一个涉及多个方面的系统工程，需要企业在质量、创新、品牌、管理及可持续发展等多个维度上持续改进。

（1）质量为先

质量是企业的生命线，企业高质量发展离不开对质量的严格把控和持续优化。这意味着，企业需要严格把控从原材料采购到生产制造，再到产品交付与售后服务的每一个环节，确保产品质量达到或超越行业标准，甚至超越客户的期待。这种对质量的极致追求，不仅是对消费者负责，还是企业自身品牌信誉与市场竞争力的坚实保障。高质量的产品和服务能够塑造良好的品牌形象，增强客户对品牌的信任和好感，从而转化为顾客忠诚度，提升客户持续购买该品牌产品的惯性和动力，并愿意为其支付溢价。同时，高质量发展还强调质量管理的全面性与系统性。企业通过建立健全质量管理体系，实现对产品的精细化管理并持续改进，不断提升产品质量的稳定性和可靠性。质量为先，这是企业走向成功、赢得市场的关键所在。只有始终坚守质量生命线，不断创新与超越，企业才能在激烈的市场竞争中立于不败之地。

（2）创新驱动

创新是实现企业高质量发展的核心引擎，企业追求高质量发展的过程也是不断创新的过程。在当今快速变化的市场环境中，企业若要在激烈的竞争中脱颖而出并持续发展，就必须不断寻求创新，将其融入企业的每一个层面和环节。创新促进了技术升级和产品优化。企业通过不断研发新技术、新工艺和新材料，能够显著提升产品的性能、质量和用户体验，从而满足消费者对更高品质、更个性化产品的需求。创新推动了企业的市场拓展。通过营销策略创新、渠道拓展和服务模式创新，企业能够更好地连接客户，提升企业知名度和影响力。同时，创新还能够帮助企业开拓新的市场领域，拓展业务范围，实现多元化发展。

（3）品牌建设

品牌是企业形象和产品质量的综合体现，具有高度的识别度和忠诚度。良好的品牌建设有助于提升企业的盈利能力，品牌知名度高、美誉度高的企业，其产品或服务往往能够获得更高的溢价。面临市场波动或危机时，消费者对知名品牌的宽容度和支持度通常更高，良好的品牌建设使企业在危机中能保持相对稳定的市场份额和品牌形象，可减少损失并快速恢复。企业实现高质量发展需要注重品牌建设，企业通过优质的产品和服务、良好的企业社会责任表现、有效的品牌传播策略等，提升品牌知名度和美誉度，形成强大的品牌竞争力。品牌通过独特的品牌形象和价值主张，能够在激烈的市场竞争中脱颖而出，形成差异化竞争优势。

（4）管理优化

企业需要引入并实践先进的管理理念，如全面质量管理、六西格玛、精益生产等，以系统化的方法持续改进和优化业务流程，提高产品和服务质量。与此同时，面对数字化浪潮的席卷，企业还需要采用先进技术手段，实现管理变革和效率提升。企业可通过数字化、智能化手段优化生产流程，减少人为失误，降低运营成本。例如，企业利用大数据和人工智能技术进行精准的市场预测和需求分析，指导其合理地安排生产计划；应用物联网和智能制造技术，实时监控生产线的运行状态，实现生产过程的透明化和可追溯，提高生产效率，确保产品质量的稳定性和一致性。管理优化的最终目标是构建一个更加灵活、高效、可持续的运营模式，使企业能够快速响应市场变化，抓住稍纵即逝的商机。同时，企业通过不断降低成本、提高效益，增强其盈利能力和抗风险能力。从长远来看，管理优化将为企业打造坚不可摧的竞争力壁垒，为企业的长期稳定发展奠定坚实的基础。

（5）可持续发展

高质量发展还强调企业的可持续发展能力，包括环境保护、社会责任、经济效益3个方面的平衡。企业需要注重节能减排、资源循环利用等环保措施，积极履行社会责任，促进社会和谐发展。同时，企业可通过高效运营和合理定价等手段，确保经济效益稳步增长，为企业的长远发展奠定坚实基础。

最终，企业高质量发展的实现将为企业带来综合实力的全面提升，包括但不限于技术创新能力的显著飞跃、市场份额的稳健增长以及品牌影响力的不断扩大，助力企业在全球化的大潮中乘风破浪，稳健前行。

## 1.4　小结

本章对高质量发展进行了全面概述。从经济层面来讲，高质量发展是以质量和效益为核心的发展；从社会层面来讲，高质量发展是社会多维度、全面协调的发展；从人民层面来讲，高质量发展是以人民为中心的发展。通过深入分析美国、日本、德国等经济体的经济发展和产业结构变革的模式，我们知道追求高质量发展是一个复杂的过程，这不仅需要创新驱动和产业升级，还需要市场机制的完善和合理的政策支持。此外，本章详细剖析了我国高质量发展的环境挑战、产业现状和发展规划，并从宏观经济、产业经济及企业运营 3 个层面提出高质量发展的建设路径。

党的二十届三中全会强调："当前和今后一个时期是以中国式现代化全面推进强国建设、民族复兴伟业的关键时期。"中国经济经过改革开放 40 多年的发展，已经进入了转型升级的阶段，其需要主动引领历史方向，以"中国答案"回应现代化之问。国际金融危机及美国实施的"再工业化"政策，进一步恶化了中国经济发展的外在环境。发达国家的技术封锁、贸易保护主义打击及后进的新兴发展中国家追赶同时出现，中国经济发展面临前所未有的挑战。而现代科学技术发展意味着新的科技革命即将到来，并将影响经济社会的各个方面。企业应该抓住这一战略机遇期，提升自身在产业链中的地位和作用，实现企业高质量发展。

Chapter

第 2 章

# 企业高质量发展的
# 本质内涵及关键路径

高质量发展是"十四五"乃至更长时期我国经济社会发展的主题。高质量发展虽然是以宏观层面的经济高质量发展为源起而提出，但它必然也涵盖中观层面的产业高质量发展和微观层面的企业高质量发展，形成贯穿微观、中观和宏观的高质量发展完整体系[1]。特别指出的是，企业构成了宏观经济增长的基本单元，同时也是中观层面产业进步的核心构成。归根结底，经济的高质量增长必须依赖于企业层面的高效和卓越发展来达成。无论是推动经济发展方式转变、经济结构优化和增长动力转换，还是实施质量变革、效率变革和动力变革，都离不开企业的主体性作用，其成功与否的关键在于企业，在于能否实现企业高质量发展。

本章重点阐述企业可持续高质量发展这一核心主题，对其本质内涵进行分析。首先，从"质量"这一底层逻辑概念的定义和认识，对研究范畴进行了界定；其次，从宏观、中观、微观 3 个视角分别对企业高质量发展的关键要素进行展开分析；最后，通过中国传统哲学认知框架分析如何推动企业高质量发展，对如何构建企业高质量发展的关键路径做出理论探索。

## 2.1 企业高质量发展的本质内涵

### 2.1.1 企业高质量发展的定义

企业高质量发展这一词汇是由"企业""高质量""发展"等多个概念复合而成，业界对其定义尚未统一。但无论何种认知，均应该回归到问题的本质，即企业高质量发展需要从"质量"出发去定义和认识其内涵。

#### 1. 质量体现发展过程的优劣程度

质量具有双重含义。首先，从主体的视角来看，质量体现为企业倡导一种通过满足顾客和其他相关方的需求和期望来实现其价值的文化，反映在其行

---

1 黄速建，肖红军，王欣.论国有企业高质量发展 [J]. 中国工业经济，2018(10):19-41. DOI:10.19581/j.cnki.ciejournal.2018.10.002.

为、态度、活动和过程中。组织的产品和服务质量取决于其满足顾客的能力，以及对相关方的有意或无意的影响。产品和服务的质量不仅包括其预期的功能和性能，而且还涉及顾客对其价值和受益的感知。其次，从客体的角度来看，质量是评价事物、产品或工作好坏的标准，反映了主体满足客体需求的能力，即从社会属性的角度来看待质量。显然，无论是作为经济活动的个体还是作为社会的一部分，企业对质量的认识和理解都倾向于强调其社会属性，即第二层含义。从这个角度来看，质量是一个价值判断的概念，它本质上是对经济或社会事物价值的评估，体现了其优劣程度。

随着质量这一概念的本源含义应用于不同的领域，衍生出了多种相关概念，企业发展质量的概念也是由此而来。从发展的角度来看，质量的内涵是不断丰富和变化的，从强调产品的实用性，到重视产品满足顾客和社会需求的程度，质量的关注点从产品本身转移到顾客，再到利益相关方，最终关注整个社会。例如，国际标准化组织提出，质量不仅包括产品的功能和性能，还包括顾客的价值和利益感知，通过满足顾客、利益相关方和社会的需求和期望来创造价值。质量内涵的演进表明社会价值判断正日益成为质量概念的核心，一是基于相对功利角度的现实价值判断，二是基于发展角度的人为价值判断，对于企业发展质量的理解也需要建立在价值判断体系之上。

总之，企业发展质量指的是企业在发展过程中所表现出的能力的优劣程度。从效益最大化的视角来看，传统的优劣程度评价主要基于企业绩效、竞争力和效率或生产率等观点，这些观点强调功利角度的现实价值判断。然而，随着企业社会责任观和利益相关方理论的兴起，企业发展质量评价维度得到了拓展，将企业创造的社会价值和利益相关方价值纳入考量，则是突出了相对主观和抽象的人为价值判断。

### 2. 企业高质量发展的定义

企业发展质量是企业在一定时期内所展现的经济和社会价值实现的效率与水平，以及其持续成长和创造价值的素质能力。这一概念具有一定的时效性，任何一个企业的发展质量随时间推移存在巨大差异和波动性。因此，对于企业发展质量这一概念的评价必须限定在某一时间范围内。将企业发展质量的概念延伸至企业高质量发展时，同样需要区分某一时间点的状态概念和某一时间段的过程概念。

从时间点的状态概念来看，高质量发展是经济发展的一种新质态，区别于单纯的高速增长，新质态中还包括了对绿色化发展程度、全球产业结构定位以及创新驱动能力等的审视。企业高质量发展也可以看作企业发展的一种新状态，即实现或处于高水平、高层次、卓越的企业发展质量的状态。

从时间段的过程概念来看，高质量发展是在传统粗放型发展方式难以为继和新时代社会主要矛盾转化背景下提出的，强调创新、协调、绿色、开放、共享的新发展理念，是一种新型发展范式。这一范式超越了仅重视规模扩张和要素投入的粗放式发展，走向了提供高品质产品和服务、强调价值创造效率与水平、重视塑造企业持续成长的素质能力的道路。

综合状态概念与过程概念，企业高质量发展可以定义为追求高水平、高层次、高效率的经济和社会价值创造，以及塑造卓越的企业持续成长和持续价值创造素质能力的目标状态或发展范式。[1]

## 2.1.2 从宏观视角看企业高质量发展

从宏观视角来看，企业高质量发展的内核是多方面的，是一个综合性、集成性、动态性概念，代表着企业发展的新潮流、新方向、新范式和新规律。从宏观视角来看，想要更加清晰地理解企业高质量发展概念，需要关注经济、社会、环境等多个层面，也需要企业、政府和社会各方共同努力，形成协同效应。

### 1. 企业高质量发展的 3 个维度

企业高质量发展会因为企业的微观性质而存在个体差异，但在更高的群体层面上，企业高质量发展存在共同的特质。宏观视角下的企业高质量发展主要包括内在发展体系、价值实现层次和服务价值对象，如图 2-1 所示。

---

1　此定义来自金碚，中国社会科学院工业经济研究所。

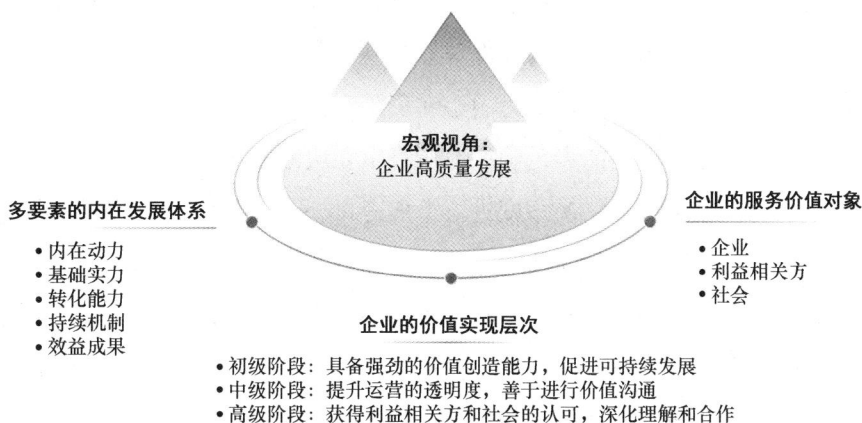

**宏观视角：**
企业高质量发展

**多要素的内在发展体系**
- 内在动力
- 基础实力
- 转化能力
- 持续机制
- 效益成果

**企业的服务价值对象**
- 企业
- 利益相关方
- 社会

**企业的价值实现层次**
- 初级阶段：具备强劲的价值创造能力，促进可持续发展
- 中级阶段：提升运营的透明度，善于进行价值沟通
- 高级阶段：获得利益相关方和社会的认可，深化理解和合作

图 2-1　企业高质量发展的 3 个维度

一是多要素的内在发展体系。企业追求的全面高质量发展需要遵循现代企业运作和发展的规律，该体系主要由内在动力、基础实力、转化能力、持续机制和效益成果 5 个要素组成。内在动力方面，企业需要具有强烈的意愿和创新思维，这是发展的根基；基础实力方面，主要考量企业是否拥有实现目标所具有的资源和发展基本条件；转化能力方面，企业需要在行动上能够将计划和愿景转化为实际成果，确保企业行动的有效性；持续机制方面，企业需要建立自我驱动和自我更新的长效稳定机制，为持续发展提供保障；效益成果方面，有效体现企业的根本价值，是衡量成功的最终标准。

二是企业的价值实现层次。首先，企业在追求高质量发展的过程中需要具备强劲的价值创造能力，展现出卓越的价值创造水平，致力于促进可持续发展，创造包含经济和社会价值的全面价值，这是价值实现层次的初级阶段；其次，企业需要重视并不断提升运营的透明度，善于进行价值沟通，确保利益相关方和社会各界能够清晰地看到企业在创造价值过程中的努力和成果，这是价值实现层次的中级阶段；最后，企业要获得利益相关方和社会在利益、情感和价值观上的认可，深化他们对企业的理解和合作，为企业的持续发展打下坚实的社会基础，这是价值实现层次的高级阶段。

三是企业的服务价值对象。无论是经济增长还是企业进步，核心都需要解答"发展服务谁"和"发展依托谁"的问题，实际上，企业的发展是与利益相关方和社会互动的产物，也是与外部环境共同进化的过程。因此，企业在追求高质量发展时，必须突破以自我为中心和局限于内部视角的限制，而应拓展外部视角，培养换位思考的能力，确保在所有重要决策和活动中，能够从企业自身、利益相关方以及社会的多角度进行全面考量。企业高质量发展还要求在关注理念、能力、行为、机制和绩效等各个层面的基础上，同时从企业自身、利益相关方和社会的不同视角出发，在价值创造、沟通和认同等方面进行全面的审视。企业需要深入理解内外部对运营的核心需求，并有效协调内外部资源的配置，以促进企业与利益相关方和社会之间的良性互动，共同创造和分享多层面、多元化的价值。

**2. 企业高质量发展的六大特质**

企业的发展融合了经济与社会功能，其内在驱动力是推动其向高质量发展转型的关键。企业的这一动力既源自外部因素，也源自内在动力，而后者是企业持续发展的核心。高质量发展的企业不单纯追求利润最大化，而是以社会价值为导向，积极融入经济社会发展大局，主动识别和满足社会需求，以此作为其存在和发展的基石。这种以社会价值为先导的策略，往往能将社会需求转化为商业机遇，通过创新解决方案实现企业与社会的共赢，推动企业的可持续发展。从宏观视角下的 3 个维度进行审视，实现高质量发展的企业往往具备普遍共性特质，如图 2-2 所示。在追求高质量发展的道路上，企业必须认识到资源优质和能力突出、产品和服务优质、透明度和开放性、管理机制有效、综合绩效卓越、社会声誉良好这六大特质的重要性，并将其作为战略规划和日常运营的核心。

资源优质和能力突出是企业发展的内在基础。企业资源分为外部资源和内部资源，企业核心能力涵盖技术、管理、营销、研发、文化等维度。企业应针对性培养和利用这些可获得持续竞争优势的关键资源和能力，以适应外部环境的变化，并确保能够将社会价值理念转化为实际行动。

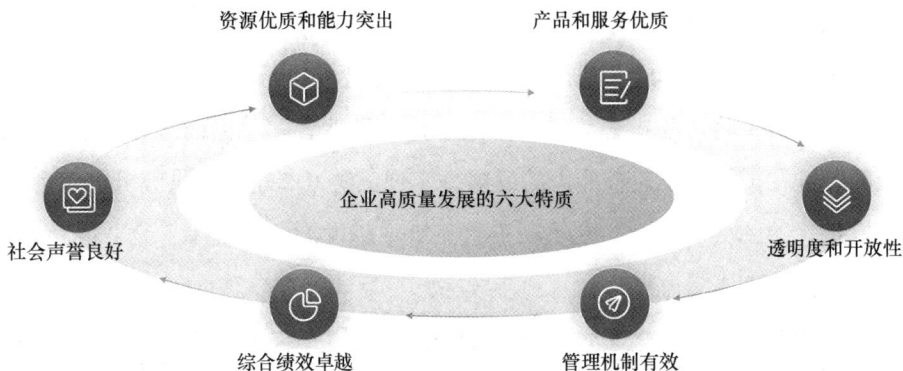

图 2-2　企业高质量发展的六大特质

产品和服务优质是企业存在的根本。高质量发展的企业应利用其资源和能力优势，提供符合社会需求的高品质产品与服务。这就要求企业持续追求产品与服务的品质，确保其有效性、高效性，以及在技术和安全方面的先进性。

透明度和开放性是企业运营的重要组成部分。企业需要通过透明和开放的运营来获得利益相关方和社会的认可。企业应加强与利益相关方的沟通，实施开放运营，以实现互利共赢。

管理机制有效是企业活力的源泉。企业需要不断创新管理模式，建立符合企业实际需要的管理机制，包括治理结构有效、管理方法科学、制度体系规范、流程设计合理和企业文化优秀。

综合绩效卓越是企业高质量发展的体现。企业不仅要关注经济绩效，还要追求利益相关方价值绩效和更广泛的社会绩效，以实现最少资源投入下的最大化绩效产出。

社会声誉良好是企业的无形资产。企业应通过负责任的行为、透明运营和品牌建设，塑造积极的社会形象，赢得利益相关方和社会的认同和尊重，从而成为具有强大社会影响力的企业。

## 2.1.3　从中观视角看企业高质量发展

从中观视角看，企业核心竞争力主要体现在产品链、供应链和营销链 3 个领域。产品链体系核心在于研发和设计市场上最有竞争力的产品；供应链体系关键是通过最优的采购、计划、制造、物流和订单执行完成产品的生产制造；营销链体系负责将产品销售给最精准的客户和消费者。总体而言，企业高质量发展的关键在于推动全业务能力的发展，实现三链（产品链、供应链、营销链）协同发展，如图 2-3 所示。在不断追求三链卓越发展的过程中，企业的核心竞争力和可持续发展能力得到构建和持续完善。

| | 产品链产品生命周期管理 | 供应链管理 | 营销链管理 |
|---|---|---|---|
| 企业层 | 利润/成本/质量/服务（模块化/智能化） | 利润/成本/交付/质量（深度信息化/数据拉通/稳态系统/智能制造） | 收入/利润/高毛利/增幅/占比（深度信息化/交互驱动/敏态系统/用户大数据） |
| | 产品链<br>产品领先 | 供应链<br>运营卓越 | 营销链<br>客户亲密 |
| 产业层 | 1.全球最具竞争力的产品：华为、比亚迪等企业产品<br>2.行业产品隐形冠军：江苏、浙江地区的一些企业<br>3.新一代产品：数字化/智能化产品 | 1.全球最具竞争力的供应链卓越运营：丰田等<br>2.供应链上下游业务打通/数据打通/互联互通：苹果、华为、海尔<br>3.产品制造过程：精益化-自动化-信息化-智能化：特斯拉等汽车企业，美的、海尔等家电企业，三一等企业 | 1.全球最具竞争力的流通链：京东等<br>2.消费者大数据分析：天猫、抖音等<br>3.渠道-门店-消费者数据互联互通、线上线下一体化：海尔、美的<br>4.线索商机-大客户管理端到端业务打通-数据打通：三一等企业 |

**图 2-3 企业高质量发展的中观要素**

### 1. 产品链

高质量的产品不仅能够满足客户的需求、提升客户体验，还能够增强客户忠诚度，为企业带来稳定的收入。产品链的卓越需要关注品质、创新和成本效益 3 个方面。品质方面，产品品质涵盖性能、耐用性、可靠性、安全性以及符合用户需求的产品力。企业需要不断努力确保产品质量达到或超过客户的期望，建立良好声誉和口碑；创新方面，持续的产品创新是保持竞争力的关键，涉及产品功能、设计、生产工艺、材料和技术的创新；成本效益方面，高质量的产品不必然意味着高成本，企业需要在保持产品质量的同时控制成本，提高竞争力和利润率。成本效益包括生产、运营、销售和售后服务等各个环节的成本总和。

### 2. 供应链

稳定可靠的供应链是确保产品质量和交付的关键。供应链管理需要关注稳定性、透明度和风险管理 3 个方面。稳定性方面，建立稳定可靠的供应链是企业成功的基础，企业需要与供应商建立长期稳定的合作关系，确保原材料的及时供应和质量可控，降低生产成本，提高交付效率，增强企业的竞争力；透明度方面，企业需要提高供应链的可见性和透明度，及时发现和解决潜在问题，降低风险，提高决策效率，增强企业韧性和灵活性；风险管理方面，有效的供应链风险管理是企业高质量发展的重要保障，企业需要评估和管理供应链中的供应商风险、物流风险、地缘政治风险等，降低不确定性，提高企业的稳定性和可持续性。

**3. 营销链**

在具备优质的产品和稳定可靠的供应链基础上，企业需要积极收集客户反馈，根据市场需求和客户倾向性，不断改进产品和服务，维护和提升客户满意度和忠诚度，实现持续增长和竞争优势。营销链管理需关注满意度、反馈效率和忠诚度 3 个方面。满意度方面，企业需要了解客户的需求和期望，提供优质的产品和服务，满足客户的需求并提升客户体验，带来持续的收入流；反馈效率方面，客户反馈是改进产品和服务的重要来源，企业需要积极收集、分析和响应客户反馈，提升产品质量和服务水平，从而提升客户满意度；忠诚度方面，建立客户忠诚度是实现持续增长的关键。企业需要通过建立信任、提供价值和建立情感连接等方式提高客户忠诚度，保持稳定的客户基础和收入流，忠诚的客户会成为品牌的忠实支持者和推广者。

因此，企业的高质量发展的中观本质在于不断提升产品质量、优化供应链管理和建立良好的客户关系，以此实现持续增长和保持竞争优势。

## 2.1.4　从微观视角看企业高质量发展

从企业经营的微观视角来看，企业高质量发展是一个全面而深入的过程，它要求企业在产品质量、技术创新、品牌影响力和运营管理等多个关键维度上不断追求卓越。企业高质量发展的微观要素涵盖了产品质量的可靠性、技术创新的可持续性、品牌影响力的稳定性及运营管理的高效有序性等，如图

2-4 所示。

图 2-4 企业高质量发展的微观要素

  首先，产品质量是企业与顾客建立信任的基石。高质量的产品不仅满足基本功能需求，还要提供安全、耐用和性能上的保证。企业必须确保从原材料采购到最终产品交付的每一个环节都符合高标准，通过持续的质量控制和改进，实现产品的零缺陷。其次，技术创新是企业持续竞争力的源泉。在快速变化的市场中，企业需要不断探索和引入新技术，以提升产品性能、优化生产流程和创造新的业务模式。技术创新还涉及研发投入、人才培养和知识产权保护，这些都是推动企业向前发展的关键因素。再次，品牌影响力是企业在市场中建立地位的关键。强大的品牌能够为企业带来忠实的顾客群体和市场溢价能力。企业需要通过有效的品牌战略、营销活动和卓越的顾客服务来塑造品牌形象，并通过一致的品牌体验来维护和增强品牌忠诚度。最后，运营管理是企业高质量发展的中枢神经系统。高效的管理体系能够确保企业资源得到合理配置，推动流程顺畅和决策迅速。企业需要采用现代管理理念和工具，如精益管理、数字化转型等，来提升运营效率，降低成本，并快速响应市场变化。

  总体而言，企业高质量发展是一个复杂的系统工程，企业需要在战略规划、资源投入、执行力和持续改进上作出努力，以实现长期的稳定增长和市场领导地位。从技术层面的具体实施来说，要实现企业高质量发展的微观标尺应做到"五化统一"，即高度自动化、深度信息化、增值智能化、管理精益化和人的数字化。以某数字化赋能落地项目为例，该企业通过实施工艺质量参数自动连续检测以做到企业的高度自动化；通过应用制造执行系统（MES）质量数据分析模块以实现深度信息化；通过建立"设备＋工艺＋人工智能（AI）算法"的产品工艺最优控制模型以实现增值智能化；通过形成工序质检流程常态化管理手段，保证各项关键绩效指标（KPI）有效落地以实现管理精益化；通过数字手段明晰工序质检岗位员工能力要求、培训员工检测及数据分析能力，并宏观监测企业人员流动情况以实现人的数字化。最终，企业通过逐一解决好这 5 个方面问题，达到满足"五化统一"的企业高质量发展微观标尺，最终实现企业的显著效能提升。[1]

## 2.2　企业高质量发展的关键路径

不确定性作为人类社会发展的内驱力，既挑战着企业的生存和发展，又为企业蓬勃发展带来了无限可能。在复杂多变的国际局势和全球经济形势下，探索企业高质量发展的关键路径已成为应对这些日益加剧不确定性环境的核心策略。

### 2.2.1　企业高质量发展是应对不确定性的活动

与不确定性进行抗争是社会发展活力的源泉。自古以来，不确定性始终是决策中的核心议题，激励着人类不断探索未知，成为推动社会进步的动力。

#### 1. 不确定性是人类社会发展的动力

几千年来，人类社会一直面临在不确定性环境中进行决策的挑战。不确定性源于信息约束条件下人们有限的认知能力[2]，应对不确定性是人类永恒的挑战。也正是这种不确定性，激发了人类对抗它的决心和勇气，成为推动社会发展的不竭动力。

---

1　来自陈广乾的制造型企业高质量发展与数字化转型的关系。
2　来自安筱鹏的线性思维下的非线性疑惑，2019 年 6 月 5 日。

在远古时代，人类先祖"裸奔"于斗转星移、山呼海啸、天崩地裂之中，大自然的不确定性给他们带来了深深的恐惧。为了缓解这种恐惧，人类开始尝试解释不确定性。不确定性源于信息的不完整和人们认知的有限性，它使每一个决策都充满了风险。然而，正是这种风险，促使人类不断寻求解释和突破，从而降低其对大自然的恐惧感。

久而久之，人类为了应对不确定性，不断创造出各种文明成果，如语言、文字、医学、经济、政治制度等。这些文明成果的诞生，在帮助人类应对不确定性的同时，也对人类社会的发展起到了推动作用。

在现代社会，不确定性因素依然存在。尤其在信息时代，不确定性变得更加复杂多变，这促使人类为了更好地应对未来的挑战，需要不断利用数字化理念武装个人和组织，这不仅有助于不确定性的更好识别、理解和分析，还能促进服务决策的精准高效。

**2. 不确定性能对企业高质量发展产生多重影响**

当下世界充满多变复杂因素，不确定性对企业高质量发展产生了多重影响。一是增加企业经营成本。经济环境不确定性导致企业难以精确预测市场变化，企业管理层在决策制定时面临多重干扰因素，可能导致资源错配，影响企业发展。同行企业相互模仿决策的"跟随效应"进一步加大了行业内企业项目重复建设、资金集中投入问题，增加整个行业的经营风险。二是降低企业融资预期。经济形势和政策不确定性降低了企业股东对未来前景的信心，进而减少了直接投资。而银行及金融机构在间接融资方面会对企业采取更严格的信用评估，导致贷款利率上升，增加企业财务负担。三是增加企业创新难度。经营环境的不确定性导致企业需要付出更高的研发成本和更长的回报周期，尤其在突破式创新领域，如果外部经济环境和政策波动较大，企业对市场变化和技术趋势预测的精准度会降低，企业会对创新的投入决策更为谨慎。四是提高企业内控成本。市场环境的不确定性会导致内部控制质量不足的企业更容易出现违约，使自身信用资质降低，资金获取难度大，倒逼企业花费额外的成本提升内控管理机制，加强质量体系建设，从而提升投资获取成功率，降低债务压力。

### 3. 从哲学视角分析企业高质量发展

（1）西方哲学思维视角

站在西方哲学角度看，笛卡儿的"我思故我在"强调的是认知的重要性。在企业高质量发展进程中，对企业经营管理过程的认知水平直接影响企业能否有效应对不确定性，所以企业领导者必须具备批判性思维，对各类风险与机遇有清醒的认识和准确的判断，并做出明智决策保障企业高质量发展。从康德的"纯粹理性批判"中可以得到启示，理性既是认知世界的依据，又是指导行动的指南，所以企业有必要建立数据驱动的科学决策机制，运用大数据分析来提升决策的精确性和前瞻性，以有效应对高质量发展中的不确定性。

威廉·詹姆斯等西方哲学家的实用主义理论主张为实践服务，他们认为知识的价值在于它的实际应用效果。对企业而言，这意味着高质量发展不仅仅是技术升级，还是一种旨在提高经营效率、提升市场竞争力并最终获得可持续发展的不确定性应对思路。此外，海德格尔的生存哲学提醒人们要重视"存在"的本质，企业要思考其存在的意义，通过持续创造价值来应对市场不确定性，实现求生存和谋发展，从而确保企业始终走在高质量发展方向上。

（2）东方哲学思维视角

站在东方哲学角度看，道家思想强调"道法自然"，提倡在顺应自然规律的基础上不进行强行改变，即"无为而治"。在企业高质量发展过程中，"道法自然"的道理同样适用，企业要寻找适合自己发展的"道"，也就是最恰当的转型路径，而不要盲目跟风。《道德经》中的"无为而治"，是要在适当的时候采取适当的行动，避免因过度干预而产生负面效应。企业在应对不确定性时应该保持灵活度，根据外部环境变化适时调整策略，从而在"道法自然""无为而治"的思想指引下，通过一系列的转型、优化实现自身高质量发展。

儒家文化所推崇的"中庸之道"不仅指导人们修身齐家治国平天下，对现代企业来说也有重要的指导意义。中庸之道强调"致中和"，即在不断发展过程中保持适度与平衡，避免走向极端。"致中和"的思想启发企业在应对不确定性时，要始终保持清晰的认知和适度的应对策略，从而最终找到解决问题的关键切入点，在复杂多变的市场环境中保持稳健，从而保证企业效益持续增长，这是企业发展过程中的重要一环。

（3）"道、法、术、器"应对不确定性挑战

推动企业高质量发展在本质上是应对不确定性的挑战，既要以科学分析和逻辑判断为基础，又要着眼于人文关怀和生态平衡。因此，企业要成为一个"智者"，既要有西方哲学的冷静分析，又要有东方哲学的圆融智慧，综合运用"道、法、术、器"，即遵循正确的战略方向——"道"，制定合理的规则制度——"法"，掌握有效的执行技巧——"术"，运用先进的工具技术——"器"，以应对各种不确定性的挑战，达到企业高质量发展的目的。对"道、法、术、器"的融会贯通能够帮助企业在应对不确定性中游刃有余。

企业高质量发展既是一次技术和经济上的变革，又是一次文化和哲学上的洗礼。在这个过程中，融合东西方哲学智慧将为企业发展带来强大的精神支撑和行动指引，使企业在数字化转型中既能保持坚定的步伐，又能有灵活的姿态，最终推动企业与社会达到高水平、高层次、高质量的发展状态。

### 2.2.2 化解企业高质量发展不确定性的思想

#### 1."道、法、术、器"的思想框架

将我国古代哲学中的"道、法、术、器"思想应用于提升企业高质量发展过程，如图2-5所示，以道构法、以法优术、以术利器、以器载道，从而构建提升企业核心能力的理论体系。按照"利器、提术、建法、悟道"维度层层推进，形成"术器相融"与"道法相衬"的一套不确定性对抗组合拳。

其中，"道"是世界的普遍规律，不以人的意志为转移的客观存在，只能被发现、认知和掌握，是客观规律，是时代趋势；"法"是指专注于落地实施的指导思想、制度规范，强调在发展中需遵守的建设理念、制度规范和道德伦理规范等，如企业经营管理的精益思想；"术"是指解决问题的具体办法或手段，源于"道"和"法"，由人发明并能在实践中不断提升完善，如数字化转型能够帮助企业由传统发展模式转变为高质量发展的模式；"器"

象征着具体的实现工具和知识技能，能够为"术"（落实相应的办法）提供基本前提，如人工智能、区块链、云计算、大数据、工业互联网等各种技术工具和手段。

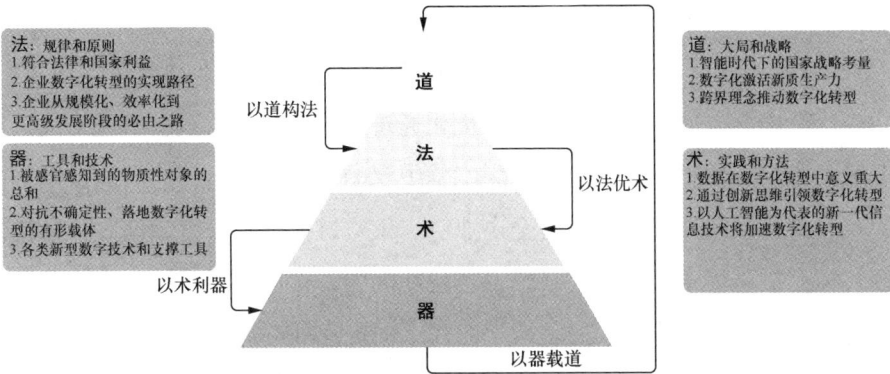

图 2-5　"道、法、术、器"思想框架

### 2. 道：企业高质量发展是一项时代命题

纵观新中国的企业发展史：第一阶段是新中国成立至改革开放之前，是以重工业发展为主的高速工业化时期，以国有企业为主体，通过计划经济体制，迅速集中资源，在短时间内构建起了一个相对独立、较为完善的工业体系与国民经济体系；第二阶段是从改革开放至 21 世纪，是以经济建设为中心，具有中国特色的现代经济增长期，中国经济以数量型增长为主，通过改革开放，解放和发展生产力；第三阶段是 21 世纪以来，经济发展暴露出生产效率瓶颈、经济结构失衡、人口红利减弱、资本收益递减等多重问题，导致原来依赖规模扩张实现回报递增的发展方式难以为继，在产业结构方面表现为低端化、低质化特征突出，在供给侧方面表现为中低端产品供给过剩，这些问题阻碍了经济的持续健康发展，凸显了向高质量发展模式转型的迫切需求。当前，国家之间竞争重心正从传统的资本、劳动要素的驱动，逐步向更高端的驱动要素转移，如知识、信息、数据、技术等[1]。

---

1　数智化转型的"道"与"术"，中国信息化周报，2024 年。

党的二十大报告指出："高质量发展是全面建设社会主义现代化国家的首要任务。"高质量发展已成为我国现代化不可或缺的组成部分，包括宏观经济的全社会层面、中观的产业层面和微观的企业层面。一是宏观经济的全社会层面，优化产业结构和需求结构是实现高质量发展的关键，产业结构优化通过调整产业结构，实现资源在产业间的合理配置和有效利用，推动产业向创新型、低污染、低能耗方向发展；需求结构优化通过扩大内需，改革供给侧，促进消费升级，为经济增长提供持续动力。二是中观的产业层面，产业高质量发展支撑宏观经济高质量发展，通过健全产业链、供应链韧性和安全制度，推动传统产业转型升级，培育新兴产业，激发产业新动能，形成发展新活力。三是微观的企业层面，企业高质量发展是数字时代下的国家战略导向。数字时代正深刻影响多个产业领域，包括工业、农业、金融等。无论是工业企业借助工业互联网平台实现制造流程的数字化、智能化，还是农业企业引入先进设备和技术实现养殖的量化、预测，抑或民营银行借助分布式技术和服务创新打造的互联网银行，都在新时期展现出了数字化的强大力量。宏观、中观和微观3个层面正共同组成时代洪流，推动我国政治、经济、文化、环境等全社会资源和要素一起朝着高质量发展的方向迈进。

### 3. 法：企业高质量发展需遵循科学路径

"法"的构建确保企业高质量发展遵循科学路径有序进行。"法"不仅代表法律法规，还包括企业在生产经营中所遵守的原则标准、道德伦理、制度规范。在"道、法、术、器"的思想框架下，"法"作为桥梁连接了"道"和"术""器"，将形而上的方法、规则和原则转化为行动指南，支撑企业在发展中与不确定性进行对抗，为企业高质量发展提供制度保障。

"法"体现在企业科学的规章制度和指导思想上。规章制度的"法"是企业高质量发展的基石，为企业经营管理设定了框架、明确了准则。例如，企业内部控制制度可以有效预防和控制管理风险，确保经营合法合规；企业社会责任制度能更好地履行社会义务，树立良好的对外形象；企业生产安全、知识产权、数据安全等制度助力企业在数字时代下妥善处理生命财产安全、创新发明专利、数据价值挖掘和权益分配等。指导思想的"法"帮助企业在变幻莫测的市场环境中沿着合理的路径方向高效前进，如精益管理理念帮助企业从全局审视业务流程，通过消除浪费、优化流程、提升效率，实现企业运营流程的优化升级和价值创造，确保每一步行动都贴近高质量发展目标。

依"法"治企是数字时代下企业高质量发展的关键保障。企业需要一套完善的治理"法"，在管理模式、组织架构、企业文化进行制度层面的有效规范，这既是企业发展的内在诉求，又是外部环境快速变化对企业提出的"必答题"，助力企业高质量发展有规可查、有章可循、有法可依。同时，随着大数据、云计算、人工智能等新一代信息技术应用，数据作为重要生产要素的价值日益提升，企业尤其需要制定数据隐私保护的技术和管理措施，保障数据在采集、存储和使用过程中，数据主体的权利不被侵犯。

**4. 术：数字化为高质量发展提供了手段**

企业高质量发展的"术"是实现"道"与"法"在企业生产经营场景落地的关键环节，通过一系列具体的手段和方法，将抽象的理念、制度、原则转化为实际的可执行策略和模式。在"术"的层面，企业通过创新实践，确保策略和模式的有效实施，最终实现高质量发展目标。

法家思想重视"术"的运用，主张通过制度和策略来达到治理目的，防止个人主观因素对"法"的客观系统造成损害，这也是"术"的本质。因此，引入"术"的做法，是为了在确保不影响"法"本身客观性的前提下，消除个体对"法"客观结构的扭曲和破坏。《易传》中的"地势坤，君子以厚德载物"体现了顺应形势、增厚美德、宽厚包容的理念。对于企业而言，"术"作为帮助其实现高质量发展的策略和模式，在遵循内部企业文化和外部法律法规的前提下，根据企业发展阶段、行业特点和产业现状，规划设计发展策略、模式，为企业探索高质量发展路径奠定基础。

在数字化时代背景下，数字化转型作为"术"，通过技术层面的革新、经营理念的改善、管理模式的升级，能够有效赋能企业高质量发展。一是合规性愈发凸显，新技术的应用在提升企业经营效率的同时，为企业遵守法律法规带来新挑战，如数据安全和个人隐私保护；二是跨部门协同重要性增加，数字化转型通常涉及企业多个部门协作，企业需要建立起有效的沟通协同机制，促进信息共享，避免各自为政，减少资源浪费；三是经营策略优化速度加快，随着技术的迭代更新和市场需求快速变化，企业采用的策略需要持续调整，并建立反馈机制，评估各项策略的执行效果，及时进行有效调整，保持企业在动态环境的竞争力。

### 5. 器：信息技术为企业发展提供了高效工具

企业高质量发展的"器"为"术"的落实提供具体的工具、办法、知识技能和解决方案。《周易》对"器"的描述为"形而下者谓之器"，"器"具有外显的特点，是有形之物，是可以被感官感知到的物质性对象的总和。在数字时代下，"器"代表了能够帮助企业对抗不确定性的具体技术手段，不仅包含高性能服务器、边缘计算、网络存储等硬件设备，还包含信息化平台、数据处理工具、工业软件等软件平台，以及对企业开展评估诊断服务，它们构成了实现企业高质量发展的有形工具和载体。

在数字时代，"器"是云计算、大数据、物联网、人工智能等新型生产要素和新型基础设施，已成为企业发展的关键支撑。数据已成为企业发展的核心要素，其深度、广度、质量直接决定了企业竞争能力的上限。企业正纷纷建立数据管理体系、编制标准规范、构建数据架构，不断提高数据的准确性、可靠性、安全性，确保数据在企业各部门顺畅流通，有效支撑企业决策和业务优化。算力基础设施已成为推动企业发展的强大引擎，随着企业数据量的爆发式增长，企业对算力的需求急剧上升，企业通过投资建设高性能计算中心获取足够的计算资源，用于训练复杂计算模型，处理海量数据，提供实时决策分析。算法模型成为企业发展的技术核心，通过设计和优化算法，企业从大量数据中提炼出信息价值，驱动业务决策，并根据自身业务应用场景，构建合适的机器学习模型，解决营销、销售、生产等实际业务场景中面临的各种问题。

"器"通过跨界融合拓宽了企业的发展边界。在数字时代，单一企业难以完成所有的创新，因此多方联合创新、共同服务于客户的合作模式正逐步成为主流。"器"通过更高效、更精确、更智能的技术、设备以及评估手段，推动企业生产效率和质量得以提高，在降低成本和风险的同时，也增强了企业的市场竞争力。以人工智能为例，将人的智慧转化为大数据，让数据增值增效，把人的智慧纳入管理范畴，实现从"人工"到"智能"的转变，利用深度的人机对话和人机学习，打造一个全新的人机合一生态系统，让人们看到未来无限的可能。

## 2.3　小结

企业高质量发展是高质量发展战略下的核心要务。企业高质量发展本质是企业创造价值的能力以及对企业与经济或社会事务关联能力的评估，体现了企业竞争力的优劣程度。宏观层面，企业高质量发展关注多要素的内在发展体系、企业的价值实现层次以及企业的服务价值对象。中观层面，代表产品品质、上下游产业链供应链协同能力和客户关系亲密度的产业链、供应链、营销链，"三链"共同构建了企业核心竞争力和可持续发展能力。微观层面，即企业经营管理角度，从产品质量、技术创新、品牌影响力及企业管理等关键环节不断提升核心竞争力，追求经济和社会效益的双重卓越。

推动企业高质量发展过程在本质上是应对不确定性的挑战，企业要成为一个"智者"，既要有西方哲学的冷静分析，又要有东方哲学的圆融智慧，综合运用"道、法、术、器"，即遵循"道"的战略方向，制定"法"的合理规则，掌握"术"的执行技巧，运用"器"的工具技术，以应对各种不确定性的挑战，达到企业高质量发展的目的，由此帮助企业在应对不确定性中游刃有余。

3

Chapter

第 3 章

企业高质量发展的
三轮传动模式

企业高质量发展的核心在于化解不确定性，需要遵循"道、法、术、器"的思想，即遵循正确的战略方向——"道"，制定合理的规则制度——"法"，掌握有效的执行技巧——"术"，运用先进的工具技术——"器"，科学地推动企业高质量发展。基于该思想框架，中国工业互联网研究院联合生态伙伴，在20多个行业、6000多家企业探索实践企业高质量发展路径，总结凝练出企业高质量发展的"三轮传动模式"。

## 3.1 "三轮传动模式"的理论架构

结合"道、法、术、器"思想框架，以新型精益思想作为"法"，以数字化转型和评价驱动作为"术"和"器"并将它们有机结合起来，构建能够保障企业在数字时代"道"的趋势下实现高质量发展的新型模式。新型精益思想、数字化转型和评价驱动如同3个相互咬合的齿轮，共同构成企业高质量发展的"三轮传动引擎"，如图3-1所示。其中，新型精益思想"齿轮"有序推动着齿轮的转动，能够将思想引领传动给数字化转型和评价驱动两个"齿轮"；数字化转型"齿轮"按照新型精益思想"齿轮"的指引完成每一项任务的执行，支撑和推动着企业的高质量发展；评价驱动"齿轮"不断地验证企业高质量发展的完成情况，以此不断地、可持续地推动"三轮"的持续运行。

新型精益思想对应"道、法、术、器"思想框架中的"法"，在数字时代，新型精益思想不再仅仅是生产制造领域的优化工具，而是演化为贯穿企业全价值链的管理哲学，推动企业依"法"治企。企业通过提炼柔性制造、敏捷管理、交叉融合等理念，形成适应数字时代发展的新型精益思想，旨在通过流程再造和生产方式的优化，提升企业整体效率。这一思想倡导在保证质量的前提下，最大限度地减少浪费，提高资源利用率，实现企业价值最大化。数字化与新型精益思想的深度融合，能够共同打造企业级新质生产力，为企业高质量发展起到带头引领作用。

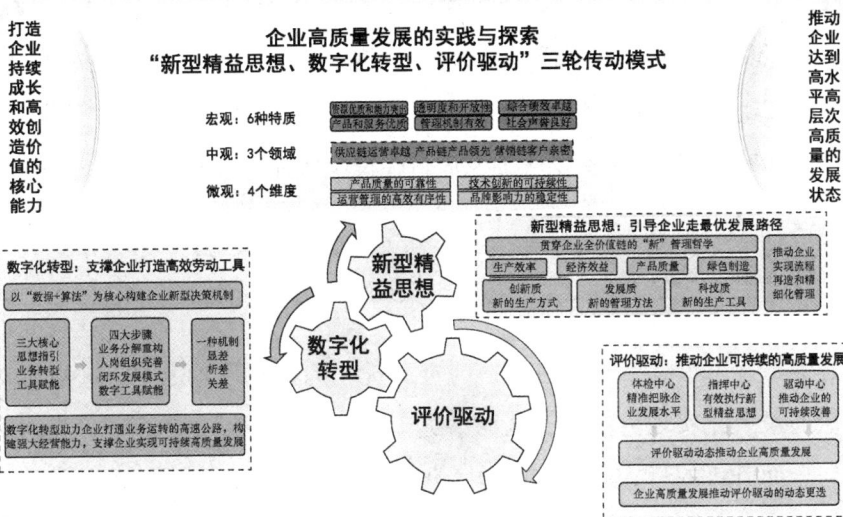

图 3-1　"新型精益思想、数字化转型、评价驱动"三轮传动模式：
推动企业高质量发展理论架构

数字化转型对应"道、法、术、器"思想框架中的"术"和"器"。在"术"层面，其通过技术革新、经营理念的改善及管理模式的升级，提升企业的经营效率，服务企业加强跨部门协同，促进信息共享，持续优化经营策略，及时调整实施路径，保持企业在动态环境中的竞争力。在"器"层面，其利用云计算、大数据、物联网、人工智能等新一代信息技术，为企业生产经营自动化、智能化提供支撑，通过收集、分析数据，建立预测模型，支撑企业制定策略和措施，应对潜在风险和机遇。

评价驱动对应"道、法、术、器"思想框架中的"术"和"器"。在"术"层面，其通过构建多维度的评价验证体系，覆盖不同类型企业的多维度精益管理指标，全面分析企业核心业务能力，为企业构建显示差距、分析差距、关闭差距的服务闭环。在"器"层面，其为企业核心竞争力的建立、提升、改善提供衡量和验证工具，帮助企业发现自身的优势与短板，制定有针对性的改进措施，确保企业高质量发展的持续性和有效性。

基于企业高质量发展"道"的趋势，在新型精益思想作为"法"的指导下，数字化转型与评价驱动将"术"和"器"有机结合，不仅能为企业提供核心能力提升的具体路径和转型手段，还为其提供衡量高质量发展成果的验证工具，助力企业在不断变化的市场环境中持续优化经营管理能力，提升竞争优势，向更高水平、更高层次、更高质量的发展目标稳步前进。

## 3.2 新型精益思想

新型精益思想深植于价值创造与资源优化的核心理念之中，它以推动企业价值的最大化实现为基石，全面渗透于企业经营的每一个环节，强力推动企业向全面升级的目标迈进。在数字化转型的浪潮下，新型精益思想不仅致力于提升劳动者的技能与素养，还积极改造劳动资料与生产对象，从而实现企业级新质生产力的构建与飞跃，引领企业稳步前行在最优发展路径上，如图 3-2 所示。

图 3-2　新型精益思想引领企业高质量发展

### 3.2.1　新型精益思想指引企业高质量发展

新型精益思想进一步拓展了传统精益思想消除浪费、持续改进、尊重人权等核心理念的边界，聚焦于最大化价值创造、最优化资源利用和最柔性灵活变通。借助新一代信息技术革命的强劲"东风"，新型精益思想能够深度渗透并全面作用于企业生产经营的每一个环节，从设计、生产到市场与服务，推动企业实现全链条、全生命周期的转型升级，从而引领企业迈向高质量发展的崭新阶段。

在业务架构方面，新型精益思想倡导深度优化流程、剔除一切非增值环节，以此激励企业不断审视并精细化其业务架构。这一过程确保作为关键经营节点的每个部门都能直接或间接地贡献于顾客价值的创造，从而有效规避了组织结构的冗余与职责界限的模糊重叠，促进企业的高效运作与持续发展。

在产品研发方面，企业采纳精益创业等先进理念，巧妙运用小团队、小范围及小投入的策略，迅速构建最小可行性产品，加速产品上市流程，并对市场需求进行即时验证。通过敏捷迭代的方式，企业不断细化和优化产品与服务，确保能够灵活适应市场变化，从而构建起一种更加高效、适应性强的商业模式。在这一过程中，企业不仅实现了快速试错与调整，还增强了自身的市场竞争力和创新能力。

在战略规划方面，新型精益思想鲜明地倡导以数据为基石的决策模式，旨在削减因直觉判断而潜藏的感性风险。它强调构建高效的快速反馈机制，这一机制如同企业的敏锐"触角"，能够即时捕捉市场动态，助力企业对战略落地的具体项目进行灵活调整，确保战略航向始终与市场需求紧密贴合，从而为企业的长远稳健发展奠定坚实的基础。

在营销销售方面，新型精益思想引导企业专注于针对不同客户群体实施个性化营销策略，旨在有效节省因无针对性、大规模广告投放而耗费的时间与精力。同时，新型精益思想倡导企业积极拥抱电子商务模式，以优化销售渠道结构，削减不必要的中间环节，从而显著提升销售效率。此外，充分利用私域流量管理与在线直播等新兴渠道也是有效营销的手段之一，用于增强客户对产品与服务的认知度与接受度，进一步推动市场渗透与品牌影响力的提升。

在生产制造方面，新型精益思想的精髓聚焦于彻底消除各类浪费现象。这不仅局限于防止过度生产和削减不必要的运输成本，还在于逐步迈向"按需生产"的先进模式，即将精准的生产计划与实时的市场需求紧密融合。通过这一转变，企业能够最大限度地提升生产线的灵活应变能力与整体效率，同时显著降低库存积压所带来的费用支出，实现资源的最优化配置与成本的有效控制。

在供应链管理方面，新型精益思想致力于通过一系列优化措施，构建既高效灵活又响应迅速的供应链体系。具体而言，企业通过优化库存管理策略，减少不必要的库存积压并精准控制运输次数与距离，从而有效降低物流成本。同时，增强信息透明度，确保供应链各环节之间的无缝衔接与实时沟通，这不仅进一步加速了物流响应速度，还显著提升了整体服务水平，为客户带来更加顺畅与高效的物流体验。

在企业文化方面，新型精益思想积极营造一种鼓励全员参与、开放包容的氛围，广泛倾听并吸纳员工的宝贵意见与建议。企业通过实施科学的绩效管理体系与教育培训计划，不断激发员工的潜能，推动其技能水平与团队协作能力迈向新高度。同时，为了构建高效灵活的人力资源配置体系，企业需要在文化层面采取多元化策略，旨在更好地激发职工的主观能动性，增强团队的凝聚力与向心力。

在财务管理方面，新型精益思想着重于对财务的全面赋能，其核心聚焦于精准的成本控制与价值流深入分析。这一理念确保资金能够高效、准确地投入最具价值创造潜力的活动，企业通过实施精细化的预算管理策略，辅以成本削减举措及详尽的投资回报率分析，在优化资源配置的同时，显著改善企业的财务健康状况，促进资金的良性循环与价值最大化。

### 3.2.2 新型精益思想助力企业发展新质生产力

新质生产力以劳动者、劳动资料、劳动对象及其优化组合的跃升为核心内涵，新型精益思想作为传统精益思想在数字化时代的延伸与升华，正通过赋能新时代的劳动者、先进的劳动资料以及创新的劳动对象，引领企业在数字化浪潮中孕育并释放企业级的新质生产力。这一过程不仅是对传统精益思想的继承，还是其在数字化环境中的创新与飞跃。

在赋能新型劳动者方面，新型精益思想倡导企业构建一种积极参与、持续改进的文化氛围。此文化不仅强化了对员工的系统培训，旨在提升其问题解决能力和流程优化技巧，还极大地激发了员工的创新活力与工作积极性。通过鼓励员工主动洞察问题、积极贡献改进方案并亲身参与流程优化，企业能够有效汇聚全员智慧。进而建立组织团队文化，激发员工的主人翁意识，形成高效协同的多功能团队。这些团队打破传统职能壁垒，通过跨领域的紧密合作，不仅解决了复杂难题，还极大地促进了部门间的沟通与协作，从而显著提升了整个组织的灵活应变能力和整体效能。

在赋能新型劳动资料方面，新型精益思想倡导企业采用数字化生产工具与技术，以显著提升生产效率与质量水平。具体而言，企业可通过引入与数字化技术深度融合的先进生产设备，大幅增强生产线的自动化与灵活性，有效减少人力依赖，进而降低生产成本。同时，智能数字化集成的应用，如企业资源管理、客户关系管理、供应链管理等数字化系统与传统生产设备的无缝对接，不仅实现了信息的即时共享，还为企业决策提供了坚实的数据支撑，进一步优化了资源配置效率。此外，新型精益思想还鼓励构建基于新型劳动资料的新型协作模式，如利用能在线上开展会议的系统与远程办公软件等工具，支持灵活多变的工作模式，确保在全球化的运营环境中实现高效协同，推动企业向更高质量的发展阶段迈进。

在赋能新型劳动对象方面，新型精益思想聚焦于价值创造的最大化。它倡导通过模块化设计与柔性化生产策略，精准捕捉并高效满足消费者对个性化产品与服务的多元化需求，确保企业能够迅速适应并引领市场变革。同时，该思想积极融入绿色理念，推广节能技术，促进资源循环利用，力求在生产的每一个环节减少浪费与废弃物，完美契合新型劳动对象对绿色规划、绿色生产及绿色消费的深切期望，共同推动可持续发展的实现。此外，新型精益思想还鼓励企业深化产品与服务的融合，不仅提供高质量的实体产品，更附加数字化功能、专业维护服务及深度数据分析等增值服务，以此显著提升产品附加值，满足消费者日益增长的转型需求。这一转变使企业从单一的产品供应商，跃升为价值链上游的解决方案提供者，通过更深层次的价值挖掘与创造，使企业赢得市场先机，并获取更为丰厚的额外收益。

## 3.3 数字化转型

在数字化转型浪潮中，企业积极采用数字化手段升级生产工具，使数字化转型成为企业提升竞争力、实现可持续高质量发展的关键途径。首先信息化助力企业打通业务运转的高速公路，数字化转型驱动业务转型升级，然后依托业务线上化对数据的积累，逐步构建以"数据+算法"为核心的企业新型决策机制，通过深度挖掘与提炼数据中的高价值信息，让企业能够更加精准地把握市场脉搏，为企业的高质量发展增添确定性与动力，全面赋能企业业务的转型升级，如图 3-3 所示。

**数字化转型助力企业提升核心竞争能力**
1.信息化助力企业打通业务运转的高速公路
2.数字化转型助力企业构建强大经营能力

**数字化转型支撑企业打造高效劳动工具**

**数字化转型助力企业构建新型决策机制**
1.数据与算法有效融合助力企业业务能力提升
2.大数据分析能够为企业带来新的业务价值提升

图 3-3　数字化转型支撑企业打造高效劳动工具思路

### 3.3.1　数字化转型助力企业提升核心竞争能力

信息化通过促进企业业务线上化进程，实现数据集中管理与高效共享，有效解决数据孤岛问题，为企业的数据价值挖掘和有效运营奠定坚实的基础。数字化作为信息化深入阶段，能够构建起业务处理和决策支持的自动化机制，结合算法、模型，形成先进的智能化技术，助力企业重塑运营体系。

**1. 信息化助力企业打通业务运转的高速公路**

信息化作为数字化的基石，其核心在于利用线上系统替代传统的线下人工流程，这已成为企业转型升级、增强竞争力的必由之路。通过合理部署信息化系统，企业实现服务业务的高效运营，极大提升运营效率。在过去的20多年里，信息化不仅彻底重塑了企业的运营模式，更凭借其卓越的数据处理与分析能力，引领了业务数据化的全面深化，为企业发展注入了源源不断的活力与创新动力，加速企业转型升级。

（1）企业通过业务线上化提升运营效率

信息化是一个将传统手工操作或物理载体记录的信息转化为电子数据形式的过程。这一过程广泛体现在日常生活的方方面面，如以二维码扫描技术取代传统的会议签到表、在线问卷替代烦琐的纸质问卷等。作为业务线上化的重要手段，信息化的核心使命在于将原本非结构化的、物理形态的数据转化为计算机能够高效处理与存储的数字信息，实现了数据从"无形"到"有形"的数字化飞跃。在企业运营的广阔舞台上，信息化扮演着不可或缺的角色。

以某传统水泥企业的业务线上化为例，为彻底摒弃水泥行业传统管理模式的痼疾，该企业主动拥抱变革，大力推进业务线上化进程，上线了信息化管理平台。该平台全面覆盖了从生产监控到质量控制、从物流高效调度到市场精准反馈的各个环节，实现了数据的即时采集与深度分析，从根本上解决了信息孤岛与数据缺失的难题，如图3-4所示。此举不仅极大地提升了企业的生产透明度，还显著提高了整体运营效率与效益。更进一步地，企业依托强大的大数据分析能力，对生产配比进行精细化调整，库存策略得以科学优化，从而在生产成本控制、供应链响应速度及市场适应性等方面实现了质的飞跃。这一系列举措不仅巩固了企业在生产、供应链等传统环节的竞争优势，还为其持续健康发展奠定了坚实基础。

在完成业务线上化之后，该企业不仅在生产运营上实现了质的飞跃，还通过系统生成的海量数据大幅提升了营销能力。具体而言，企业能够轻松查阅客户的电子沟通记录，为精准制定后续客户服务策略提供了依据。同时，借助信息化平台，企业能实时追踪销售员工的拜访情况，实现对销售团队的集中监控与深度分析，不仅大幅缩短企业中后台与一线业务人员间的信息鸿沟，还使企业敏锐地捕捉到客户需求与市场动态。在此基础上，企业制定更加精准有效的营销策略，进一步提升市场竞争力与客户满意度。

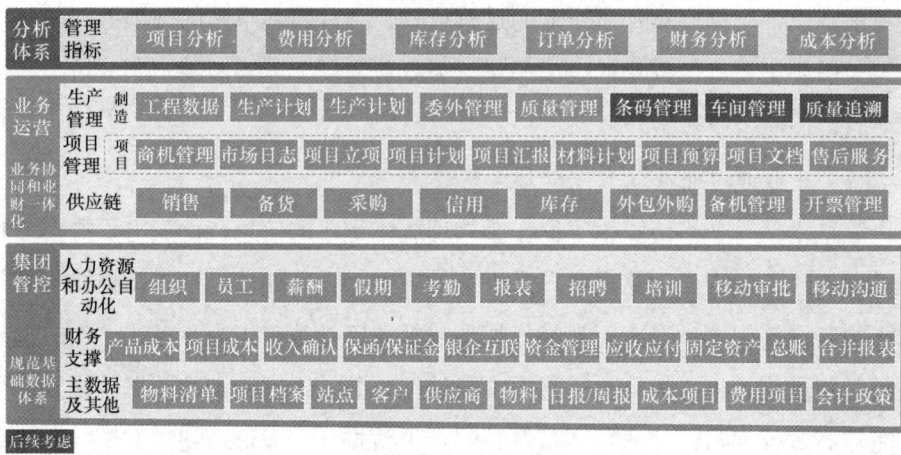

| 分析体系 | 管理指标 | 项目分析 | 费用分析 | 库存分析 | 订单分析 | 财务分析 | 成本分析 |
|---|---|---|---|---|---|---|---|

| 业务运营 业务协同和业财一体化 | 生产管理 制造 | 工程数据 | 生产计划 | 生产计划 | 委外管理 | 质量管理 | 条码管理 | 车间管理 | 质量追溯 |
|---|---|---|---|---|---|---|---|---|---|
| | 项目管理 项目 | 商机管理 | 市场日志 | 项目立项 | 项目计划 | 项目汇报 | 材料计划 | 项目预算 | 项目文档 | 售后服务 |
| | 供应链 | 销售 | 备货 | 采购 | 信用 | 库存 | 外包外购 | 备机管理 | 开票管理 |

| 集团管控 规范基础数据体系 | 人力资源和办公自动化 | 组织 | 员工 | 薪酬 | 假期 | 考勤 | 报表 | 招聘 | 培训 | 移动审批 | 移动沟通 |
|---|---|---|---|---|---|---|---|---|---|---|---|
| | 财务支撑 | 产品成本 | 项目成本 | 收入确认 | 保函/保证金 | 银企互联 | 资金管理 | 应收应付 | 固定资产 | 总账 | 合并报表 |
| | 主数据及其他 | 物料清单 | 项目档案 | 站点 | 客户 | 供应商 | 物料 | 日报/周报 | 成本项目 | 费用项目 | 会计政策 |

后线考虑

**图3-4　某传统水泥企业业务线上化示意**

相反地，若企业或其特定业务领域尚未完成信息化转型，其信息透明度将大打折扣，信息的获取与利用也将面临重重障碍，效率提升困难。特别是对于规模庞大、结构复杂的大中型企业而言，信息流通不畅与损耗问题尤为突出，这无疑为企业的管理与运营带来更大挑战，会制约企业整体效能的发挥。

（2）业务线上化整合企业数据发挥价值

业务线上化将原本局限于本地计算机的信息迁移至统一的系统平台，实现信息的集中化管理与无障碍共享。与此同时，它将原本散落于各子公司、各部门的碎片化数据汇聚整合，确保信息的高度一致性。这一过程极大地提升了信息的流转速度与处理效率，使信息的分享与利用跨越了地域与部门的界限，变得前所未有的便捷与高效。作为推动自动化进程的重要基石，业务线上化的核心目标在于解决数据孤岛问题，即确保数据的可得性与易访问性。在尚未迈入线上化时代之前，数据与业务流程往往被禁锢于各自为政的设备之内，数据交换依赖于电子邮件、即时通信工具及物理媒介（如 U 盘）等低效手段，极大地制约了数据的流通效率与价值挖掘。

以某关键零部件制造企业车间管理为例,过去,车间内部的技术图纸、工艺参数、设备维修记录等关键资料均零散地保存在各个工程师的个人计算机中,导致资料汇总耗时冗长,且频繁遭遇版本不一、混淆不清的困扰。随着集团战略性地部署了 MES,这一局面得到了根本性扭转。MES 不仅将所有资料集中上传至云端,实现了统一管理与存储,还确保了每位用户都能及时访问到最新、最准确的信息,极大地促进了团队间的工作协同与效率提升。该项目不仅从根本上解决了数据可得性的难题,还显著增强了企业数据的安全防护,有效降低了数据遗失或被篡改的风险,为企业持续稳健发展奠定了坚实的数据基础。

业务线上化能够为企业产生源源不断的标准化数据。以资料管理流程实施标准化改造为例,为提升信息的统一性与可靠性,企业引入了先进的在线电子表格系统,通过分析处理标准化的数据,企业实现对下属子公司及各部门月度业绩报告的清晰化、可追溯化及便捷化管理。这一举措确保了数据的完整性与高度可信,有效填补了信息流通中的断层,极大地促进了企业内部工作效率的飞跃。更为重要的是,数据的安全性与稳定性得到全面加强,为企业在智能制造领域的深度转型升级提供了坚实支撑。这些案例表明,高效且实用的信息化工具在现代企业发展中占据着不可或缺的重要地位,标准化数据在企业发展中的价值也在逐步升级。

**2. 数字化转型助力企业构建强大经营能力**

(1)数据价值挖掘支撑企业建立高效业务运营机制

数字化作为业务线上化的深化阶段,其通过数字化工具产生标准化数据,结合预设的智能规则与算法,构建起业务处理与加工的高效自动化机制。以光学字符阅读器(OCR)技术为例,该技术能够无缝对接烦琐的手工表格计算任务,将其转化为在线自动化数据处理流程,从而彻底告别重复且耗时的手工填写工作。以客户服务领域为例,用户与客服之间的交互已高度依赖于线上即时通信工具,彰显了服务沟通模式的深刻变革。尽管如此,服务运营流程中仍存在大量依赖人工的环节，极大地限制了效率的提升空间。具体而言，当前运营者仅能通过结果导向的指标来评估服务效能，而服务过程本身则缺乏透明度，难以全面洞察。在问题定位方面，传统上的抽样调查方法因受限于人力与时间资源，仅能触及部分用户样本，难以确保问题的全面性和准确性。此外，业务运营对数据的即时性与敏感性提出了高要求，但当前仍需运营人员每日手动检索潜在问题，这一过程不仅耗时耗力，还使数据运营策略的执行充满了不确定性。

数字化转型引领企业跨越依赖人工执行与质量检查旧有模式的障碍，采用以数据追踪为核心的行为问题监测新方法。企业借助先进的文本识别技术，自动解决了话术与态度类执行难题，标志着企业实现从抽样运营向全量运营的转变，从个案驱动的运营策略向全面数据驱动模式的深刻演进。企业最终将实现数据从被动等待人工分析提炼，到主动通过自动化手段归集、整理并深度挖掘其价值，无缝融入并优化业务流程的愿景，即数据成为业务的"智能伴侣"。这一转变不仅将服务运营的效率推向新高度，确保了业务执行的精准与高效，还为管理层提供了前所未有的数据洞察能力，助力其作出更加明智、精准的决策。

（2）数字化转型帮助企业适应市场复杂性和多变性

传统的手工制作方式往往受限于经营者的个人经验与主观臆断，难以确保产出的一致性与高效性。数字化转型帮助企业打造集感知、学习与决策能力于一身的先进体系，其与数据、算法的结合，形成服务企业有效应对复杂、多变市场的智能化运营工具。

智能化客服系统是其中的典型代表，该系统以推荐算法为驱动，展现了其强大的业务处理能力，不仅能够持续学习并动态调整推荐策略，精准捕捉商家录入数据中的市场微妙变化，还擅长从每一次与操作者的互动中汲取信息，不断优化推荐效果，进而推动成交转化率的全面提升。这种基于大数据与智能算法的数字化处理方式，有效减少了人为因素的干扰，确保了业务处理流程的精确性与高效性，为企业经营能力的持续优化提供强有力的支撑。

　　数字化转型是数字技术和实体经济的不断融合，旨在从根本上解决市场面临的复杂挑战。农业领域数字技术加快数字乡村发展，工业领域的工业互联网是数字化和工业化的融合产物，服务业领域的餐饮、零售、娱乐等已和移动互联网深度整合，跨界融合理念已贯穿于人们生活的各个方面，如图3-5所示。数字技术通过超越人力局限，实现业务处理的高效化与精准化，这构成了企业数字化转型的核心优势。因此，部署数字化系统不仅能够有效应对市场的复杂性与多变性，还能显著提升用户体验，为用户带来更加流畅、个性化、智能化的服务体验。

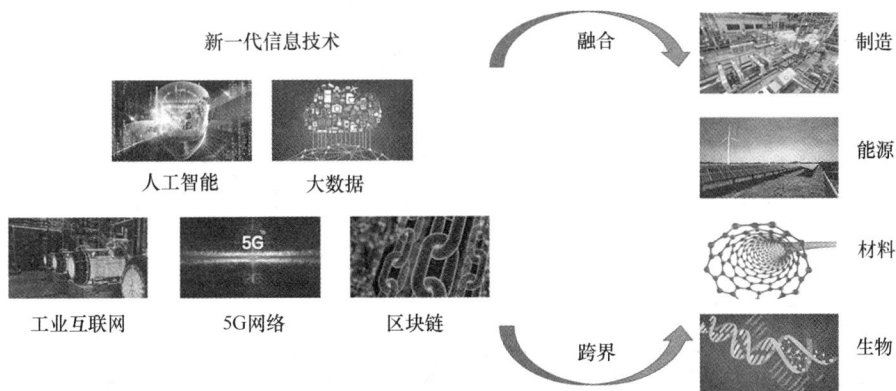

图 3-5　数字化转型正推动数字技术和实体经济跨界融合

　　以数字化工业品推荐系统为例，在成本控制领域，传统模式下企业依赖销售与市场部门人员的繁重手工劳动，筛选并编制针对客户的个性化工业品推荐清单，这一过程不仅耗时耗力，还极易出错，效率低下。而今，在企业数字化转型的过程中，通过引入数字化工业品推荐系统，这一烦琐流程得以彻底革新。该系统凭借对客户历史购买记录、产品偏好、行业最新趋势及实时库存信息的深度整合与分析，能够自动、快速地生成高度个性化的推荐方案。这一转变不仅显著降低了企业的运营成本，还极大地提升了业务处理的效率与准确性。经过企业内部高效的审批流程后，这些由系统自动化生成的推荐清单能够即时推送给销售人员或客户，既节省了宝贵的人力资源，又确保了推荐内容的精准与高效，为企业营销、销售及客户关系管理等关键环节注入了新的活力与效率。

### 3.3.2 数字化转型助力企业构建新型决策机制

克劳德·香农认为，"信息的本质在于其减少随机不确定性的能力，其价值则直接体现在确定性的增加上"，如图 3-6 所示，信息的作用在于消除不确定性，增强确定性。数字化转型的精髓在于构建一个由"数据＋算法"驱动的全新世界，其中认知与决策过程得以优化，有效化解复杂系统所固有的不确定性。以田忌赛马为例，这一经典策略不仅体现了算法的智慧（即巧妙的出场顺序安排），还基于对历史数据的深刻理解（即对马匹实力进行了精准分级），最终实现了以弱胜强的壮举。再如，电影《点球成金》中的情节，布拉德·皮特饰演的棒球队总经理将"数据＋算法"驱动的理念发挥得淋漓尽致，他摒弃了传统的直觉与偏见，建立了一套基于大数据分析的算法决策体系，深入挖掘出那些看似平凡无奇，实则在特定领域拥有超凡能力的球员。这些球员或许在外表或性格上存在不足，但正是这些被数据慧眼识珠的个体，共同组成了一支打破常规、挑战传统的梦之队，在质疑与批评的浪潮中，以非凡的战绩证明了数字化转型的无限可能。

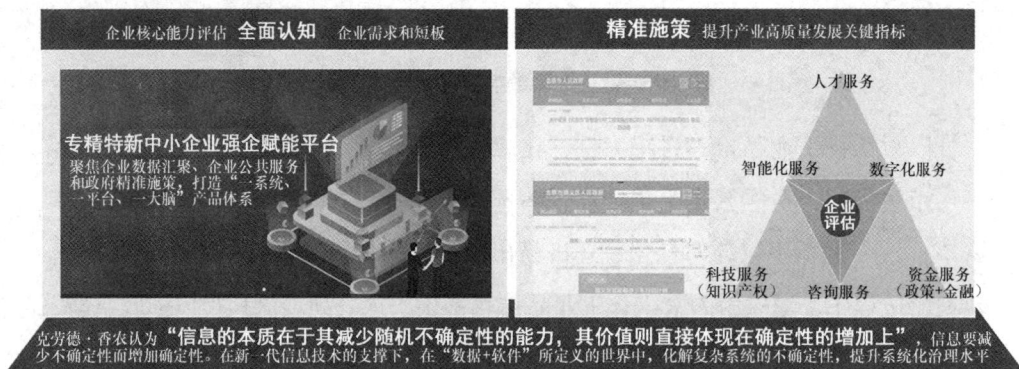

图 3-6　信息的本质在于其减少随机不确定性的能力

#### 1. 数据与算法有效融合助力企业业务能力提升

**数据与算法要和企业核心业务进行全方位融合。**数据不是存在的孤立，而是业务的真实反映，对数据的解读直接影响着对业务的洞察，以库存周转天数为例，对统计学的专家而言，它可能只是一串数字而已，但对企业经营者而言，它关乎企业的生存与发展。因此，在大数据分析和建模中，对核心业务的梳理至关重要，而对核心业务流程的端到端认知是开展建模的先决条件。只有经过对业务的深刻理解和把握，才能使建模结果能够准确反映业务，并在对数据的分析中得出有价值的结论。核心业务活动关系到企业生存与发展，需要将业务端到端模型的建立作为数据建模的起点，以订单盈利分析为例，端到端核心业务从供货到用户的完整订单生命周期中，所有业务节点的数据状态都直接反映了业务竞争力，也就是订单是否盈利。从这一点出发，在业务活动中对数据状态进行实时监测和分析，能为企业决策提供有力支撑。

**模型构建需要涵盖跨领域的业务才能实现赋能。**在构建质量分析大数据模型时，不能只关注制造或设计质量数据，而要从全生命质量周期视角，对所有业务节点的数据进行综合考察，包括但不限于产品质量投诉、产品规划、研发及供应链相关数据，同时还应该涵盖质量管理的岗位、标准、规则、关键特性等跨领域数据。

**数据建模与分析的方法论模型由 6 个工作节点构成**，如图 3-7 所示。节点一是明确数据分析服务的业务方向与规则，即企业能力提升或效益追求的目标，如产品性能优化、质量提升、成本结构优化等，这些目标以具体的关键绩效指标数据形式呈现；节点二是需要进行数据的分类，没有分类不可能进行数据采集，更不可能进行数据建模；节点三是数据采集的主数据源为智能制造的终端设备，如机器人、射频识别技术（RFID）、二维码、MES、企业资源计划（ERP）、产品数据管理（PDM）、虚拟现实、3D 仿真设计等系统；节点四是数据处理，包括 ETL（抽取、转换、加载）和统一数据管理平台的建设，用于数据层面的打通；节点五是数据分析模型能够具有创建、修正与迭代的闭环进化机制，从而成为数据模型区别于传统数据应用的核心所在；节点六是数据模型实现的价值增值和变现，完成和节点一的闭环。

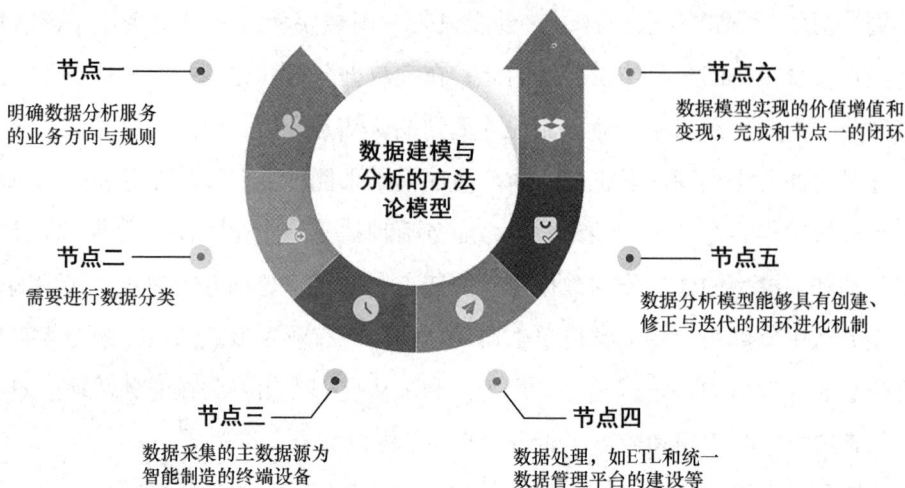

图 3-7　数据建模与分析的方法论模型的 6 个工作节点示意

**数据分析成功与否的判定，主要依赖于其是否真正提升了业务能力。**例如，只有业务经验丰富的财务人员，在最优成本结构分析中，才能判定，订单盈利、产品性能对比、工艺配比、质量及设备状态等都是影响企业生产效率和盈利能力的核心要素。因此，数据赋能企业高效决策的本质是基于企业给定的目标，创建能实现这一目标的数据决策分析模型，这需要通过实际业务场景的验证，高效、自动、智能地进行只有业务经验丰富的人员才能实施的判断，并根据外部业务需求的不断完善，从而加速实现企业业务目标，为企业带来现实价值。

### 2. 大数据分析能够为企业带来新的业务价值提升

**大数据分析需要和业务模型充分结合。**随着数据量的加速积累，"数据分析"向"大数据分析"演进，对事物"质"的深刻理解往往需要依赖于对"量"的详尽分析，而这种量化分析应提升至分析模型的高度。在互联网时代到来之前，即便是全球性的大型企业，每天处理的订单数据量也极为庞大，但这些数据并未能充分发挥其价值。大数据的本质在于通过深度采集和分析创造全新的价值，预测未来的趋势。因此，判断是否为大数据，主要基于其是否带来了价值新增和能否对未来进行准确预测这两个方面。

　　**构建业务模型需要体现企业核心业务价值。**最具价值的业务模型是能够通过对事物"质"的洞察，为企业带来新增价值贡献的模型。新增价值贡献模型代表着企业管理所追求的目标，正如前文所提到的，"大数据"与"数据"的本质区别并不在于数据量的多少或数据的多样性，而在于其能否通过深入分析为企业带来前所未有的价值。例如，没有先进的炼钢和轧制模型，我国钢铁企业在高端汽车板领域很难取得突破，宝钢在学习日本新日铁的过程中，所看重的不仅是其制造精益思想，还是那些基于产品品类和工艺流程的大数据分析模型，正是这些模型赋予了新日铁在产品性能、质量和成本上的竞争优势。

　　**对企业成本进行分析能够明确大数据分析的业务价值。**图 3-8 所示为大数据分析的 4 个业务价值。**一是算法模型建设要结合企业业务指标进行关联思考。**各类业务逻辑的关键绩效指标只是成本要求在不同约束条件下的具象化表现，将之和质量关键绩效指标进行关联思考，以合格率为例，追求过高的合格率并不总是明智之举，因为企业需要在成本与质量之间找到平衡。财务管理的成本数据虽然详细，但因其固定性和匹配性，并不具备大数据的特征。**二是算法模型建设离不开企业对业务细节的把控。**从管理成本的角度来看，正是成本数据的大数据属性决定这个过程的多维度和关联性与企业的每一个业务细节都是息息相关的。海量数据在实际执行订单的过程中，直接或间接地与成本发生联系，并通过归因分析，对成本发生的细节进行定位，寻找有效的成本改善途径。以大数据为基础，以业务流程为导向，建立完善的成本模型，企业需要将决策和执行过程中的细化要素进一步分解，并对与之相关的成本数据进行关联分析，建立从原始数据到成本数据的转化模型，实现成本数据实时计算，这既有助于快速核算真实数据，又能为虚拟场景提供成本试算，从而发现成本管理的内在规律，找到优化成本的路径，在企业内部建立一套行之有效的成本管理体系。**三是大数据分析能够提升企业精细化管理水平。**很多问题难以通过传统的方法得到准确答案，因为企业管理已经进入了精细化阶段。例如，提高产品合格率所带来的额外成本和收益之间的平衡，停产和持续生产之间在某一特定时间的成本取舍。企业要想解决这些问题，无疑要开展数据分析，需要构建更加复杂的管理成本模型。这些模型的重点在于对影响成本的因素进行定位，并对其进行量化分析，实现对成本的追踪、分析和比较，最终对成本策略进行设计改进。**四是基于算法模型的大数据分析是企业持续改善经营水平的关键。**在数字时代，企业不仅要关注基础自动化和传感器所产生的大量数据，还要致力于将这些数据与具体的业务过程紧密结合，进而与业务过程的管理目标进行协调，即把基于大数据的成本分析模型作为核心评价指标，确认其能否为企业在成本管理方面带来显著的新增效益，这是随着数字时代底层和终端数据的不断丰富，对成本模型的进一步完善和发展提供的新契机。从这一点来说，各类传感器产生的大量数据，都能帮助企业进一步改进成本分析模型，服务企业可持续高质量提升经营管理能力。

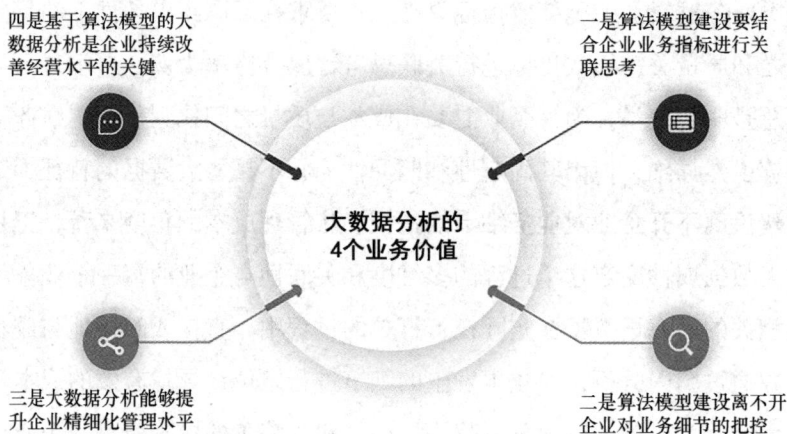

四是基于算法模型的大数据分析是企业持续改善经营水平的关键

一是算法模型建设要结合企业业务指标进行关联思考

大数据分析的
4个业务价值

三是大数据分析能够提升企业精细化管理水平

二是算法模型建设离不开企业对业务细节的把控

图 3-8　大数据分析的 4 个业务价值

## 3.4　评价驱动

在全球化与数字化浪潮交织的时代背景下，企业正面临着前所未有的机遇与挑战。为了在竞争激烈的市场环境中实现可持续且高质量的发展，构建一套科学、全面且有效的评价体系显得尤为关键。评价驱动需要深度融合合理的指标体系，融合定性与定量分析方法，以确保能够多维度、全方位且客观地揭示

企业的运营实况、发展潜力及面临的经营挑战，方能实现对企业的精准管理与
高效运营，推动企业稳步前行。其思路如图3-9所示。

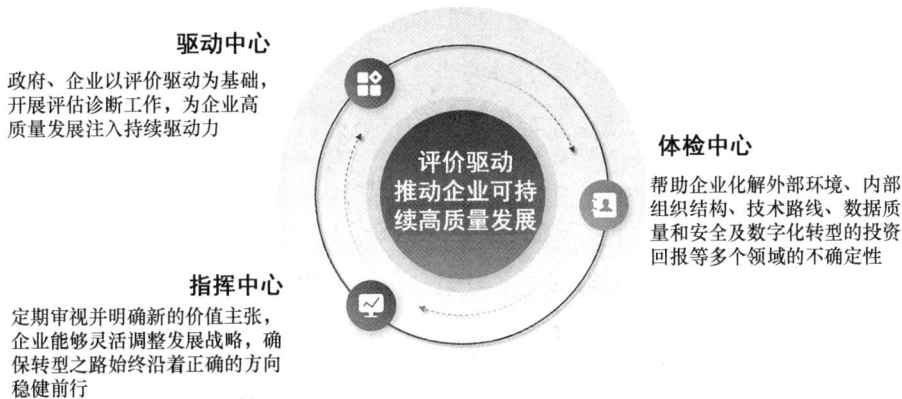

**驱动中心**
政府、企业以评价驱动为基础，开展评估诊断工作，为企业高质量发展注入持续驱动力

评价驱动推动企业可持续高质量发展

**体检中心**
帮助企业化解外部环境、内部组织结构、技术路线、数据质量和安全及数字化转型的投资回报等多个领域的不确定性

**指挥中心**
定期审视并明确新的价值主张，企业能够灵活调整发展战略，确保转型之路始终沿着正确的方向稳健前行

**图3-9 评价驱动推动企业的可持续高质量发展思路**

## 3.4.1 评价驱动为企业高质量发展打造"体检中心"

企业高质量发展面临着涉及面广、业务关联性强、协调难度大、工作周期长、投资成本高等问题，它们是多方面的、复杂性的。外部环境、内部组织结构、技术路线及数据质量安全等多个领域的不确定性因素相互交织，给企业高质量发展带来潜在风险与挑战，企业亟须构建评价驱动，为其发展提供"体检"标准的支撑。

评价驱动可以使企业提升对其外部环境不确定性的可预见性。在当今时代，外部环境正以前所未有的速度发生着深刻变化。全球经济形势的波动、政策法规的持续调整、技术迭代的迅猛加速及消费者需求的日益多样化，共同构成了企业转型与发展过程中的一系列不可预知的挑战。通过建立评价驱动，企业能够通过量化分析驱动，"体检"出外部不确定性的程度及其对企业的潜在影响，帮助企业不断优化内部管理流程，强化企业创新能力，并利用数字化技术等先进手段，使企业具备敏锐的洞察力，根据评价驱动的结果指引，企业灵活调整其宏观发展战略与微观经营策略，以确保能够迅速而精准地响应外部环境变化。

评价驱动可以使企业提升其内部组织结构对不确定性的适应性。在企业内部，组织与文化层面的阻力往往成为转型升级路上的绊脚石。一方面，对于长期以来行之有效的业务模式，企业内部可能滋生出一种对变革的天然抵触情绪，这种情绪如同惯性般阻碍着前进的步伐。另一方面，组织结构的僵化可能限制了灵活性与适应性，使企业难以迅速调整方向以应对外界变化。此外，员工技能与新兴需求的不匹配，企业文化中缺乏鼓励创新、容忍失败的氛围等因素，都会进一步削弱企业转型升级的动力与成效，从而影响到高质量发展目标的实现。合理的评价驱动能够使企业及时"体检"识别到这些内部障碍，并采取有效措施加以克服，如优化组织结构、提升员工能力、培育创新文化等，以确保转型升级之路畅通无阻。

评价驱动可以使企业提升对数字化技术路线不确定性的判断能力。在数字化转型的征途中，技术路线的正确选型和有效执行构成了至关重要的不确定性因素。这一过程不仅关乎新技术的精准取舍与深度融合，还是成功转型过程中不可或缺的基石。鉴于每项技术均承载着其独特的应用场景与具有的局限性，错误的选型或执行偏差无疑将导致企业资源的无谓消耗，甚至可能引发整个项目的挫败。评价驱动能够帮助企业"体检"审慎评估，精准定位技术需求，确保技术选型既符合战略导向，又能充分发挥其效能，从而稳健推进数字化转型进程，避免资源浪费与降低项目风险。

评价驱动可以使企业提升对数据质量和安全不确定性的保障能力。在数据管理和利用的过程中，数据质量和安全风险始终是企业关注的焦点。在数据的收集、加工与分析的链条中，由于涉及多个环节的人工处理，其流程往往错综复杂且易出错。而作为衡量决策价值高低的核心标尺，数据质量的重要性不言而喻。同时，保护数据的安全与隐私更是至关重要，任何因系统漏洞而导致的数据外泄，都可能对企业造成难以估量的损失，影响深远且不容忽视。评价驱动能够帮助企业构建、优化、升级数据质量管理体系，"体检"数据质量和安全风险，加强数据安全防护措施，以确保数据的准确性、完整性和安全性，为科学决策提供坚实支撑。

### 3.4.2　评价驱动为企业高质量发展打造"指挥中心"

在构建企业高质量发展的评价驱动体系这一企业发展"指挥中心"时，其首要任务是清晰界定企业核心目标与价值愿景。以此为导向，明确在资源有限条件下，企业亟须深入挖掘并强化的核心能力。这包括从价值创造到价值传递，再到价值获取的全方位能力提升，以及价值支持与价值保障体系的持续创新。评价驱动作为"指挥中心"，使企业能够定期审视并明确新的价值主张，灵活调整发展战略，确保转型之路始终沿着正确的方向稳健前行。

为确保评价驱动"指挥中心"的科学性与有效性，企业需要构建一套覆盖企业经营管理全生命周期的指标体系。该体系不仅应涵盖新型精益思想的应用实践、数字化工具的部署成效、数据治理的成熟度及数据应用的实际效果，还应紧密结合行业特性与企业独特运行模式，确保指标体系的精准对接与实用导向，真正指挥企业高质量发展的顺利推进。

在构建指标体系时，企业应采取定性与定量相结合的综合评价方法，深入剖析转型升级过程中的实际能力增长情况，精准识别并定位存在的痛点、难点与薄弱环节。基于此，企业可制定出一系列具有强烈针对性、良好操作性的改进措施，不断优化和完善转型策略、方法路径及经验总结，以推动企业转型升级取得更加显著的成效。

值得注意的是，评价驱动"指挥中心"还需具备高度的灵活性与动态调整能力。随着企业高质量发展进程的持续深化，转型的目标与重点也将随之发生变化。因此，评价驱动需要紧密跟随企业发展步伐，灵活指挥评价维度与标准的调整，确保始终贴合企业当前的发展阶段与未来需求，为企业的持续健康发展提供正确路径指导。

### 3.4.3　评价驱动为企业高质量发展打造"驱动中心"

政府和企业以评价驱动为基础，开展评估诊断工作，以驱动企业可持续高质量发展。近年来，政府多领域支持企业开展评估诊断工作，通过"政产研"

新模式，为企业提供专家、技术和咨询服务，帮助企业明确高质量发展方向。同时，数字化平台已成为评估诊断的关键工具，它能够在线上完成评估诊断报告的输出，提升评估诊断的效率和质量。评估诊断不仅助力企业解决运营管理痛点，还促进组织结构和人才建设的发展，为企业团结产业链上下游生态群体提供契机，从而为高质量发展注入持续驱动力。

为保障向企业高质量发展提供驱动力，一是政府采取了多项措施支持企业开展评估诊断工作，旨在帮助企业识别问题、明确发展方向。例如，"强企增效"试点项目及"政＋专＋服"专班等举措，通过提供专家、技术和咨询服务，帮助企业解决实际问题并为其未来发展提供持续动力。二是数字化平台作为企业核心能力评估诊断的重要支撑，通过提供线上诊断工具和报告输出服务，提高诊断工作的效率和可持续性。例如，智能制造评估评价公共服务平台、两化融合公共服务平台等，均在全国范围内为政府和企业提供有效的技术支持。三是评估诊断不仅帮助企业发现当前存在的问题，还通过推动评价驱动中指标体系的不断完善，为企业降本增效提供持续驱动力，促进企业高质量发展验证体系的发展。尽管评估诊断在推动企业发展中起到了积极作用，但仍存在诊断模型不满足业务变化、集团和子公司标准不统一等问题，影响了评价驱动的实际效果。为此，企业需要持续优化评价驱动体系，克服现有难题，更好地服务于企业的高质量发展。

## 3.5 小结

经过在20多个行业、6000多家企业的探索与实践，总结凝练出了"新型精益思想、数字化转型和评价驱动"企业高质量发展的三轮传动模式。其中，新型精益思想不仅适用于传统生产制造领域，它还是一种贯穿企业全价值链的管理哲学，与数字化理念深度融合，共同推动企业实现流程再造和精细化管理，从而提升企业核心竞争力；数字化转型通过数字化发展路径，形成适应数字时代的企业管理模式和思路，通过数据驱动助力企业构建新型决策机制，这不仅能充分满足市场需求，还能促进产品和服务的创新；评价驱动以评价体系为基础，帮助企业搭建验证指标体系，开展评估诊断，使企业能够及时发现问题，分析问题、解决问题，确保其能够持续优化运营模式，维持竞争优势。

# 4
## Chapter

第4章

新型精益思想：引导
企业走最优发展路径

　　进入 21 世纪，随着全球经济一体化的不断深入，市场竞争日趋激烈，市场逐渐步入微利时代，很多企业面临发展困境。我国企业经过多年改革发展，整体规模实力显著提升，但与世界一流企业相比，仍存在管理方式粗放、竞争力不强等突出问题。当前，中国特色社会主义进入新时代，我国经济已由高速增长阶段转向高质量发展阶段，迫切需要一种创新模式，引导企业在高质量发展进程中走在最优发展路径上。我国企业应充分发挥数字化技术等手段，将其应用赋能于企业各个核心价值创造环节，提升企业价值创造能力，加快推动企业高质量发展。本章借鉴传统精益思想，结合新时代产业发展机遇与挑战，提出新型精益思想赋能企业高质量发展的理论路径。新型精益思想是一种更加全面和深入的管理方法，是一种应用"精益思想 + 数字化"驱动企业高质量发展的新方法，它不仅关注生产过程的优化，还延伸到企业的各项管理业务，融合数字时代即时性和个性化的要求，从战略层面提升企业的整体竞争力。本章还结合相关实践案例剖析新型精益思想对提升企业价值创造能力的使能作用和其对形成企业级新质生产力的推动作用。

## 4.1　传统精益思想

### 4.1.1　精益思想的主要内容

　　精益思想起源于美国麻省理工学院（MIT）的"国际汽车计划"研究项目。通过广泛调查、对比和深入研究，MIT 认为日本丰田公司的生产组织和管理模式非常适合现代企业的需求。这种模式最初在生产管理领域取得了显著的成功，随后逐渐扩展到企业的各项管理活动中。精益思想是对一系列旨在通过消除浪费来降低成本、提高效率的原理和实践的总结，它旨在实现持续的工作效率提升和改进。

　　精益思想强调对资源的充分利用，以最大的努力来降本增效，是一种非常适合现代制造业的管理理论。精益思想主张通过发现、识别和解决生产过程中的问题，以最少的资源投入得到最多的收益，提倡减少生产过程中所有不增值的行为来改善生产流程，保证质量和提高效率，减少浪费的同时创造企业效益。

精益思想围绕理念、流程、员工和合作伙伴、解决问题4个关键要素建立，如图4-1所示。一是理念，精益思想强调长远的思维方式，意味着企业或组织需要有一个清晰且持续的愿景，指导其行动和决策；二是流程，精益思想认为流程是实现目标的关键，鼓励组织识别并消除流程中的浪费，通过优化流程来提高效率；三是员工和合作伙伴，精益思想强调尊重员工和合作伙伴，同时给予他们适当的挑战，使他们成长。这意味着组织应该为员工提供成长和发展的机会，同时鼓励他们参与改进流程和解决问题的过程；四是解决问题，精益思想鼓励持续地改进和学习。它认为问题解决是持续改进过程的一部分，通过不断识别问题并寻找解决方案，组织可以不断进步。

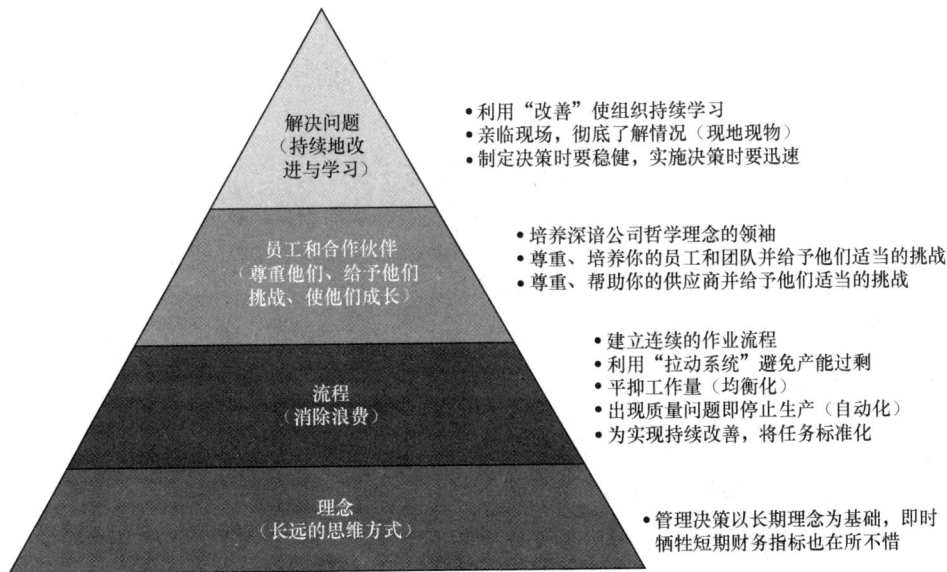

图4-1　精益思想的关键要素

### 1. 精益思想起源

20世纪50年代，日本工程师大野耐一开创了一种旨在提高效率、提升品质和降低生产成本的生产方式，即丰田生产系统。随着时间的推移，这种创新的生产理念在全球范围内逐渐被制造业所采纳，美国麻省理工学院对这些概念和实践在"国际汽车计划"中进行了进一步的研究和提炼，形成了今天我们所知的"精益思想"。自21世纪初，精益思想开始在我国的各行各业中传播，并开始了本土化的演变过程。如今，精益思想已经在我国得到了进一步的发展和丰富，形成了更加全面和深入的管理理论体系。

**2. 精益思想实施原则**

（1）注重流程创新

企业针对生产环节发现的不足重新进行分析、筹划和设计，倡导通过对业务流程进行创新来带动企业的高质量发展。值得注意的是，创新并不是对企业现有流程的全盘否定，而是企业通过对已有的流程进行深刻反思和革新，切实将存在的问题予以改善，持续推动企业流程合理化。

（2）全面提升质量

作为顾客价值的核心，质量是实施成本控制的前提，所以在保证质量的前提下实施成本控制，就是企业对顾客价值的重要关切。企业要具有为客户提供物美价廉的商品和服务、为客户创造价值的理念。

（3）消除浪费

消除浪费是成本控制的关键，旨在消除企业生产过程中不必要的各种浪费，这种浪费可以是直接的物料、能源，也可以是间接的时间、库存场地、人工成本、质量损失等经济损失。这些损失都会对生产成本造成影响，从而使企业蒙受损失。这也是精益思想下的生产成本控制进行改善所依据的原则，而浪费在每个生产场所都或多或少地存在，需要——被识别、记录和改善。

（4）均衡化生产

提倡企业在完成生产计划的前提下，其产品实物产量在相同时间内趋于相等或稳定递增。在生产过程中运用定量方法对所有的生产环节进行量化，并运用数据分析、精益工具等以最大限度地减少生产过程中的浪费，通过精确的数据结果或者合理化的建议，辅助管理者决策和改进。均衡化生产是一种理想的生产状态，设想是生产的量和客户需求的量能尽可能相等，生产订单和总体环节的波动降到最低，以成本改善为目的，从生产计划到调度实施层次划分的模式。

（5）持续改善

精益生产管理思想的核心在于持续改善，企业永远致力于减少浪费，始终在挖掘自身潜力，不断进步和优化，树立不断完善的企业意识，最终建立起良好的企业文化。

### 3. 精益思想应用模式

如图 4-2 所示，精益思想是一种非常成熟有效的管理理论，基于这一理论，企业在管理实践中的应用模式是基于精益的价值、价值流、流动、拉动、尽善尽美等主要原则，通过全面生产维护（TPM）、全面质量管理（TQM）、准时生产（JIT）、看板管理、价值流图（VSM）等主要工具，实施支撑精益化的各种生产管理动作，最终达到降低企业生产成本的目的。

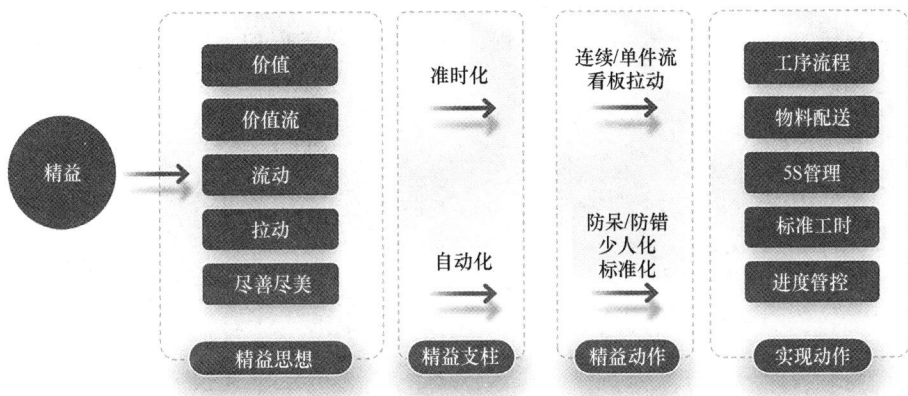

图 4-2　精益思想应用模式

与传统管理模式相比，运用精益思想进行管理的企业往往会更加关注工序流程、物料配送、标准工时、进度管控等生产管理动作，将其有效转化为精益化生产管理动作。企业通过价值流分析、生产过程梳理改善、全员参与标准化生产作业、避免时间和用工的浪费等方式，更加严格地计量和核算成本，使企业成本处于持续受控的状态，从而推动企业可持续高质量发展。与传统管理模式相比，精益思想下生产成本控制的主要差异如表 4-1 所示。

表 4-1　精益思想与传统管理模式下生产成本控制的主要差异

| | 传统生产成本控制 | 精益思想下生产成本控制 |
|---|---|---|
| 降本方法 | 通过大规模生产来增加产量，从而均摊生产运营等费用来降低成本 | 尽一切可能减少浪费，减少生产资源的占用，尽量增加增值作业部分，减少和改进非增值作业部分，优化改善生产流程 |
| 人员因素 | 强调组织的层次，通常由管理层提出要求，员工只负责相关执行工作 | 鼓励全员参与，强调人的主动性对成本控制的重要性，强调人员对设备、环境等因素的改善 |
| 管理内容 | 注重投入产出比等财务数据，通常认为降低财务费用就是降低成本 | 加入质量控制成本、时间成本、设备效率和人员效率等要素，增加生产运营指标等内容 |

## 4.1.2　精益思想的发展历程

精益思想从 20 世纪 50 年代形成至今，已经历长达几十年的发展历程，其内涵与核心内容随着时代的发展进程，一直在不断丰富和改进，如图 4-3 所示。

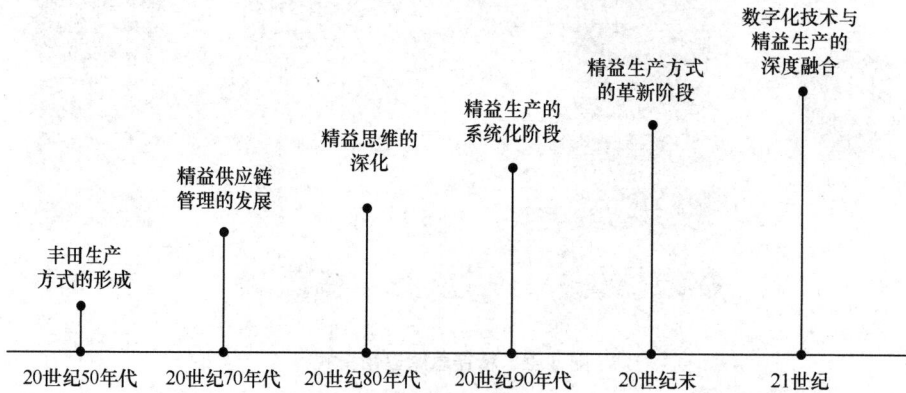

图 4-3　精益思想发展历程

20 世纪 50 年代，面对全球经济萧条及内部生产效率的严峻挑战，丰田汽车公司开启了效率提升的探索之旅。通过深刻洞察生产流程中的无价值浪费，如等待、运输与库存积压，丰田创新性地提出"只生产客户需求的产品"理念，辅以连续流水线、均衡产量、标准化工作等精益工具，初步构建了丰田生产方式的雏形，有效削减了浪费，提升了生产效率与质量。

20 世纪 70 年代，丰田将这一精益理念深化至供应链管理层面，与供应商携手构建紧密合作关系，通过看板系统、跨功能团队等机制，共同降低产品不良率，缩短交货周期，标志着精益供应链管理（LSCM）的诞生，它进一步提升了整个供应链的灵活性和响应速度。

20 世纪 80 年代，丰田认识到精益的精髓远不止于工具和技术层面，更是一种深入骨髓的思维方式和企业文化。公司积极推行员工培训，激发员工参与改进的热情，并将这种自下而上的创新力量融入组织决策，同时强化团队合作、持续学习与追求卓越的价值导向，为丰田生产方式注入了不竭的动力。

同一时期，美国 MIT 通过"国际汽车计划"项目，系统总结了丰田的实践经验，将其命名为"精益生产方式"，并在《改变世界的机器：精益生产之道》一书中广而告之，引发了全球对精益生产的热烈关注。此后，精益生产方式步入革新阶段，大规模定制、单元生产、JIT-2 等新理念不断涌现，而美国企业界与学术界的深入研究，更是将工业工程技术、信息技术及文化差异等多元元素融入其中，极大地丰富了精益生产的内涵与适用性。

近年来，随着数字化技术的迅猛发展，精益生产与数字化技术深度融合，催生了如特斯拉主义等的企业经营管理全新模式。这些模式不仅继承了传统精益生产的精髓，还融入了工业 4.0 的核心要素，通过单一数据源的数据中心、高级分析工具和远程监控技术，实现了生产流程端到端的数字化重塑与智能化管理，为企业的持续创新与发展提供了强大的技术支持与数据驱动能力。这些融合发展模式的兴起，标志着精益生产方式在数字化时代的新飞跃，引领着全球制造业向更高效、更灵活、更智能的方向迈进。

## 4.2　数字时代推动精益思想新发展

### 4.2.1　数字时代产业面临新机遇

当前数字时代产业迅猛发展，出现多维度重大变革，主要可以总结为以下

4个方面带来的重大机遇：一是新一代信息技术革命性突破；二是经济社会结构深层次变革；三是生产要素创新性配置；四是产业深度转型升级。

**1. 新一代信息技术革命性突破**

随着全球数字化的纵深演进，先进半导体、人工智能、新一代通信、量子计算等新兴技术领域迅猛发展，新一代信息技术正推动科技界发生一场伟大革命，这些创新给物联网、自动驾驶、医疗健康等各个领域带来了深远影响，并预示着未来经济的巨大增长潜力。

（1）先进半导体技术的发展

随着半导体技术的不断进步，芯片的计算能力得到了极大提升。例如，台积电的5nm工艺技术已经实现量产，这不仅推动了智能手机和高性能计算设备的发展，还为物联网、自动驾驶等新兴领域提供了硬件基础。根据高德纳咨询公司（Gartner）的数据，2023年全球半导体市场规模达到了5286亿美元，预计到2025年将增长至6000亿美元以上。

（2）人工智能的广泛应用

人工智能技术在各个行业的应用日益广泛，从医疗诊断到金融服务，再到智能制造，人工智能正在改变传统的工作方式。例如，谷歌的DeepMind通过其人工智能技术AlphaFold在蛋白质结构预测方面取得了突破，这为新药研发和疾病治疗提供了新的可能性。据麦肯锡全球研究院报告，到2030年，人工智能可能会为全球经济活动带来13万亿美元的增量。

（3）新一代通信技术的影响

5G技术的商用化正在全球范围内加速进行，它提供了更高的数据传输速率和更低的时延，为远程医疗、虚拟现实（VR）、增强现实（AR）等技术的应用提供了网络基础。例如，华为在5G技术上的投入和研发，使其成为全球5G技术的重要推动者。

**2. 经济社会结构深层次变革**

新一代信息技术取得的突破性进展已经渗透并影响到社会的各个层面，引发了一系列连锁反应。这些技术的发展不仅为经济提供了新的动力，还为社会变革提供了技术支撑和实现手段。它们正在逐步改变我们的工作方式、交流模式及生活习惯，从而推动社会向更加智能化、高效化的方向发展。数字经济的兴起，正是这些新兴技术对社会产生深远影响的一个明显例证。随着数字化产品和服务的广泛应用，经济活动越来越依赖于数据和网络，这不仅改变了传统的商业模式，还催生了新的经济形态。而社会生产方式的变革、生产关系的再造、经济结构的重组及生活方式的转变，都是技术发展所带来的直接社会效应。这些变革正在重新定义工作、生活和社会互动，推动着人类社会进入一个全新的发展阶段。

（1）数字经济的兴起

数字经济已经成为全球经济增长的新引擎，其影响力和贡献率不断攀升。根据国际数据公司（IDC）的报告，2022年全球51个主要经济体数字经济规模达到41.4万亿美元，占GDP比重为46.1%。这一庞大的经济体量不仅重塑了传统的商业运作模式，还催生了诸多新兴业态，如共享经济、平台经济等。

（2）社会生产方式的变革

数字技术的广泛应用正在深刻改变着传统的社会生产方式。智能制造和工业4.0等前沿概念的兴起，推动了生产过程向自动化、智能化的转型。例如，全球工业机器人的年安装数量在逐年稳步增长，2022年达到55.31万台，同比增长5%，反映出制造业对自动化设备的强烈需求和依赖。在亚洲，尤其是我国工业机器人的产量和装机量均居全球首位，2022年装机量占全球比重超过50%，数字技术正在成为降本增效、增强竞争力的关键因素，引领着社会生产方式的革命性变革。

（3）生产关系的再造

在数字经济时代，生产关系的再造体现在供应链管理、劳动力组织等方面。区块链技术的应用为供应链的透明化和去中心化提供了可能，通过确保数据的不易篡改性和可追踪性，区块链优化了供应链的效率和安全性。例如，IBM Food Trust利用区块链技术追踪食品从农场到餐桌的整个流程，提高了食品安全性和可追溯性。同时，数字平台经济的兴起，如Uber和Airbnb等，为个人提供了更多自主选择工作内容和时间的机会，进一步推动了劳动力市场的多样化和个性化。这些变化不仅为个人带来了更多的工作自由，也为企业提供了一个更加灵活和成本效益的劳动力资源。

（4）经济结构的重组

数字技术的快速发展不仅推动了经济结构的重组，还显著提升了服务业特别是数字服务行业在经济中的比重。这一趋势在全球范围内也得到了体现，包括云计算、大数据分析、人工智能服务等在内的数字服务行业正成为经济增长的新动力。在全球范围内，数字技术的应用已经渗透到各个经济部门，促进了新业态和新商业模式的发展。例如，电子商务的兴起改变了传统的零售模式，在线支付和数字货币正在重塑金融行业的支付系统。数字化也为文化创意产业带来了新的机遇，数字内容、在线教育和虚拟体验等成为文化消费的新热点。随着 5G、物联网、边缘计算等新技术的成熟和普及，数字经济的潜力将进一步释放，预计未来数字服务行业在经济中的比重将继续增加，成为推动全球经济增长的关键力量。

（5）生活方式的转变

数字化产品和信息服务的普及，深刻改变了人们的生活方式，推动了日常生活各个方面的数字化转型。在线教育的兴起打破了传统教育的地理和时间限制，使知识获取更加灵活和便捷。例如，Coursera 和 edX 等在线教育平台提供了来自世界各地顶尖大学的课程，满足了不同人群的学习需求。电子商务的蓬勃发展改变了消费者的购物习惯，亚马逊和阿里巴巴等平台的销售额屡创新高，反映出消费者对于线上购物的偏好和依赖。数字娱乐领域也迎来了爆发式增长，Netflix 和 Spotify 等流媒体服务提供个性化的内容推荐，丰富了人们的休闲生活。远程工作和在线会议成为新常态，Zoom 等在线会议软件的使用量激增，不仅在企业中得到广泛应用，还渗透到教育和个人沟通中，成为人们远程沟通的重要工具。此外，健康科技应用如智能手环和健康监测 App 的普及，使人们可以更加方便地追踪和管理自己的健康状况。支付宝和微信支付等数字化支付方式极大地简化了交易流程，提高了支付效率。随着 5G、物联网、AR

和 VR 等新技术的不断成熟，未来数字化产品和信息服务将进一步渗透到生活的每一个角落，为人们带来更加智能化和个性化的体验。数字化不仅是一种技术趋势，更是一种生活方式的转变，它正在重新定义人类的工作和生活模式。

### 3. 生产要素创新性配置

生产要素创新性配置是指在现代经济活动中，通过技术创新和管理创新，重新组合劳动力、资本、技术、数据等生产要素，以提高生产效率、增强企业竞争力和推动可持续发展。这涉及新型组织结构、劳动者技能升级、先进生产工具的应用及对新型劳动对象的有效利用。

（1）组织模式的变革

在全新的社会发展需求的推动下，组织模式的变革成为企业适应数字化转型的关键策略。企业正从传统的层级制度转变为更加灵活和动态的组织形态，如扁平化管理、跨职能团队和自组织工作小组，以提高工作团队的决策速度和市场响应能力。敏捷工作法和去中心化决策的实施，使团队能够快速适应变化，而网络化组织和开放创新原则促进了资源共享和知识交流。同时，新组织模式下，灵活的工作安排和持续学习文化吸引了各类高端人才，并有效地提高了员工满意度。而鼓励创新和容忍失败的企业文化则激发了员工的创造力。

（2）新型劳动者

新型劳动者在生产要素创新配置中扮演着至关重要的角色，是连接技术创新与生产实践的核心枢纽。随着数字产业化推动着生产过程、组织形式和商业模式的重大变革，全行业、全领域的交叉融合趋势日益明显，新质生产力的构建要求劳动者不仅要具备专业技能，还要能够熟练运用新技术并适应智能化运行程序，在产业数字化的转型中积极参与跨领域的创新劳动和数字化劳动。新型劳动者不仅包括科研人才，还包括能够掌握如大模型等新型生产工具的应用型人才，他们需要一专多能，全面发展，以适应不断变化的技术和产业环境，参与到原创性和颠覆性的科技创新中。

（3）新型生产工具

在当今工业生产中，新型生产工具的创新性配置正成为推动制造业转型的核心力量并重新定义着制造业的未来。自动化与机器人技术的飞跃发展为生产流程注入了革命性活力，3D打印技术（增材制造）使复杂的零件和产品能够直接从数字模型中构建出来，在经济层面赋予了个性化定制与小批量生产的可行性。物联网（IoT）技术的应用，让生产设备之间的相互连接与通信成为可能，实现了对生产流程的实时监控与优化。智能传感器与机器视觉系统为精确测量和质量控制提供了强有力的支持，确保了产品质量的高标准。云计算和大数据技术的引入，为生产工具提供了强大的数据处理能力和充足的存储空间。企业通过云平台不仅可以访问丰富的软件资源和应用程序，支持远程操作和协作，还能够洞察市场动向，优化生产计划和库存管理，为企业的长远发展提供坚实的数据支撑。

### 4. 产业深度转型升级

当前，新一轮科技革命和产业变革正在深入推进，数字经济与实体经济深度融合，加速了传统产业的数字化、网络化和智能化发展。

数智时代的产业转型升级是一个动态、多维的过程，主要呈现以下七大特征：一是广泛形成数字化基础，云计算、大数据、IoT和人工智能等技术成为产业升级的基础设施，广泛应用于各个领域；二是智能制造普及，工业自动化和智能制造技术得到广泛应用，机器人和自动化生产线成为常态，生产效率和产品质量显著提升；三是数据驱动决策，数据分析和业务智能（BI）工具使企业能够基于数据作出更加精准的决策，优化运营和战略规划；四是平台化运营，产业组织趋向平台化，其通过构建生态系统和开放平台，促进资源共享、协同创新和价值共创；五是个性化和定制化生产，消费者需求日益个性化，产业通过柔性制造和按需生产来满足市场多样化的需求；六是绿色可持续发展，环保和可持续性成为产业发展的重要考量，清洁能源、循环经济和生态设计被更多地采用；七是跨界融合与创新，不同产业之间的界限变得模糊，跨界合作和融合创新成为常态，催生新的商业模式和服务。

在数字时代，传统产业的转型升级对于实现经济高质量发展具有决定性意义。我国政府通过一系列政策为企业发展指明方向。2015年印发的《国务院关于积极推进"互联网+"行动的指导意见》促进了互联网技术与传统产业的深度融合，制造业通过工业互联网平台，实现了生产过程的智能化和网络化，极大地提升了生产智能化水平。2021年出台的《"十四五"数字经济发展规划》设定了到2025年数字经济核心产业增加值占GDP比重达到10%的目标，并提出了加快企业数字化转型升级和全面深化重点产业数字化转型的重点任务。2023年，《工业和信息化部等八部门关于加快传统制造业转型升级的指导意见》印发，提出了到2027年，传统制造业高端化、智能化、绿色化、融合化发展水平明显提升的目标。

传统制造业数字化转型升级手段通常包括启用制造过程数据文档管理系统、生产设备和工位智能化联网管理系统、生产数据及设备状态信息采集分析管理系统等8类应用[1]，如图4-4所示。

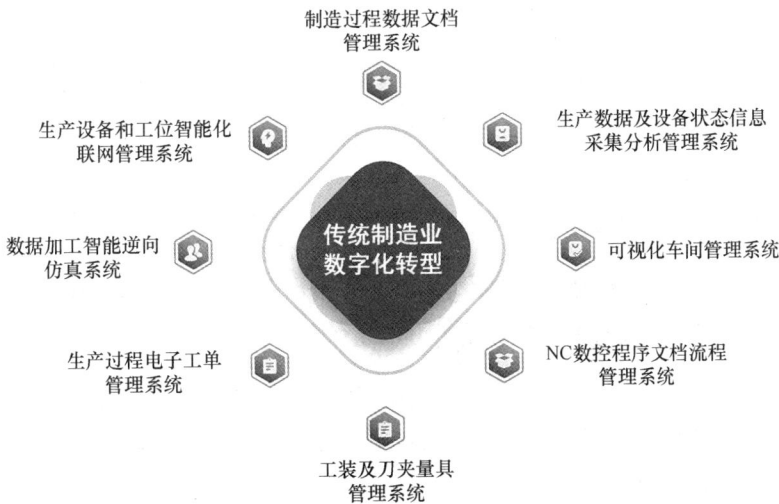

图4-4 传统制造业数字化转型

## 4.2.2 数字时代产业面临新挑战

随着数字时代的深入发展，产业面临一系列新的挑战，这些挑战不仅考验

---

1 来自安徽职业技术学院的《2020年传统制造业重点领域将基本实现数字化制造》。

企业的适应和创新能力，还对社会结构和每个人的个体发展产生了深远影响。以下是几个关键的挑战领域，它们共同塑造了当前企业经营的宏观环境，并对未来的发展趋势提出了新的要求。

**1. 全面互联提高信息即时性诉求**

5G技术以其高速率、低时延和大带宽的特性，为实时数据传输提供了基础，使远程控制、高清视频流和即时通信成为可能。IoT通过将各种设备和传感器连接到互联网，实现了数据的实时收集和交换，从而使机器与机器、机器与人、人与人之间的交互更加智能和高效。云计算则提供了强大的数据处理和存储能力，使数据能够被快速分析和共享。因此，无论是在工作还是个人生活中，我们都处于这种高度连接的状态，这导致信息获取不再是少数人的特权，人们普遍开始追求更多的自主权和表达途径，而消费者则渴求即时性。对于消费者来说，他们期望能够及时获得产品信息、价格比较和客户服务。与此同时，消费者行为和市场趋势变得更加复杂多变，增加了市场研判和需求预测的难度。企业要在激烈的市场竞争中快速应对各种变化，并满足消费者的即时性诉求。

**2. 技术迭代提高劳动者适应性诉求**

随着新一轮技术革命不断演进，生产工具和生产技能也发生着翻天覆地的变化。人工智能和机器人等数字技术的广泛应用创造出就业市场的全新业态和全新模式，导致常规性体力劳动和脑力劳动日益减少，而对从事非常规性、认知性高质量经济活动的高技能劳动者需求增大，并且要求劳动者不再只具有一种技能，而是需要从单一技能向综合技能转变。例如，新的就业市场往往要求制造业从业者不仅需要掌握机械制造工艺设备，还要懂计算机软硬件，能够进行装配、编程、调试、工艺参数更改、工装夹具更换等作业。反观当前我国劳动力结构，由于城乡二元化的存在，低技能劳动者占比较高、非熟练技术工人存量较大的现状仍然存在，多数劳动者暂时无法满足数字时代制造业转型升级的技能要求。对于劳动者来说，当下需要尽快掌握驾驭数字化工具的能力，从而获得更高的就业竞争力。

### 3. 市场高度集中性打破社会平衡

在数字经济领域中，市场呈现出高度的集中性，头部大企业拥有绝对主导地位。这种集中现象带来了一系列风险，包括社会失衡、就业不稳定及地区间发展不均衡。社会失衡体现在大型企业对数据的垄断不仅限制了小型企业的发展空间，还可能导致消费者隐私和数据安全问题。就业不稳定则源于数字化转型过程中对传统行业的冲击，以及对高技能劳动力的需求增加，致使低技能工人的就业机会显著减少。从数字经济核心产业发明专利有效量上来看，截至2022年年底，长三角、粤港澳大湾区和京津冀三地合计占比超过70%，其他地区虽有加速增长态势，但与发达地区相比仍有较大差距，表明地区间发展不均衡的现象依然存在。

### 4. 用户经济崛起带来价值观转变

社会正在逐渐从传统以产品消费为基础的经济模式转变为以用户经济为主导的模式，用户经济与传统以产品消费为基础的经济模式有着本质的不同。在传统模式下，消费者是被动的接受者，生产者通过生产和销售标准化产品来满足市场需求。而在用户经济中，消费者变成了价值共创的参与者，消费者的需求、偏好和反馈成为企业创新和提供服务的出发点。当前消费者更注重产品所提供的服务体验，甚至超过了产品本身的承载意义。对产品功能的要求也不仅仅是要满足日常消费属性，而是追求更多品牌、品质和自我价值的认同。相较于购买这一行为，消费者更在意分享、社交和体验愉悦的过程。因此，如何不断创新、提供更多量身定制的服务和产品，以满足当今消费者的需求成为关键问题。

## 4.3 新型精益思想

随着数字时代产业发展面临全新的机遇与挑战，传统精益思想的局限性正逐步显现，传统精益思想内容迫切需要及时丰富和改进。因此，总结并提出新型精益思想是适应时代快速变革的重要命题。

### 4.3.1　传统精益思想的局限性

传统精益思想在数字时代的局限性主要包含 3 个方面的冲突，分别是数字经济模式与实体经济回归的冲突、即时性需求与生产周期的冲突及规模经济模式与个性化定制需求的冲突，如图 4-5 所示。

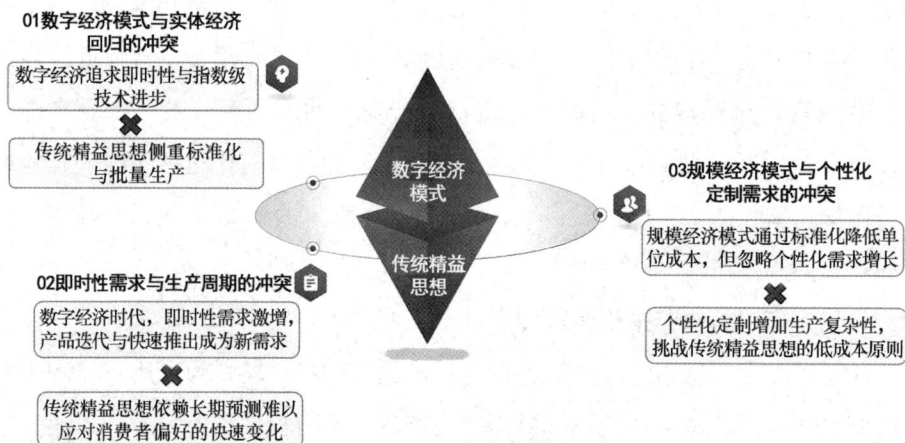

**01 数字经济模式与实体经济回归的冲突**

数字经济追求即时性与指数级技术进步

✖

传统精益思想侧重标准化与批量生产

**02 即时性需求与生产周期的冲突**

数字经济时代，即时性需求激增，产品迭代与快速推出成为新需求

✖

传统精益思想依赖长期预测难以应对消费者偏好的快速变化

数字经济模式

传统精益思想

**03 规模经济模式与个性化定制需求的冲突**

规模经济模式通过标准化降低单位成本，但忽略个性化需求增长

✖

个性化定制增加生产复杂性，挑战传统精益思想的低成本原则

图 4-5　传统精益思想的局限性

### 1. 数字经济模式与实体经济回归的冲突

数字经济追求即时性和指数级技术进步，这要求企业能够快速适应市场变化并满足消费者对个性化产品的日益增长的需求。实体经济是经济社会发展的基础，随着科技的发展，数字经济的快速崛起有其存在的合理性，但过度虚拟化必然带来经济泡沫风险，因此经济发展需要回归实体经济本源，注重实体经济的发展和转型升级。然而，丰田主义作为第三次工业革命的产物，其核心在于通过标准化和批量生产来优化成本和效率，这种模式在处理快速变化和高度定制化需求时明显不够灵活。此外，数字经济下的交易和产品开发强调的是软件和数据的深度融合，而丰田主义则更侧重于物理产品的生产和流程优化，后者在数字化和全球化的背景下可能无法充分激发创新潜力或迅速响应市场变动。因此，尽管丰田主义在 20 世纪取得了巨大成功，但在当前数字经济的浪潮中亟须与新兴的商业模式和技术进步相适应，以克服其固有的局限性。

### 2. 即时性需求与生产周期的冲突

在数字经济时代，消费者的期望转向了对产品和服务的即时获取，这给企业的生产和交付体系带来了新的挑战。传统精益思想的生产周期之所以较长，是因为它更注重于通过优化标准化流程和消除浪费来提升效率，而非快速适应市场的多变性。在此模式下，生产计划和库存管理依赖于长期预测和对需求稳定性的假设，这与数字经济中消费者偏好的迅速变化和对即时满足的高期待形成了对立。此外，在产品创新和开发方面，数字经济背景下的市场要求企业能够进行快速的产品迭代和推出。而传统精益思想的生产流程可能因为需要更多时间进行产品测试和评估，而无法迅速响应市场对速度的需求。

### 3. 规模经济模式与个性化定制需求的冲突

规模经济模式凭借其标准化和批量化的生产线，实现了通过大规模生产降低单位成本的目标，以此达到效率的最大化。这种模式在精益思想中发挥了重要作用，它侧重于流程的优化、减少浪费和持续改进。然而，在消费者需求日益多样化和个性化的今天，企业在维持成本效率的同时需要提供更加个性化的产品和服务。这不仅增加了生产的复杂性，还可能引起生产周期的延长和成本的增加，与传统规模经济模式追求的低成本、高效率原则相悖。此外，个性化定制还要求企业在设计、生产、库存管理和供应链协调等多个环节进行创新和改进，这些都是传统精益思想尚未完全涵盖的领域。

## 4.3.2  探索新型精益思想

在数字时代的浪潮中，传统精益思想正面临着前所未有的挑战和机遇。为了适应这一变革，精益思想必须融入新的组织架构，以满足时代发展的新要求。这种演变是必要且迫切的，只有通过创新才能在竞争激烈的市场中保持领先地位。值得庆幸的是，产业界已经涌现出一系列成功的模式创新和实践案例，它们为新型精益思想的构建提供了宝贵的经验和启示。以特斯拉的运营模式为例，它以其创新的理念和实践，成为精益思想发展的典范，值得深入研究和学习。

### 1. 特斯拉主义 7 大原则

特斯拉主义 7 大原则由埃隆·马斯克及其团队在特斯拉公司的发展过程中逐渐探索形成，是对传统精益生产理念的延伸与升级，还融入了信息技术和数字化转型的最新趋势。特斯拉主义七大原则如图 4-6 所示。[1]

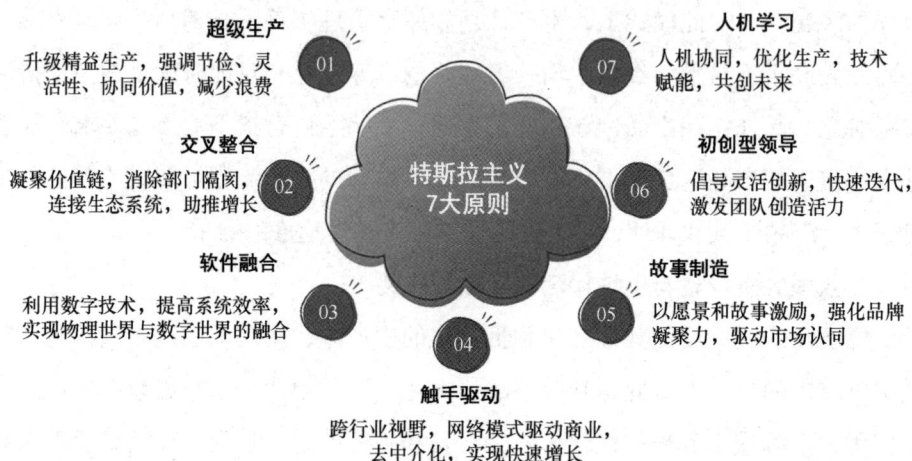

**超级生产**
升级精益生产，强调节俭、灵活性、协同价值，减少浪费
01

**人机学习**
人机协同，优化生产，技术赋能，共创未来
07

**交叉整合**
凝聚价值链，消除部门隔阂，连接生态系统，助推增长
02

**初创型领导**
倡导灵活创新，快速迭代，激发团队创造活力
06

特斯拉主义
7 大原则

**软件融合**
利用数字技术，提高系统效率，实现物理世界与数字世界的融合
03

**故事制造**
以愿景和故事激励，强化品牌凝聚力，驱动市场认同
05

04

**触手驱动**
跨行业视野，网络模式驱动商业，去中介化，实现快速增长

**图 4-6　特斯拉主义七大原则**

（1）超级生产

超级生产是精益生产的延伸，强调以客户为中心、资源节约和生产自动化。它继承了丰田主义的准时制和自动化原则，同时引入节俭、灵活性和协同价值。这一原则倡导建立信息流和数字协作，以实现快速反应和信息共享，促进跨部门和跨企业合作，提高生产生态系统的整体效率。

（2）交叉整合

交叉整合在应对第四次工业革命中强调企业内部和外部的整合，以满足快速响应市场和尊重环境的双重需求。它包括战略、组织、技术和边缘整合，通过优化资源配置、加强内部沟通、采用先进技术和与外部环境互动，实现更高效的协作和资源共享。

---

1 《从丰田主义到特斯拉主义》。

（3）软件融合

软件融合体现了工业信息技术的进步，通过软件逻辑和功能的深入整合，实现了物理世界与数字世界的紧密结合。它利用 3D 建模、模拟工具和虚拟现实技术缩短设计周期，并通过物联网技术实现智慧互联，提高生产效率和产品质量，增加生产灵活性。

（4）触手驱动

触手驱动是一种新兴商业模式，利用数字平台聚合市场参与者，通过去中介化直接连接生产者和消费者。它通过开发"测试版"让客户参与产品创新融资过程，创建粉丝群与潜在客户网络沟通，通过产品优化升级避免无效投资，以较小成本创造更大营收。

（5）故事制造

故事制造是领导艺术的体现，领导者传递鼓舞人心的目标和愿景，涵盖企业的使命、价值观和未来承诺。领导者通过具体行动或成果体现愿景的真实性和可行性，建立独特的企业文化，激发员工创造力和积极性。

（6）初创型领导

初创型领导重点在于赋予一线团队权力和责任，下放决策权给接触客户的一线团队。它通过数字化加快信息交流速度，改造管理系统，提高绩效管理效率，鼓励团队发挥自主权，激发团队潜力，促进成长。

（7）人机学习

人机学习充分发挥和强调人的自我发展能力和机器的自动化能力。它采用数字化工具（如在线学习和虚拟现实）来提高员工的技能掌握程度，支持企业内部小步快跑、快速迭代，鼓励员工拥有犯错权利，促进员工自主性和创造性，以创新工作方式构建高效工作系统。工作人员在特斯拉上海超级工厂内作业如图 4-7 所示。

图4-7　工作人员在特斯拉上海超级工厂内作业[1]

特斯拉主义七大原则对电动汽车行业乃至整个工业界产生了深远的影响，不仅推动了特斯拉在生产效率、技术创新、市场响应能力等方面的显著提升，还引领了工业界向更加灵活、协同、可持续的方向发展。

**2. 企业数字化转型四大困境**

近年来，为推动我国企业高质量发展，中央及各级地方政府出台了一系列支持企业转型升级的激励政策。我国企业纷纷抢抓政策红利，大力推行以实施数字化为主要特征的企业转型升级工作，但是从企业价值创造能力提升促进企业转型升级的角度来看，数字化的实施对我国企业高质量发展的使能作用并没有那么显著，主要困境有以下4个方面。

一是转型目标不清晰，企业对核心能力缺少精准认知。Gartner报告显示，尽管89%的企业视数字业务为核心增长驱动力，但是仅35%的企业成功实现数字化转型[2]，主要原因在于对业务痛点理解不足及对技术盲目追求。转型往往起始于企业对其能力的模糊诊断，目标设定过于宽泛，如笼统强调效率与客户

---

1　新华社记者 丁汀/摄，新华社报道《走进特斯拉上海超级工厂》。
2　Gartner《2023年度董事会调查》。

体验，而非依据自身优势定制具体策略。这种核心能力认知盲区易导致资源错配、与长期战略脱节，削弱企业竞争力。例如，某机械制造商在数字化转型时，未充分考虑其精密加工环节的特殊要求，投入巨资引入自动化装配线，不但未能强化其核心技术优势，反致成本增加、创新受阻，可见脱离核心能力的转型具有巨大风险。

二是转型路径不匹配，数字化解决方案缺乏契合度。数字化转型的最大挑战来自未探索出适合的转型路径，一项针对国有企业的调查显示，52.0% 的企业内部存在较大的认识分歧，64.6% 的企业不清楚数字技术与业务的结合点，致使转型实施无从下手[1]。企业数字化转型易陷入技术驱动而非业务驱动的误区，这一问题在中小制造企业中更为明显。市面上常见的高度集成且功能全面的通用性解决方案，无法贴合中小企业需求，显得大而不当。在新兴技术热潮中，中小企业也更容易因需求分析不准、选型失误，导致数字化效果大打折扣。例如，低代码平台虽有利于提升开发效率，但管理不当易引发代码质量下降、系统僵化等维护难题，未来可能需要耗费大量资源进行改造或迁移。这些问题凸显了企业转型中技术与需求匹配的重要性。

三是转型实施不深入，企业对业务创新和管理变革带动不足。调查显示，大部分企业只是局部引入数字化工具，仅22%的企业施行了全面部署[2]。业务部门间协同难、数字运营能力弱是企业面临的普遍难题[3]。数字化转型实施不深入、不系统主要有以下 3 方面原因。一是企业运营管理水平不高，未实现管理精细化、业务流程化、流程标准化，导致数据质量低、技术应用受限、转型实施困难；二是企业未建立 IT 与业务高效协作的数字化管理体系，数据基础设施对业务应用支撑不足，数据价值难以有效开发利用；三是缺乏有效的数据治理和分析能力，数据或无法实现全程贯通，或难以形成有效洞察，对辅助决策和优化业务支撑不足。

---

1　腾讯研究院《当前国企数字化转型的进程、挑战与思路》。
2　埃森哲《2023 中国企业数字化转型指数》。
3　清华大学《2023 中国企业数字化转型研究报告》。

四是转型效果难维持，企业缺乏持续性评估和迭代式改进。研究表明，多数企业未充分意识到数字化转型的持续性与动态性，仅 28% 的企业认同持续进化的必要性[1]。将转型视作一次性项目，不仅难以维持成果、阻碍技术进步，还可能因高昂维护费用陷入"转型陷阱"。例如，某制造业企业在部署 ERP 系统后，未能持续利用数据优化生产，导致效率提升受限，新品研发落后市场。加之技术更新滞后，维护开支上升，初期投资回报大幅缩水。因此，在市场快速演变下，企业数字化转型需要采取敏捷迭代策略，建立长效评估机制，灵活调整方向，保持转型的长期动力。

进一步深入分析上述四大困境的根本原因可以发现，其中很重要的一个因素就是我国现有数字化模式不够"精益"，数字化技术的应用未能精准赋能于企业各个核心价值创造环节，导致数字化技术的应用未能充分发挥其对企业价值创造能力提升的使能作用，严重影响和制约了企业高质量发展。

### 3. 新型精益思想及实践典范

新型精益思想是一种更加全面和深入的管理方法，是一种应用"精益思想 + 数字化"驱动企业高质量发展的新方法，它不仅关注生产过程的优化，还延伸到企业的各项管理业务，结合柔性管理理念，融合数字时代即时性和个性化的要求，从战略层面提升企业的整体竞争力。精益管理的核心在于通过消除浪费、优化价值流程和提高质量来实现效率和效益的最大化，这与特斯拉主义中超级生产的原则不谋而合，二者共同构筑了新型精益思想的坚实基础。

作为新型精益思想的实践典范，精益数字化模式不仅是对传统企业发展模式的深刻变革，还是对企业价值创造能力提升的强力赋能。它以实施数字化为路径，通过精益原则、精益管理、精益技术应用于企业生产效率水平提升、经营效益水平提升、产品质量水平提升和绿色制造水平提升等各个核心价值创造环节，可以充分发挥数字化技术对企业价值创造能力提升的使能作用，可以显著提升企业价值创造能力，驱动企业转型升级，实现高质量发展。同时，作为

---

1　埃森哲《2023 中国企业数字化转型指数》。

精益思想实践典范，精益数字化模式还注重企业内外部资源的整合与协同，构建高效、灵活、响应迅速的供应链体系，为企业赢得市场竞争的先机。在这一过程中，企业的价值创造能力得到了质的飞跃，不仅提升了产品附加值，还增强了品牌影响力和市场地位。

精益思想及其载体精益生产模式曾风靡全球，被认为代表了当今企业运营管理的最佳实践，为全球企业的发展立下了汗马功劳。精益思想的核心特征之一是以系统优化的角度合理配置和利用企业生产要素，以实现"消除浪费、增加价值"的目的。精益思想的理念与企业实施数字化转型升级的初心高度吻合，因此将精益思想与数字化技术优势相结合，打造新型精益思想的精益数字化模式，为企业高质量发展提供了新的方法支持。简言之，新型精益思想的精益数字化模式就是在精益理念指引下，将数字化技术优势精准赋能于企业价值创造环节，能够精准、高效地提升企业价值创造能力的一种先进企业发展模式。

**4. 新型精益思想的使能作用**

通常来说，在生产效率、经营效益、产品质量和绿色制造4个方面，不同类型企业均可以在某一个方面或者多个方面找到其企业高质量发展的核心价值创造环节。基于新型精益思想的精益数字化模式可以将数字化技术精准应用于企业的各个核心价值创造环节，充分发挥数字化技术对企业价值创造能力提升的使能作用，从而促进企业在生产效率、经营效益、产品质量和绿色制造等方面能力显著提升[1]。

（1）精益数字化模式精准赋能企业生产效率提升

企业推行数字化的初心往往是希望借助数字化手段促进企业转型升级和高质量发展，其特征之一就是企业生产效率的显著提升。但是，数字化技术优势通常并不会直接促进企业生产效率的提升，必须经历一个转化应用过程，而这个转化应用过程在一定程度上决定了数字化技术优势对企业生产效率提升使能作用的发挥。

---

1　精益智造模式驱动制造型企业高质量发展研究。

精益数字化模式的突出特征之一就是应用精益增值理念来实现由数字化技术优势到企业生产效率提升的转化应用过程，提升数字化技术转化效率和应用水平，充分发挥数字化技术对企业生产效率提升的使能作用。一方面，精益数字化模式通过对企业开展精益价值流分析，可以精准辨识出企业价值流中的增值环节与非增值环节。非增值环节的能力改善，不会对企业生产效率提升起到促进作用，只有增值环节价值创造能力的提升，才能促进企业生产效率的提升；另一方面，实现数字化技术与增值要素的精准匹配。每个增值环节都是由若干增值要素（如切割、机加工、焊接、喷涂、组装和换模等）组成，增值环节的价值创造能力是由增值要素决定的。精益数字化模式可以通过程序分析、动作分析与时间分析等方法对增值环节的增值要素进行分析提炼，针对分析提炼出的增值要素匹配相适应的数字化技术，以充分发挥数字化技术优势对增值要素的使能作用。

### 案例4-1 宁德时代数字化技术与增值要素的精准匹配[1]

#### a. 企业概况

宁德时代新能源科技股份有限公司（以下简称宁德时代）是国内领先的动力电池制造商，专注于新能源汽车动力电池系统、储能系统的研发、生产和销售。2022年，宁德时代在全球市场的动力电池装机量的占有率已达到32.6%，超越了LG化学、松下电器和比亚迪等，成为行业内的全球领跑者。

#### b. 业务痛点

宁德时代在快速发展过程中面临着以下多方面的挑战。

● 技术挑战。动力电池技术更新迅速，宁德时代需要不断进行技术创新以维持其市场领先地位。这包括提高电池能量密度、降低成本、提升安全性和开发新型电池技术（如固态电池）。

● 供应链管理。宁德时代需要确保原材料的稳定供应，同时还要管理复杂

---

1 中国轻工业信息网，清华管理评论。

的供应链，以应对原材料价格波动和供应链中断的风险。

● 客户依赖。宁德时代在某些情况下过度依赖少数关键客户（如特斯拉），这可能会带来系统性业务风险。

● 成本控制。随着补贴政策的逐步退场，宁德时代需要在没有政府补贴的情况下，通过提高规模经济和生产效率来降低成本，以保持价格竞争力。

● 高投入成本和长回报周期。换电站的建设和运营需要大量的前期投资，而且成本回收周期较长，这影响了换电业务的盈利能力。

**c. 诊断分析与转型升级**

宁德时代通过价值流分析，识别了生产过程中的浪费和效率瓶颈，通过数字化技术与增值要素的精准匹配以有效应对企业发展面临的业务痛点。其主要经历了以下4个阶段：一是系统集成阶段，宁德时代通过与思爱普（SAP）合作，构建了高效的内部协作平台；二是万物互联阶段，宁德时代建立了覆盖全生产要素的MES，实现了制造过程中人、设备、物联终端和信息系统的集成与交互；三是数据赋能阶段，宁德时代通过与英特尔合作，提升了MES的数据计算和存储能力，充分挖掘数据的价值；四是AI助力阶段，宁德时代通过与人工智能技术与服务提供商第四范式合作，将AI技术融入电池生产线中，实现了对生产制造各个增值环节的智能化管理。

**d. 转型成效与总结**

通过以上4个阶段的精益数字化转型升级，宁德时代建立了一套智能制造体系，将先进数字化技术与电池生产中的各个增值环节紧密结合，充分发挥数字化技术的优势，有效增强了企业的市场竞争力和发展的可持续性。宁德时代的数字化转型实践表明，精准匹配数字化技术与增值要素，可以有效提升生产效率和产品质量，实现从"制造"向"智造"的转变。宁德时代的成功经验为企业提供了宝贵的数字化转型参考。

（2）精益数字化模式精准赋能企业经营效益提升

高端制造装备、智能仓储装备、智能物流装备及制造信息化系统等先进制造技术与新一代信息技术载体均价格高昂，这也意味着企业推行智能制造的资源投入巨大。一个智能工厂，甚至一个智能车间的建设费用动辄几千万元，甚至上亿元。企业的投资必然追求回报，获得更高的经营效益是企业推行智能制造的重要目的之一，也是衡量企业数字化转型质量和效果的重要标志之一。因此，企业在推动数字化转型时，必须考虑整体投入产出比，必须考虑数字化投入对企业经营效益提升的杠杆作用。与传统数字化不同，精益数字化模式是从企业制造全流程整体优化的角度来考虑如何发挥数字化技术的增值优势，并从企业整体经营的角度考虑如何提高数字化技术整体投入产出比，以发挥数字化技术对企业经营效益提升的使能作用。

精益数字化模式对企业经营效益提升的使能作用主要体现在以下几个方面。一是精益数字化模式通过对企业制造全流程进行系统分析和系统性优化设计，实现数字化技术应用对制造全流程进行整体优化和系统优化，避免出现自动化孤岛、信息化孤岛和数字化孤岛的情况，以提升企业制造全流程整体运行效率。二是精益数字化模式注重对数字化技术进行适用性匹配。选择实施可以有效解决企业当前存在现实问题的数字化技术。针对识别出的企业客观存在、影响企业价值创造和亟须解决的主要问题，匹配相适应的数字化技术，精益数字化模式通过数字化技术对企业主要问题进行精准解决，来提升企业经营质量与效率。三是精益数字化模式注重对智能装备与信息化系统进行实用性判断。实用性是指所选择的数字化技术与智能装备、系统的性能水平不冗余、经济性好。以实际使用价值为标准进行选型与购买，尽可能实现小投入、大产出，以充分发挥数字化技术对企业经营效益提升的杠杆作用与乘数效应。

**案例4-2** 中之杰德沃克智造（D-Work）数字精益工厂[1]

a. 企业概况

浙江中之杰智能系统有限公司（以下简称中之杰）是一家专注于离散制造

---

1　美通社《德沃克智造新一代数字工厂，引领离散制造精益数字化转型》。

精益数字化转型的公司，其自主研发的 D-Work 系统旨在解决小批量、多品种、定制化生产模式下的管理难题，帮助企业实现精益数字化工厂的转型。

**b. 业务痛点**

中之杰的客户群体，特别是离散制造业，通常面临着生产要素协同困难、效率低下、交期长、浪费严重等问题，如跨事业部排程计划不准确，遇紧急订单无法及时反馈；质量检测管控不到位，以纸质方式记录，未形成标准化管理方式；各工序间位置独立分散，生产流转效率低，影响产品交期；生产加工精度不透明，前后各工序计划无法及时衔接；对设备检测不重视，如生产前的调试、设备点检等，导致产品质量受设备因素影响大。这些问题导致了生产管理的复杂性和不确定性，影响了企业的市场竞争力。

**c. 诊断分析与转型升级**

中之杰通过深入客户现场进行实地调研，详细了解物料流转、生产管理、仓库管理等现状，并结合行业特色及经验，构建数字化基础规范，形成企业蓝图，再与数字化工具（D-Work）相结合，找到发力点，为企业实现价值增值。

D-Work 有其独特的实施交付模式，可以概括为"80+15+5"，除 80% 的标准化、跨行业、可复用的功能和规则外，另外有 15% 是 D-Work 在服务于细分行业头部企业、隐形冠军企业的过程中快速沉淀和固化的行业 Know-How，其中很大一部分来源于行业实践中掌握的行业特有共性问题，另外 5% 的功能和规则需要根据客户的特定需求以及现状反映出的具体问题进行定制化开发。

中之杰的 D-Work 数字精益工厂依托"一转、双改、双模"的创新模式，实现生产过程的透明化、精细化、柔性化。"一转"是指业务对象化，将业务转换成对象动作，动作产生数据，再反馈到业务，形成闭环，实现从单据驱动到对象驱动的转变。"双改"涉及两个方面：一是改造物流载具，如通过 RFID 等技术使周转箱数字化，使其能同时承载物料和数据；二是对生产、物流、质量 3 类工位进行数字化改造，采用设备如工位机实现无纸化操作。"双模"是指对象建模和工位建模。对象建模涉及各类指令的建模，而工位建模则包括各种规则等的建模。以某企业为例，在 D-Work 的赋能下，对企业 10240 个生产要素和 375 个工位点进行改造，并以 MES 贯穿生产制造全过程，以自动化制造装备、自动导引车（AGV）、自动化立体仓储设备为底层基础，同时对流程再造以构建企业数字化数据平台，推动生产全过程的数字化管理。

**d. 转型成效与总结**

D-Work 系统已在 100 多家企业中实施落地，包括汽车及零部件、机器人及零部件等行业的头部企业。例如，宁波中大力德智能传动股份有限公司通过实施 D-Work 系统，产品质量提升了 11%，库存利用率提升了 23%，生产透明度达到 100%，产品交期缩短 15%。中之杰的 D-Work 数字精益工厂通过精准匹配数字化技术与企业现实问题，帮助企业实现了精益数字化转型。这种转型不仅提升了企业的运营效率和产品质量，还增强了企业的市场竞争力，为离散制造业的数字化转型提供了成功案例。

（3）精益数字化模式精准赋能企业产品质量提升

在以人工操作为主，或以人机结合操作为主的传统生产模式中，企业的产品质量水平在很大程度上受制于某些关键制造环节的操作人员技能水平、设备稳定性及质量控制手段等因素。数字化技术在产品质量提升方面的优势是"硬件方面更智能、更稳定可靠，软件方面协同性、集成性更高"，这为实现智能质量管理提供了基础条件和技术支撑。

精益数字化模式对企业产品质量提升的使能作用主要体现在以下几个方面。一是精益数字化模式注重从顶层优化与设计的角度对企业进行质量管理流程再造和管理模式重构。数字化技术只是提升产品质量的一种技术手段，必须有高效的质量管理流程与管理模式作为载体，才能发挥数字化技术对产品质量提升的使能优势。二是精益数字化模式可以通过精益价值流分析精准识别出企业全生命周期中影响产品质量的关键环节，从而匹配相适应的数字化技术，有针对性地提高关键环节的产品质量稳定性和可靠性。三是精益数字化模式可以通过精益价值流分析精准识别出企业制造流程中对产品质量控制有实用价值的质量数据和信息。数字化模式往往会采集大量的质量数据和信息，形成庞大的数据库。其实，数据库本身不具有价值，只有数据得到应用，数据库才具有价

值。精益数字化模式通过采集、监控和分析对产品质量控制有实用价值的质量
数据和信息，为企业产品质量风险防控和质量提升提供科学依据，以充分发挥
质量大数据分析与决策对产品质量提升的使能作用。

**案例4-3　精益数字化赋能常熟开关企业产品质量提升[1]**

### a. 企业概况

常熟开关制造有限公司（以下简称常熟开关）是我国电器研发制造领军企
业，是国内低压电器行业的佼佼者，其主导产品的市场占有率连续多年保持国
内领先水平，并且持续进行产品创新，每年推出多款国内领先、国际先进的新
产品，在国内的中高端低压电器市场具有强大的竞争力。

### b. 业务痛点

常熟开关作为低压电器企业的领跑者，一直在不断提升技术实力和管理水
平，向着更一流的水平迈进。但订单量的急速扩增和订单周期的不确定性是常
熟开关在企业快速发展过程中面临的最大难题。常熟开关的部分车间与行业国
际领先企业车间相比，仍有很多改进的空间：一是企业生产车间仍采用非流动
式生产，导致生产效率低下；二是仍采用非拉动式计划生产，导致在制品库存
时间较长，影响现金流流转；三是生产现场问题管理不清晰、不透明，缺乏反
馈机制，影响问题解决效率与质量；四是质量管理体系不完整，在大市场占有
率下，如何解决交期时间长、在制品库存积压的问题是需要重点探索的方向。

### c. 诊断分析与转型升级

面对生产问题，常熟开关通过应用"精益＋数字化"双核驱动解决方案，
对企业某核心产品的车间进行了为期14个月的规划建设。一是常熟开关为数字
车间提供产线整体规划建设和数字化软件平台整体解决方案；二是常熟开关通
过相关服务商专家驻厂、专家辅导问诊的服务方式，深入了解企业生产运营全
流程，辅以精益数字化管理针对性指导，帮助企业培养多名精益管理人才，改

---

1　慧工云企业实践案例。

善整体团队素质，有效实施精益数字化手段；三是常熟开关通过建立即时化管理体系，帮助车间形成精益化日常管理制度，让问题充分暴露在生产人员及管理者视野内，激发起全员改善，力求尽善尽美的意识形态改变。

**d. 转型成效与总结**

通过"精益＋数字化"双核驱动解决方案的加持，常熟开关大幅提升了整个车间生产制造水平，实现了核心产品的全流程连续生产作业模式。在拉动式生产方式下，车间班组长能够有效安排及调配人力、管理人员生产效率、改变原有工作习惯，真正以生产车间为核心，寻求解决问题的工作方式形成。通过精益数字化产线的导入，整线人均产能提升达到38%，生产周期减少达到80%，整个交付周期缩减至1天，产品良率大幅提升。

（4）精益数字化模式精准赋能企业绿色制造能力提升

绿色制造是一种综合考虑环境影响和资源效率（即减少环境污染和资源浪费）的现代化制造模式。随着我国碳达峰、碳中和目标的确定，绿色制造成为我国企业高质量发展的必然要求，也是其可持续发展的重要保障。

精益数字化模式对企业绿色制造能力提升的使能作用主要体现在以下几个方面：一是，精益数字化模式可以通过开展产品制造流程精益价值流分析，精准识别出企业制造流程中会对环境产生不利影响的环节，针对这些环节匹配应用相应的先进智能制造技术来降低对环境的不利影响；另一方面，精益数字化模式可以通过产品制造流程精益价值流分析与精益价值流设计，精准匹配应用先进数字化技术来优化产品制造所需水、电、风、气和热等制造能源的流动过程，最大可能地提高资源利用率。

**案例4-4 博世的绿色工厂**

**a. 企业概况**

博世作为全球知名的电气设备供应商，致力于可持续发展和绿色创新。博世苏州工厂的能源管理平台开发是博世绿色工厂战略的重要组成部分，体现了其在绿色制造能力提升上的案例典范。

#### b. 业务痛点

电气设备供应商通常面临着以下几个相似的业务痛点。

一是绿色技术创新。传统的生产过程可能消耗大量资源并产生废物，对环境造成负担，随着环保法规的加强，企业需要不断研发绿色技术，但这可能涉及高昂的研发成本和技术风险。

二是供应链管理。在供应链中推广绿色制造实践，需要协调众多供应商，实现原材料的绿色采购和供应链的绿色转型。同时绿色制造不仅涉及生产过程，还包括产品的设计与回收，这往往要求企业对产品全生命周期进行管理。

三是市场和消费者需求。随着市场对绿色产品的需求增加，电气设备供应商需要调整产品策略以满足消费者对环保的期望。

#### c. 诊断分析与转型升级

博世的绿色工厂战略体现了其对可持续发展和绿色创新的长期坚持，这一点在其苏州工厂的能源管理平台开发中得到了显著的体现。该能源管理平台的开发是博世精益数字化模式的一部分，该平台与MES实现了数据的互联共享，通过整合各生产部门和生产线的产量数据，平台能够自动计算单位产品的能耗及设备在不同状态下的实时能耗。这种精细化的能耗监测为博世提供了宝贵的数据支持，使团队能够通过数据可视化更直观地发现能源使用中的瓶颈和改进点。

在产品设计和生产线搭建阶段，博世运用精益数字化的原则，采用更简化的制造工艺、低功耗设备及优化的价值流供应链。这不仅减少了生产过程中的能源消耗，还提高了生产效率和产品质量。例如，通过减少生产过程中的复杂冗余环节，博世能够减少原材料的使用，降低废品率，从而减少能源和资源的浪费。

在生产制造阶段，博世搭建了能源指标架构，并通过数字化手段对能源使用进行监控和管理。这种方法论的融入，特别是博世生产系统（BPS）的应用，使能源使用和生产效率的提高成为一个持续的过程。BPS是一种综合的管理体系，它强调持续改进、员工参与和问题解决，这些都是精益数字化模式的关键要素。

#### d. 转型成效与总结

博世的能源管理平台在120多个博世业务所在地和80多个客户项目中投入使用，显著提升了能源使用效率。例如，在德国洪堡公司的博世工业4.0标杆工厂，该软件帮助公司减少了超过40%的能源需求。博世的绿色工厂实践展示了数字化技术在提升能源效率和促进绿色制造方面的重要作用。通过持续的技术创新和流程优化，博世不仅提升了自身的绿色制造能力，也为整个供应链的可持续发展作出了贡献。

## 4.4 新型精益思想支撑新质生产力

### 4.4.1 新质生产力的战略布局

#### 1. 新质生产力的产生历程

2023年是全面贯彻落实党的二十大精神的开局之年，是实施"十四五"规划承上启下的关键之年，也是全面建设社会主义现代化国家新征程起步之年。新质生产力的产生历程如图4-8所示。

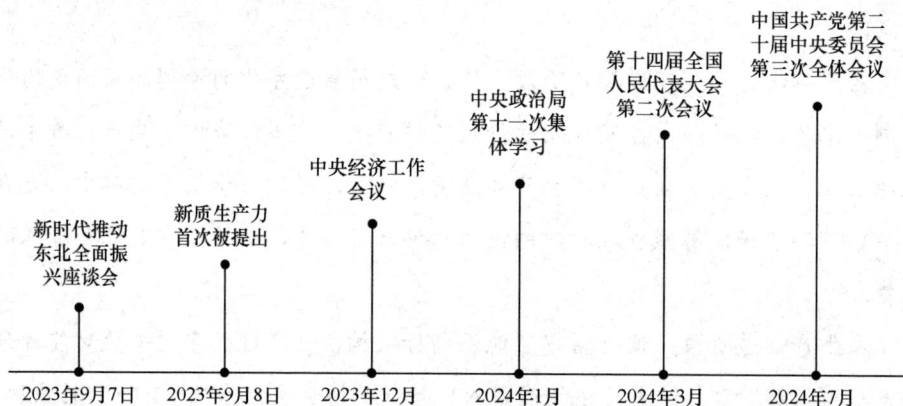

图4-8 新质生产力的产生历程

从2023年9月新质生产力首次被提出开始，党中央多次在重要会议上作出了相关指示，如2023年12月召开的中央经济工作会议、2024年1月进行的中央政治局第十一次集体学习、2024年3月召开的第十四届全国人民代表大会第二次会议及2024年7月召开的中国共产党第二十届中央委员会第三次全体会议。

**2. 新质生产力的本质内涵**

新质生产力是创新起主导作用，摆脱传统经济增长方式、生产力发展路径，具有高科技、高效能、高质量特征，符合新发展理念的先进生产力质态。它由技术革命性突破、生产要素创新性配置、产业深度转型升级而催生。以劳动者、劳动资料、劳动对象及其优化组合的跃升为基本内涵，以全要素生产率大幅提升为核心标志，特点是创新，关键在质优，本质是先进生产力，其相关内容如图4-9所示。科技创新是提升新质生产力的核心要素，是推动新质生产力发展的"牛鼻子"。科技创新可以优化资源配置、提高生产效率、推动产业升级，催生新产业、新模式、新动能，进而推动新质生产力加快发展。中共中央政治局第十一次集体学习提出，必须加强科技创新特别是原创性、颠覆性科技创新，加快实现高水平科技自立自强，打赢关键核心技术攻坚战，使原创性、颠覆性科技创新成果竞相涌现，培育发展新质生产力的新动能。

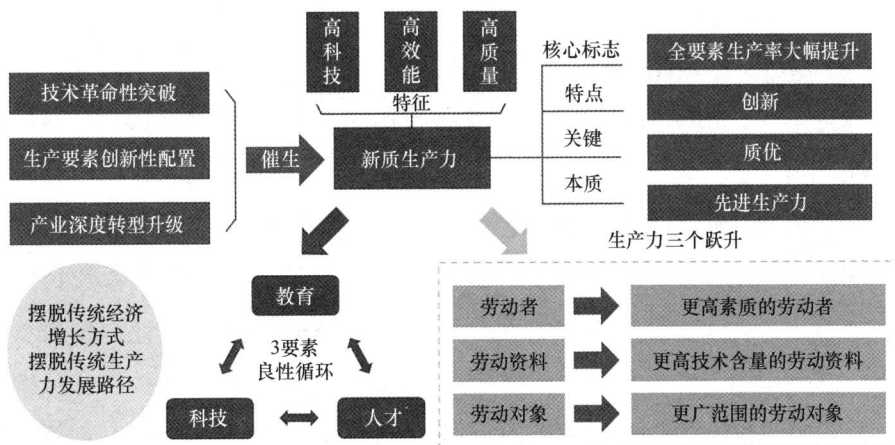

图4-9　新质生产力相关内容[1]

---

1 百度百科：新质生产力。

（1）新质生产力是服务高质量发展的伟大实践

新时代新征程，高质量发展成为全面建设社会主义现代化国家的首要任务。党中央统筹把握国内国际两个大局，准确把握我国高质量发展的客观要求，坚持和发展马克思主义生产力理论，提出"新质生产力"这一富有时代气息的重要概念，就是为推动高质量发展提供强有力的理论指导。总结、概括出新质生产力这一新概念，就是为了更好地落实高质量发展这个首要任务。

（2）新质生产力是推动高质量发展的必然选择

党中央把推进中国式现代化作为新时代最大的政治纲要，把坚持高质量发展作为新时代的硬道理，以高质量发展推进中国式现代化建设。生产力是最活跃、最革命的因素，生产力变革是人类社会发展进步的动力源泉。高质量发展的目标要求、高质量发展的实践探索，催生新质生产力。新质生产力的提出、培育和发展，就是为了更好地落实高质量发展这个当今时代首要任务。社会化大生产的突出特点，就是供给侧一旦实现了成功的颠覆性创新，市场就会以波澜壮阔的交易生成进行回应。高质量发展道路上的生产力要素条件、组合方式、发展路径、配置效率均发生着重大变化，迫切需要新质生产力理论来指导。

（3）新质生产力要以科技创新为核心要素

新质生产力是以科技创新作为核心要素的先进生产力质态，实现"科技是第一生产力"和"创新是第一动力"的逻辑整合。把科技创新作为培育新质生产力、推动高质量发展的逻辑起点，要突出科技创新的引领作用，以科技创新引领现代化产业体系建设。科学技术需要应用于生产过程、渗透到生产力各要素之中，才能转化为现实生产力。要通过科技创新与产业创新的双向拉动、互为牵引，实现科技创新赋能产业创新，产业创新为科技创新明确方向、提供实践载体，推进科技创新与产业创新深度融合。要应用科技创新成果改造提升传统产业、培育壮大新兴产业、布局建设未来产业，加快发展新质生产力。

## 4.4.2 新型精益思想与新质生产力的关系

新型精益思想的核心是更加柔性地消除浪费，即以较少人力、较少设备、较短时间和较小场地等越来越少的投入创造出尽可能多的价值。新质生产力与新型精益思想，一个是长远的、整个社会层面的大目标，一个是实现这个目标的一种具体方法，其关系如图 4-10 所示。

图 4-10 新型精益思想与新质生产力的关系

### 1. 以精益原则为战略方向，推动新的生产方式变革

新质生产力的兴起源于技术革新和生产方式的深刻转变，它不仅改变传统行业格局，还为企业带来前所未有的挑战和机遇。在这个背景下，精益原则变得尤为重要。在世界科技革命和产业变革深入发展的新阶段，精益原则更进一步从理论的高度归纳精益生产中所包含的新的管理思维，并将精益方式扩大到制造业以外的所有领域，尤其是第三产业，把精益生产方法外延到企业活动的各个方面，使其不再局限于生产领域，从而促使管理人员重新思考企业流程，消除浪费，创造价值。

（1）精益原则五大体现

什么是精益原则？其核心思想可概括为消除浪费、创造价值，具体内容如图 4-11 所示。

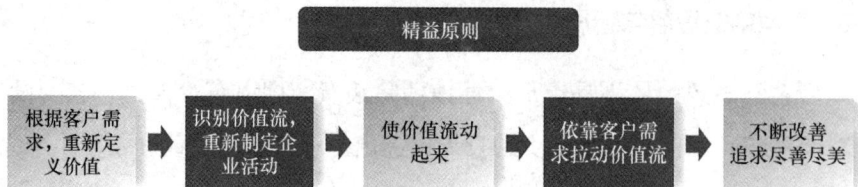

图 4-11　精益原则具体内容

"根据客户需求，重新定义价值"是以客户的观点来确定企业从设计到生产到交付的全部过程，实现客户需求的最大满足。

"识别价值流，重新制定企业活动"的含义是在价值流中找到哪些是真正增值的活动、哪些是可以立即去掉的不增值活动。

"使价值流动起来"要求创造价值的各个活动流动起来，强调的是不间断地"流动"。

"依靠客户需求拉动价值流"就是按客户的需求投入和产出，使用户精确地在他们需要的时间得到需要的东西。

"不断改善，追求尽善尽美"有三层含义，分别为用户满意、无差错生产和企业自身的持续改进。

（2）新的生产方式推动新质生产力的"创新质"

生产力决定生产关系，生产关系反作用于生产力，这是马克思主义基本原理，也是人类社会普遍具有的经济规律。加快形成与新质生产力相适应的新型生产关系，是新时代新征程解放和发展生产力的客观要求，也是推动生产力迭代升级、实现社会主义现代化的必然选择。新型生产关系之"新"，在于生产方式、技术水平、资源利用和社会影响的全面变革。"新"意味着在发展中不断追求创新与变革。全面深化改革要敢于啃硬骨头，勇于攻坚克难，破除生产、分配、交换、消费循环过程中的梗阻，这与精益原则的核心——"消除浪费、创造价值"——在一定程度上不谋而合，体现了新型生产关系对新质生产力发展的支撑作用。

新质生产力作为原创性新概念，反映当代中国经济发展的新要求、新方向和新理念。精益原则推动新的生产方式的变革，体现人类社会发展的时代特质及生产力在新发展阶段的新特征。一方面，从结构性变革看，新质生产力推动现有的产业结构、生产方式等发生变革，新产业、新职业的日渐崛起要求人类主动适应和积极应对结构性变革；另一方面，新质生产力和传统生产力在技术应用、生产效率、环境友好、可持续发展及和谐性等方面区别明显。新质生产力通常利用新一代人工智能和自动化技术等，在提高生产效率和质量的过程中凸显新发展理念。

**2. 以精益管理为实践目标，推进新的管理方法实施**

目前，精益管理多是依赖精益工具进行现场改进，初获成效却难以持久，主要原因在于缺乏"6S"管理，未能将精益理念深植于组织之中。提起 6S，首先要从 5S 谈起。5S 起源于日本，指的是在生产现场中对人员、机器、材料、方法等生产要素进行有效管理，它对企业中每位员工的日常行为方面提出要求，倡导从小事做起，力求使每位员工都养成事事"讲究"的习惯，从而达到提高整体工作质量的目的。5S 在提升企业形象、安全生产、标准化推进、创造令人心怡的工作场所等方面发挥的巨大作用逐渐被各国的管理界所认可。我国企业在 5S 现场管理的基础上，结合国家如火如荼的安全生产活动，在原来 5S 基础上增加安全（SAFETY）要素，形成"6S"。

（1）精益管理六大维度

精益管理六大维度（6S）包括整理、整顿、清扫、清洁、素养、安全，其相关内容如图 4-12 所示。"6S"之间彼此关联，整理、整顿、清扫是具体内容；清洁是指将上面的 3S 实施的做法制度化、规范化，并贯彻执行及维持结果；素养是指培养每位员工养成良好的习惯，并遵守规则做事，开展 6S 容易，但长时间的维持必须靠素养的提升；安全是基础，要尊重生命，杜绝违反章程。

整理（SEIRI）：将工作现场的所有物品区分为有用品和无用品，将有用品留下来，其他的都清理掉。目的是腾出空间，空间活用，防止误用，保持清爽的工作环境。

整顿（SEITON）：把留下来的必要用的物品依规定位置摆放，并放置整齐加以标识。目的是工作场所一目了然，消除寻找物品的时间，整整齐齐的工作环境，消除过多的积压物品。

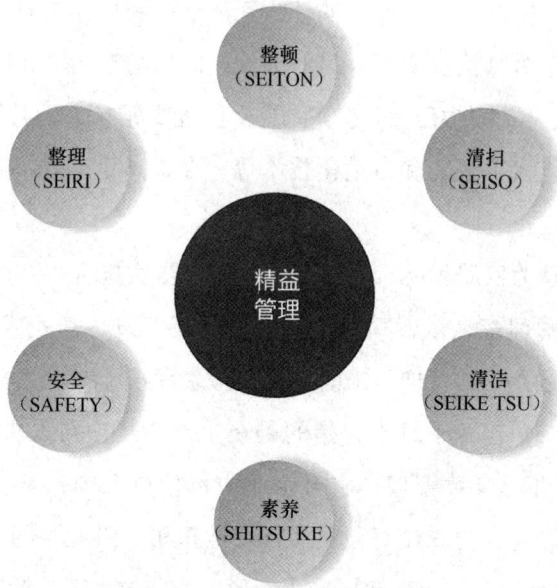

图 4-12　精益管理相关内容

清扫（SEISO）：将工作场所内看得见与看不见的地方清扫干净，保持工作场所干净、亮丽，创造良好的工作环境。目的是稳定品质，减少工业伤害。

清洁（SEIKETSU）：将整理、整顿、清扫进行到底，并且制度化，使环境处在整洁美观的状态。目的是创造明朗现场，维持上述 3S 推行成果。

素养（SHITSUKE）：每位成员养成良好的习惯，并遵守规则做事，培养积极主动的精神（也称习惯性）。目的是促进良好行为习惯的形成，培养遵守规则的员工，发扬团队精神。

安全（SAFETY）：重视成员安全教育，每时每刻都有安全第一观念，防患于未然。目的是建立及维护安全生产环境，所有的工作应建立在安全的前提下。

（2）新的管理方法提升新质生产力的"发展质"

越来越多的企业将传统经营管理模式转向精益管理，实现生产、销售、供应链管理等方面的管理升级和优化，构建创新管理模式来提升新质生产力，推动企业的高质量发展。一方面，精益管理不仅能够提升企业的运营效率，还可以帮助企业更好地理解客户需求，实现个性化定制，以及构建新的商业模式。另一方面，精益管理能够使企业更快速地适应市场变化，提高决策精准度，并且降低运营成本。通过精益管理，企业可以实现全方位的管理模式的全新升级，为未来的发展打下坚实的基础。

精益管理通过创新管理模式、可持续发展和弹性组织管理等新理念来提升新质生产力的"发展质量"。创新管理模式要求企业打破传统的管理思维，敢于尝试新的商业模式和经营策略，譬如从产品创新到服务创新，从管理方式创新到商业模式创新。可持续发展已经成为企业发展的重要策略，企业需要注重环保、社会责任和公益的发展，为社会和环境作出积极贡献，来提升企业形象，增强品牌竞争力。弹性组织管理需要企业具备快速决策、快速响应的能力，还应具有组织结构的灵活性和员工的创新能力，这就要求企业打破组织的僵化，建立灵活、快速的决策机制和协作机制，以适应快速变化的市场环境。

### 3. 以精益技术为核心驱动，开启新的生产工具演变

精益技术旨在优化生产效率、降低成本、提高产品质量、提高员工满意度并增强企业竞争力。这些技术工具包括准时化生产、单件流、看板管理、零库存管理、全面生产维护、运用价值流图来识别浪费、生产线平衡设计、拉系统与补充拉系统等，相关内容如图 4-13 所示。

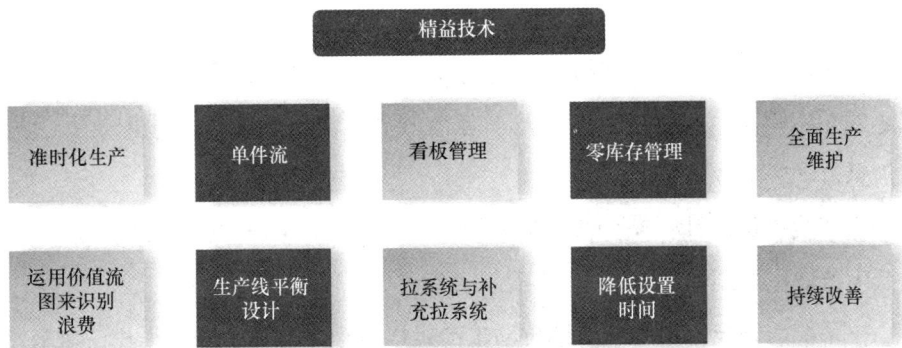

图 4-13　精益技术相关内容

（1）精益技术十大升级

精益生产管理是一种通过优化生产过程来减少浪费和提高效率方法。在精益生产管理中，有许多工具和技术可用于帮助企业实现这些目标，精益生产管理的十大工具如下。

准时化生产："只在需要的时候，按需要的量生产所需的产品"是准时化生产的基本思想。这种生产方式的核心是追求一种无库存的生产系统，或使库存达到最小的生产系统。

单件流：单件流能够帮助企业通过不断消除浪费、降低库存、减少不良品、缩短制造周期时间等具体要求来实现准时化生产。

看板管理：看板是可以作为交流厂内生产管理信息的手段。看板卡片包含相当多的信息并且可以反复使用。常用的看板有生产看板和运送看板两种。

零库存管理：工厂的库存管理是供应链的一环，也是最基本的一环。就制造业而言，加强库存管理，可缩短并逐步消除原材料、半成品、成品的滞留时间，减少无效作业和等待时间，防止缺货，提高客户对"质量、成本、交期"三大要素的满意度。

全面生产维护：以全员参与的方式，创建设计优良的设备系统，提高现有设备的利用率，实现安全性和高质量，防止故障发生，从而使企业降低成本和全面提高生产效率。

运用价值流图来识别浪费：价值流分析技术是企业精益改善的新型理论方法，不仅能够使企业的生产数据更加直观，便于发现企业现存问题，而且从价值链的角度将企业与上游供应商及下游客户之间联系起来，体现出物料、增值和信息流动。

生产线平衡设计：减少流水线布局不合理导致生产工人无谓地移动、从而降低生产效率的现象。

拉系统与补充拉系统：所谓拉动生产是以看板管理为手段，采用"取料制"即后道工序根据市场需要进行生产，对本工序在制品短缺的量从前道工序取相同的在制品量，从而形成全过程的自动控制系统，绝不多生产一件产品。

降低设置时间：降低设置时间是实现准时化生产的关键手法之一，能够帮助企业通过不断消除浪费、降低库存、降低不良品率、缩短制造周期时间等具体要求来实现精益生产。

持续改善：精确地确定价值，识别价值流，可以使为特定产品创造的价值的各个步骤连续流动起来，实现精益生产。

（2）新的生产工具打造新质生产力的"科技质"

精益思想强调技术革新与应用，这与新质生产力对技术含量高、创新能力强的追求是高度契合的。精益技术通过对生产流程进行深入地、持续地优化，直接提升企业的生产效率和产品质量，这构成新质生产力发展的基石和核心。借助于精益的理念和方法，企业能够更为敏捷和高效地适应市场的快速变化，从而有效地降低成本和节约时间。这将使企业在激烈的市场竞争中取得优势，为企业的未来发展创造出更大的空间。

### 4. 新型精益思想助力发展新质生产力的实践案例

新型精益思想与新质生产力之间存在着深刻且不容忽视的关系。这一关系在于新型精益思想如何在实际操作中有效地推动新质生产力的形成、发展和提升。在当今充满变革且快速发展的经济环境和科技背景下，各类企业都不断面临着市场需求的日益多样化和技术革新的高频率挑战。本章选取 3 个不同行业、不同规模的企业从精益原则、精益管理和精益技术 3 个维度具体分析。

**案例4-5** **安防监控通信设备公司的生产车间流程优化——以"价值流"为核心思想，促进企业提升[1]**

#### a. 生产现状

A 企业是安防监控通信设备公司，主要生产安防监控通信产品。近年来，由于行业内部及市场环境剧烈变化，车间生产流程难以适应新环境，致使企业经济效益和社会效益明显下降。主要表现在物料供应时间长、在制品库存升

---

1　基于价值流的表面安装技术（SMT）贴片生产车间流程优化。

高、出货周期长、生产过程混乱 4 个方面。根据生产现场搜集的数据和信息发现，生产车间的问题主要表现在以下 5 个方面：大量在制品堆积，产品放行时间长；生产工位布局没有优化，造成大量在制品库存；瓶颈工序为打包工序，作业费时长，返工率高；生产方式为推动式生产；物料供应时间长。

### b. 现状价值流分析

选定典型产品：对 A 企业产品进行产品数量分析（PQ 分析）发现，D 型号的产量最大占 70.5%，将它作为搜集数据对象，分析 D 型号生产车间价值流，对其生产过程中的生产要素进行系统性归纳总结。根据车间实际情况，统计车间生产物料流、信息流和在制品等待时间等数据。描述端梁生产过程中价值流特征参数主要有节拍时间、周转时间、换型时间、故障时间、操作者数量等。

聚焦生产线关键问题：车间生产流程的主要问题是生产工位布局没有优化和使用推动式生产方式，造成大量在制品堆积，产品放行时间长；瓶颈工序为打包工序，作业费时长，返工率高；库存量大，投入生产线时间长，原料平均供货期为 4 天。

针对得出的问题，开展系统诊断并结合车间实际情况，目前迫切需要改善的关键点为大量在制品堆积，产品放行时间长；瓶颈工序为打包工序，作业费时长，返工率高；采购周期长，投入生产线时间长。

### c. 改善措施

针对大量在制品堆积，产品放行时间长问题，公司改变生产方式。现在的生产流程属于按生产计划推动式生产，每个工序就像"孤岛"，上游工序不了解下游实际需求，造成制品数量过大。采用单元生产方式，减少在制品库存，将烧录站、检查 1 站、检测 2 站、组装站按 U 型布局，将减少生产中的搬运浪费。单元生产方式可以柔性应对订单变化情况，当订单量增加时，生产单元数量增加，工作小组增加，生产量即可增大；当订单量减少时，生产单元数量减少，工作小组减少，减少单位产出，不影响生产线。

针对瓶颈工序为打包工序，作业费时长，返工率高的问题，公司分析调整布局，建立流水线。重新规划物料放置位置，将每个工位需要的物料放到触手可及的位置，缩短每个员工的移动距离。改善后的打包作业花费时间为234s，与原作业花费时间364s相比，减少130s，员工移动距离从19.5m缩短到8.5m，在工位2和工位3都增加检查工序，返工率从5%降低到0%。

针对采购周期长，投入生产线时间长的问题，公司改变供应商的原料定制生产组织模式，由订货型生产（MTO）改变为备货型生产（MTS），对现有库存管理进行信息化管理。通过ABC分类法，细化库存管理结构，对不同的物料分类采用不同的管理方法，制定不同的采购周期来改进物料库存。

通过价值流分析改善，操作者的效率也得到相应的提升，其中工人劳动强度大大降低，操作的安全性得到保证；通过现场管理，生产质量得到提高，需求端梁班组等待时间减少，企业人力资源得以充分利用，有利于实现企业内部的公平。价值流活动做到全员参与，各个部门之间的沟通增加，使生产过程中的问题得到充分暴露，以便进行再改善，车间生产效率持续提高。

### 案例4-6　钢铁企业的精益管理实践——从"6S管理"角度出发，改善企业经营[1]

**a. 生产现状**

2022年至2023年，随着新冠疫情逐渐被控制至淡出历史舞台，我国经济开始复苏，多数行业也迎来复苏。与2019年相比，2022年Y公司订单量只有2019年的64%左右。同时，Y公司生产车间平均任务完成比仅有87.6%，直到2023年4月，生产任务才能按时完成。经过分析，任务不能按时完成主要由企业内部的生产部门与采购部门以及市场竞争等因素导致。受到宏观经济的影响，订单减少、原材料不能按时采购，员工不能按时到岗、废品率上升等现象频出。企业的成本预算监管、员工稳定性、质量检测等无法满足企业的订单需求。

**b. Y公司当前存在的问题及分析**

2022年至2023年，受到宏观经济的影响，钢铁行业的发展也不容乐观，Y

---

1　精益生产在钢铁企业的实施分析。

公司作为我国钢铁行业的一员，其生产问题在近几年逐渐显现，其生产问题主要有以下 3 点。

缺乏整体采购计划及全面成本预算。Y 公司在材料采购时，受到市场、在制品加工时长、库存产品、库存剩余原料的影响，时常出现以下情况。采购原材料时，原材料迟迟不能到货，公司总仓库原料不足或堆积大量半成品，导致无法精确计算当期及下期所需原料数量。同时，各部门之间工作不协调，造成资源与时间浪费。究其根本原因，主要是成本预算不全面导致的原料过多过少、人员空闲。

员工管理方式落后。员工问题是造成 Y 公司浪费的一大因素，其中主要是：员工流失、能力参差不齐、积极性不高、薪酬激励制度不完善导致这一占比较大。虽然 Y 公司的管理层提出进行精益生产管理，但是精益理念的实施需要每一位员工的参与，而员工能力参差不齐，在很多步骤上不能实现一致；同时，员工积极性并不高，抓住员工的心理是高效生产的重要前提。

缺乏质量管理的监督与检测。2022 年 1 月至 2023 年 6 月，在 Y 公司浪费占比调查中不合格率占比最大为 35%。经向多名一线员工调查询问后，了解到车间采用完工后检验的方式，同时，受到原材料到货时间不稳定的因素，有时会选择车间 B 对产品再加工。在质量检测方式有漏洞的情况下，不合格品频频出现。高效的监管机制，能防止一线员工做出不合规的行为，也能在出现不合格预兆时第一时间检测到，并开展行动，将不合格率降到最低。

#### c. 改进建议

健全监管机制，落实成本预算。为了确保企业的成本管理处于最优水平，Y 公司需要成立成本管理控制部门，以目标成本管理理念为指导，合理管制产品全流程成本，从而实现产品定位的优化。对于常规性产品的成本控制，尽量采取标准成本法，确定生产定额，确保产品从成本阶段就保持了产品的盈利空间与竞争力。

改变劳动力观念，重视员工参与度。针对 Y 公司的员工高流失问题，公司可以将管理理念和方法从过去的粗放式转型为以员工为核心的精益化管理，并在各方面源头上改变劳动力观念，包括管理理念和激励机制等。重视员工参与，激发员工积极性，发挥员工的创造力，增强员工的责任感。在员工操作过程中，公司可以适度引入一些工具和自动化设备来替代手工作业，以减轻员工的工作负担。公司还可通过改善流程，提高流程的可靠性和稳定性，减少对员工技能的需求，有助于企业应对员工高流失和频繁员工更换所带来的风险，确保工作高质高效。

全面质量检测，减少无效加工。质量检验与控制必须在整个生产过程中得到有效执行，及时检测问题产品并尽快采取措施加以处理和解决。这种方式可以减少无效加工，实现资源的高效利用，进而降低成本。总之，企业的管理者能够高效地将精益生产和全面质量管理融合起来，才能充分利用它们各自的优势，增强企业核心竞争力。

### 案例4-7　仓储物流行业精益提升分析——以"精益工具"为提升手段，赋能企业转型[1]

#### a. 仓储物流的现状

精益物流背景下仓储企业面临着不断变化和发展的市场环境，同时也受到技术和政策的影响，这些都对企业的运营和竞争力产生深远的影响。

物流成本的上升主要是由物流需求的不断提升所导致的。特别是在疫情防控期间，由于人们更多地选择网购和远程办公等方式，物流需求急剧上升，而物流企业却面临着员工福利、运输设备维护、车辆保险等方面的成本增加。这种成本的增加将进一步加剧物流企业现金流的压力，影响企业的长期发展。

#### b. 仓储物流成本控制存在的问题

通过研究分析，仓储物流成本控制存在的问题主要包括人力成本过高、物流成本提高、数字化转型成本高昂及人力管理成本增加4方面问题。

人力成本过高：数据显示，2021年，我国快递业务员的平均工资约为6500元／月，同比增长约5%。这不仅增加企业的运营成本，也给员工招聘和管理

---

1　精益物流背景下仓储物流成本控制对策研究。

带来一定挑战。

物流成本提高：2020 年，全球物流成本较 2019 年增长 5.1%，其中运输成本增长 5.8%，仓储成本增长 4.5%。这对企业的盈利能力和市场竞争力都造成一定的影响。

数字化转型成本高昂：数字化转型是仓储物流企业不可避免的趋势，但是这也需要企业进行大量的投资。数据显示，2021 年，我国物流企业数字化转型的投资金额达到 250 亿元。2022 年，全球物流企业数字化转型的投资规模超过 600 亿美元。这些数字都表明，数字化转型成本高昂，对企业的财务压力和经营风险都带来一定的影响。

人力管理成本增加：数据显示，2019 年，我国物流企业的人力管理成本占总成本的比例约为 10%。这表明，人力管理成本对企业盈利能力的影响也不容忽视。

### c. 仓储物流成本控制问题的解决对策

精益物流是一种非常有效的成本管理策略。精益物流是指在保持高质量和高效率的前提下，通过不断优化和减少浪费，最大限度地减少成本。在这种模式下，企业需要不断优化流程、提高效率，以降低成本。下面将从 3 个方面来探讨精益物流下 2023 年仓储物流企业成本管理的策略。

精益物流首要做到的就是优化仓储管理。一是精益仓库布局。仓库布局是影响仓库操作效率和成本的关键因素之一。物流企业通过精益原则，可以优化仓库布局，最大化利用空间，减少空间浪费，提高仓库的存储能力和物流效率。例如，物流企业采用流程连通的方式，优化货物的流动路径，最小化运输距离和时间，减少作业流程中的浪费，提高工作效率和生产力，从而减少仓储成本。二是精益运营管理。仓库运营管理是影响仓库效率和成本的另一个重要因素。企业通过精益运营管理，可以最大化利用仓库资源，提高生产效率和生产力。例如，物流企业通过仓库技术和信息系统的优化，实现自动化操作和数字化管理，减少人力成本和操作错误，提高工作效率，从而降低仓储成本。三是精益供应链管理。仓储管理不仅涉及仓库本身的操作，还涉及整个供应链的管理。物流企业通过精益供应链管理，可以提高供应链的效率和降低成本，从而降低仓储成本。例如，物流企业通过供应链协同和协作，实现物料的快速交付和库存的共享，减少物料浪费和库存积压，提高供应链的效率和生产力，从而降低仓储成本。

优化运输管理是精益物流的重要组成部分。一是优化运输计划。运输计划是运输管理中的关键因素之一，优化运输计划可以提高运输效率和降低运输成本。例如，在运输计划制订中，根据库存水平、订单量、交货时间等因素进行合理的调度，减少等待和拥堵，提高运输效率，从而降低运输成本。二是优化运输信息管理。运输信息管理是影响运输效率和成本的重要因素之一。优化运输信息管理可以提高运输效率和降低运输成本。例如，在运输信息管理中，建立实时的运输信息系统，实时监控运输过程，及时发现问题和调整运输计划，从而提高运输效率和降低运输成本。

数字化转型是精益物流下的另一个重要策略。一是建立智能化仓储系统。智能化仓储系统是数字化转型的重要手段之一。物流企业可以通过建立智能化仓储系统，实现仓储流程自动化和智能化，优化仓储管理和物流配送，提高工作效率和减少人力成本。二是建立数字化仓储管理系统。数字化转型可以帮助企业建立数字化仓储管理系统，实现仓储流程数字化和信息化。物流企业可以通过建立数字化仓储管理系统，实现仓储数据的实时监控和分析，优化仓储流程和管理方式，提高仓储效率和减少仓储成本。

## 4.5  小结

在当前全球经济一体化和数字化转型的大背景下，传统精益思想已无法应对企业面临的新挑战与把握新机遇。因此，发展和完善新型精益思想对于引导企业走向最优发展路径具有重要意义。本章通过对传统精益思想的历史沿革及核心原则进行分析提炼，结合数字时代下产业发展的新趋势，深入探讨了新型精益思想在当今经济环境中的必要性和可行性。

　　首先，在精益思想的起源与发展中，本章剖析了其在提升企业运营效率方面的卓越贡献。然而，在快速变化的数字时代，传统精益思想面临着诸如即时性需求与生产周期、规模经济与个性化定制等多重矛盾。这些矛盾促使了精益思想的进一步演进，即如何将数字技术与精益管理相结合，形成一种更加适应企业高质量发展的新型精益思想。

　　其次，本章分析了新一代信息技术如何推动经济社会结构的深层次变革，包括数字经济的兴起、社会生产方式的变化、生产关系的重塑以及经济结构的重组。这些变革不仅为企业带来了前所未有的机遇，同时也带来了新的挑战，如全面互联的信息即时性诉求和技术迭代速度加快对劳动者技能的要求等。

　　再次，本章提出了新型精益思想的概念，旨在通过特斯拉主义 7 大原则等创新理念来解决上述矛盾。例如，"超级生产"强调企业利用自动化与智能化手段实现高效生产；"交叉整合"倡导企业跨领域合作以增强整体竞争力；"软件融合"则鼓励企业利用软件技术优化生产流程。"触手驱动""故事制造""初创型领导"以及"人机学习"分别从市场需求响应、企业文化建设、组织管理模式以及人力资源开发等方面提供了新的思路。

　　结合新的生产方式推动新质生产力的"创新质"，新的管理方法提升新质生产力的"发展质"，新的生产工具打造新质生产力的"科技质"，新型精益思想不仅能够精准赋能企业生产效率、经营效益、产品质量以及绿色制造等方面的提升，而且还能作为助力发展新质生产力的关键支撑。

# 5

## Chapter

第5章

## 数字化转型：支撑企业打造高效劳动工具

数字化转型作为通过"道、法、术、器"路径实现企业高质量发展中的"术"之一，是"三轮传动"的重要支撑，是实现企业高质量发展目标的关键步骤和操作指南。本章阐述数字化转型的本质，分析国内外数字化转型的发展趋势，探讨数字化转型对于企业高质量发展的具体作用及实施路径。本章以精益思想为指导，深入剖析数字化赋能企业高质量发展的三大要素，即思想指引、业务转型、工具赋能。同时，总结出数字化转型赋能企业高质量发展的四大步骤，即业务分解重构、人岗组织完善、数字工具赋能和闭环持续改善。通过数字化手段进行持续地改进与优化，打造"目标 – 赋能 – 改善"的闭环机制。此外，本章还剖析了量化分析对于企业数字化转型的重要意义，建立"显差 – 析差 – 关差"评估诊断机制，帮助企业及时调整自身的战略方向，利用大数据等新兴技术深入挖掘内部需求和潜力，不断提升自身核心竞争力。

## 5.1　数字化转型的本质

数字化转型的本质在于通过数字化手段来应对不确定性因素，在于数据、信息、知识、认知4个层次的逐级加工和持续演进，由此助力企业高质量发展。其通过对海量数据进行高效采集与处理，基于数据进行信息整合提炼，从而形成有价值的知识，进一步推动更智能的认知和智慧决策，从而实现认知、预测和行动的三部曲。

数据、信息、知识、认知。一是数据作为这一链条的基础，通过物联网、云计算等技术手段进行采集，在算法处理后转化为有价值的信息，此时的数据不是简单的数据集合，而是能够揭示事物内在联系和趋势的动态信息流。二是信息经过深入提炼和分析，转化为可应用、可复制、可推广的知识，为生产生活决策提供支撑。三是知识结合人工智能技术，通过大量历史数据的学习，构建对未来进行预测的强大引擎，通过复杂算法对多维数据展开分析，帮助企业洞察市场趋势，制定前瞻性经营发展策略。四是走向数据驱动企业认知的阶段，生产、营销、售后服务等各环节均被数据深度渗透，自动化、智能化的认知体系形成，数据成为企业从认知到决策的核心要素。

认知、预测和行动。"认知"作为化解不确定性的逻辑起点，认识世界运行规律，企业需要在快速变化的环境中具备敏锐的洞察力，准确认知行业趋势、市场需求和技术变革方向。明确运行规律后，企业还要明确哪些工作是需要结果"预测"进行支撑，这不仅是对未来趋势的判断，还能帮助企业识别机会和挑战，提前做好规划和准备。"行动"是理清以怎样的具体技术、工具来解决相关问题，包含产品研发、市场拓展、技术创新等，结合自身优势设计出切实可行的解决方案。

## 5.2　企业数字化转型是时代发展趋势

### 5.2.1　国内外企业数字化转型政策

在历史的长河中，人类社会从农业时代逐步跨越至工业时代，再到如今的信息与智能时代，每一次社会形态的重大变迁都伴随着生产力的飞跃和生产关系的深刻调整。进入 21 世纪，新一轮科技革命和产业变革蓬勃发展，作为新兴生产力，大数据、云计算、区块链、人工智能等新一代信息技术冲击着人类社会的基本生产方式和组织形态。在这一背景下，数字化转型不仅是技术层面的革新，还是企业主动适应社会发展趋势、积极拥抱变革、寻求高质量发展的战略举措。数字化转型是全球经济增长的重要引擎，也是后疫情时代重塑全球价值链的变革性力量，已成为社会发展的必然趋势。各国政府纷纷推出数字化转型战略，意图在新一轮治理模式转型中占据引领地位。

#### 1. 美国企业数字化转型政策

美国的数字化发展主要集中在技术层面，聚焦在实用主义驱动下追求技术的深度创新。

（1）强化再工业化和数字化转型战略布局

自 2008 年国际金融危机以后，奥巴马政府先后颁布《重振美国制造业框架》和《美国制造业促进法案》，标志着美国开启新一轮"再工业化"进程。美国政府在 2012 年推出了"先进制造业国家战略计划"，之后在 2016 年出台《国家制造业创新网络计划年度报告与战略规划》，强调将信息与通信技术和制造业的基础与创新优势转化为美国本土制造能力和产品。

2017 年以后，特朗普启动"再工业化 2.0"，强化数字技术创新应用。美国也是全球最早布局数字化转型的国家之一，多年来持续关注新一代信息技术的发展及其影响，发布了一系列政策文件，加快推进数字技术与制造业融合发展。2018 年，《先进制造业美国领导力战略》发布，提出抓住智能制造系统未来、保持电子设计和制造领域领导地位、吸引和发展未来制造业劳动力等战略计划。2020 年 10 月，美国发布《关键与新兴技术国家战略》，旨在保持其在通信、数据科学等领域的领先地位。

拜登政府延续了对制造业发展和数字化转型的高度重视。2022 年 5 月，《2022制造业网络安全路线图》发布，提出美国制造业网络安全发展的广泛愿景和具体路线。2022 年 10 月，《先进制造业国家战略》发布，提出低成本改造生产过程、优化解决方案供给、打造数字化供应链、促进区域协同发展四大重点任务，旨在确保美国先进制造业的全球领导地位。

（2）健全标准和法律体系推动制造业数字化转型

2014 年，美国国会通过《振兴美国制造业和创新法案》，要求建立制造创新计划，巩固创新和技术的领导地位。2021 年，《两党基础设施法案》提出一系列基础设施建设计划，并加大政府投入，推动相关智能制造产业链向北美转移。2022 年，《通胀削减法案》提出，政府通过提供相应的资源和激励措施，促进先进制造业回流。此外，美国还发布了《芯片和科学法案》，旨在支持半导体行业和尖端科研领域的发展，进一步推动制造业的数字化转型，明确投资半导体基础设施和前沿科技研发，对促进芯片创新能力和加强先进制造业供应链起关键作用。

同时，美国政府通过积极参与国际标准制定和持续完善国内标准体系，强化了其在数字技术和智能制造领域的国际领先地位。在数字技术标准领域，美国积极参与国际标准的制定，推动形成了一系列以美国为核心的行业标准。例如，在物联网领域，美国的 EPCglobal 标准在国际上占据了主导地位。在电气电子工程师学会（IEEE）标准委员会中，有 67% 的成员是美国人；而在因特网工程任务组（IETF）中，有 56% 的工作组主席来自美国，这表明美国在标准制定过程中拥有较大的话语权。在智能制造标准体系方面，美国持续完善国内标准体系。美国依托工业互联网联盟（IIC）、国家标准及技术协会（NIST）等机构，在智能制造国际标准化活动中积极开展相关工作。2016 年 2 月，NIST 发布了一篇题为《智能制造系统先行标准体系》的报告，这份报告总结了未来美国智能制造系统将依赖的标准体系，这些标准横跨产品、生产和商业这 3 个制造生命周期的主要维度，为推行智能制造提供了重要支撑。

（3）加快数字化转型创新载体建设

在推进先进制造业、数字化转型方面，美国设立了国家制造业创新中心，专注于前沿技术的研发和应用，如大数据、人工智能等，以政府引导、企业主导、学校和科研机构协同方式，整合各类资源，推动先进制造业的发展，提升制造业的整体竞争力，实现了从基础研究到应用研究、生产推广的全链条创新。目前，美国已建成数字制造与设计、下一代电力电子制造、智能制造、先进机器人制造、先进纤维与纺织品制造等 14 个制造业创新中心。

近年来，美国通过多种财政支持措施加快制造业数字化转型的创新发展。一是财政资金直接支持。如拜登签署的《芯片和科学法案》在 5 年内为半导体研发和制造领域提供了 527 亿美元的支持。二是重点项目资金支持。美国国家标准及技术协会于 2020 年为先进制造业技术服务 / 工业 4.0 项目提供了约 800 万美元的资金支持。三是税收减免政策。从 2022 年 3 月 29 日至 2023 年 6 月 30 日，美国小型企业可以对每年最高 10 万美元的合格支出申请额外 20% 的税收减免，以支持其数字化运营。

（4）加强数字化工业人才教育储备

美国高度重视先进制造业人才教育体系革新，为制造业吸纳更多创新人才。一是加强以制造业数字化转型为重点的 STEM（科学、技术、工程和数学）

教育。美国政府建议通过扩大 STEM 教育和培训机会来满足多样化、多部门的人才需求，特别是鼓励不同背景的人参与其中，包括弱势群体。二是实施数字化转型前沿技术领域人才培养计划。美国政府围绕人工智能、先进制造、量子信息等前沿领域，系统性部署人才培养。例如，美国政府与私营部门合作，制定培养行业人才的学术课程，并鼓励数字资产公司与教育机构合作，开发适合其需求的课程。2022 年 10 月，美国国家科学基金会（NSF）宣布投资 3000 万美元启动新兴技术领域劳动力发展计划（ExLENT），旨在为先进制造、人工智能、生物技术、量子信息科学以及半导体和微电子学等新兴技术领域提供更多的实践学习机会。这一举措是为了培养更多具备新兴技术领域知识和技能的人才，以应对未来科技发展的需求。2024 年初，美国发布了《2024 年国家教育技术计划：缩小数字接入、设计与使用鸿沟的行动呼吁》，旨在解决教育领域的数字鸿沟问题，帮助美国社会实现全面的教育数字化转型。

**2. 我国企业数字化转型政策**

我国企业数字化转型政策涵盖了从中央到地方的多层次支持体系，旨在通过生态建设、产业建设、企业建设等多方面的努力，推动各类企业的数字化转型，从而促进数字经济与实体经济的深度融合。

（1）营造数字化转型生态，优化政策环境

在生态建设方面，我国通过优化政策环境，发挥"政府＋市场"的合力，加大对企业数字化转型的政策资金扶持力度，降低企业转型压力。中央层面，《中华人民共和国国民经济和社会发展第十四个五年规划和 2035 年远景目标纲要》明确提出，要打造数字经济新优势，加快数字社会建设步伐，提高数字政府建设水平，营造良好的数字生态。地方层面，各级政府通过专项资金支持企业数字化改造，如贵州省于 2022 年 4 月印发的《支持工业领域数字化转型的若干政策措施》明确指出，支持工业企业按照智能制造国家标准打造数字产线、无人车间、智能工厂、"灯塔工厂"，对符合条件的项目，给予不超过总投资 30%、最高不超过 1000 万元的补助，利用各类专项资金支持工业企业数字化转型。

（2）推进重点领域数字化转型，实现产业数字化

在产业建设方面，推进重点领域数字化转型，实现产业数字化。中央层面，2024年4月，国家发展和改革委员会办公厅、国家数据局综合司印发的《数字经济2024年工作要点》提出，深入推进产业数字化转型，深化制造业智改数转网联，大力推进重点领域数字化转型，营造数字化转型生态。2024年5月11日，国务院常务会议审议通过的《制造业数字化转型行动方案》提到，要根据制造业多样化、个性化需求，分行业、分领域挖掘典型场景，加快核心技术攻关和成果推广应用，强调了制造业数字化转型的重要性，并提出具体行动指南。地方层面，各级政府出台相关配套政策支撑产业数字化发展，如河南省于2023年9月印发的《支持重点产业链高端化智能化绿色化全链式改造提升若干政策措施》指出，要围绕推进新型工业化，实施制造业技术改造升级工程，加快制造业高端化、智能化、绿色化发展。

（3）加强战略统筹，促进国有企业和中小企业数字化转型

在国有企业数字化转型方面，2020年8月21日，国务院国有资产监督管理委员会发布了《关于加快推进国有企业数字化转型工作的通知》，旨在推动国有企业在数字经济时代提升创新能力，建设世界一流企业，构建以能力为主线的数字化转型战略布局和实施体系，加强数据、流程、组织和技术4要素的统筹和协同创新。

在中小企业数字化转型方面，近年来，中央出台了一系列政策文件支持中小企业的数字化转型，如《中小企业数字化赋能专项行动方案》和《中小企业数字化转型指南》等，部署财政资金支持、推广试点应用、完善配套服务等方面的具体措施。财政部、工业和信息化部联合印发《关于开展中小企业数字化转型城市试点工作的通知》，计划在2023—2025年分3批组织开展中小企业数字化转型城市试点工作。试点城市将获得中央财政的定额奖励，支持中小企业利用链主企业、龙头企业的平台能力和数据基础，实现订单、设计、生产、供应链等多方面协同，推动"链式"数字化转型，提升强链补链能力。工业和信息化部发布的《中小企业数字化转型指南》从增强企业转型能力、提升转型供

给水平、加大转型政策支持 3 方面提出了 14 条具体举措，助力中小企业科学高效推进数字化转型。

### 5.2.2 我国企业数字化转型的发展现状

我国企业数字化转型的浪潮已经由初期的互联网企业引领，逐渐扩散至更广泛的经济领域。这一转变标志着数字化不再仅仅是互联网企业的专属，而是成为各类企业共同追求的目标。数字化转型已经成为大势所趋，在全球竞争日益激烈的背景下，企业必须抓住这一重要机遇，加快步伐，推动新质生产力的发展。

**1. 企业数字化转型已呈现分水岭**

在全球经济环境动荡和产业链供应链不确定性加剧背景下，数字化转型是推进企业商业模式变革、提高效率和增强韧性的关键，也是探索新机会和创造新收入来源的有效手段。

在这场数字化转型的洪流中，参与的企业类型日益多样化。除互联网企业继续深化其数字化进程外，越来越多的实体企业也加入这一行列中来。这些实体企业来自能源、机械制造、家电制造等各个行业，使数字化转型呈现出参与主体多元化的特点。这些企业在数字化转型中积极探索，试图通过引入先进的信息技术来优化生产流程、提升管理效率、拓展市场渠道，从而在激烈的市场竞争中占据有利地位。

企业在数字化转型的进程和成效上呈现出明显的差异，出现了数字化转型的"分水岭"，"数字鸿沟"不断凸显。一方面，一些领先企业已经成功实现了数字化转型，其通过引入先进的技术和管理模式，实现了生产、管理、营销等各个环节的数字化和智能化。这些企业在提高运营效率、降低成本的同时，通过数据分析和挖掘获得了更多的商业机会和竞争优势。这些企业的数字化转型经验，为其他企业提供了宝贵的经验和参考。另一方面，还有许多企业在数字化转型方面进展缓慢，甚至还没有开始转型。这些企业往往面临着资金、技术、人才等多方面的挑战，难以跟上数字时代的步伐。同时，由于缺乏对数字化转型的深入理解和认识，这些企业往往难以找到适合自己的转型路径和策略。数字化转型进程的滞后导致这些企业在市场竞争中处于劣势地位，难以与领先企业抗衡。

"数字鸿沟"的凸显，不仅体现在企业之间，也体现在不同行业、不同地区之间。电气机械和器材制造企业通过数字化改造，实现生产线的自动化和智能化，提升产品质量和生产效率；通用设备制造业企业则借助互联网平台和大数据技术，深入了解消费者需求，推出更加符合市场趋势的新产品。这些实体企业在数字化转型中的积极探索和实践，不仅提升了自身竞争力，还为整个经济社会的数字化转型贡献了重要力量。

2022 年，工业和信息化部正式发布的《中小企业数字化水平评测指标（2022 年版）》从数字化基础、经营、管理、成效 4 个维度综合评估中小企业数字化发展水平，将企业数字化发展水平分为 4 个等级，从低到高分别为一级、二级、三级和四级。中国工业互联网研究院联合生态伙伴调研了企业的数字化转型情况，建立中小企业数字化转型评估模型，搭建中小企业数字化转型服务平台，支撑工业和信息化部优质中小企业梯度培育工作。目前，平台参评企业数量已超 22.6 万家，覆盖 31 个省（区、市）、93 个行业大类。平台为每家企业的数字化转型进行打分，分数越高，意味着数字化转型程度越高。

中小企业数字化转型服务平台通过对平台参评企业的评测结果进行分析，可以整体了解我国中小企业的数字化转型发展水平。不同行业数字化转型情况如图 5-1 所示，一些传统行业如金属制造业、电气机械和器材制造业等，数字化发展水平达到三级以上的企业较少，在数字化转型方面相对滞后，而一些新兴行业如软件和信息技术服务业等，则成为数字化转型的领跑者。

同时，不同地区之间的数字化发展水平也存在差异。一些发达地区如江苏、上海、浙江等东部沿海地区，数字化发展水平达到二级以上企业占该地区总参评企业的 80% 以上，企业数字化转型进程较快；而一些欠发达地区如青海、甘肃等中西部地区企业的数字化发展水平则相对滞后。全国各地区中参评企业数字化发展水平达到二级以上在本地区所有参评企业的占比情况如图 5-2

所示。

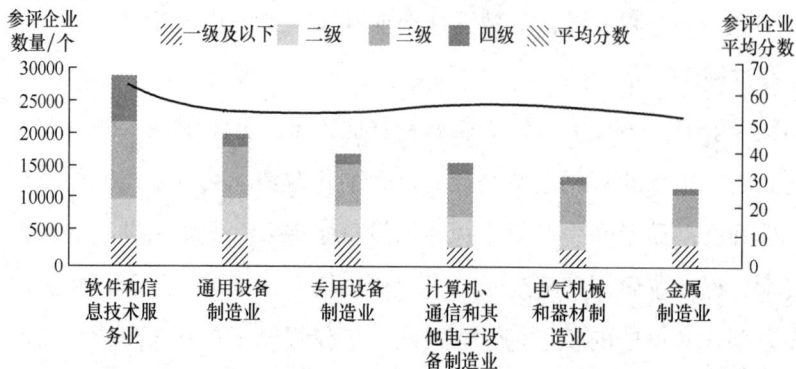

图 5-1  不同行业数字化转型情况

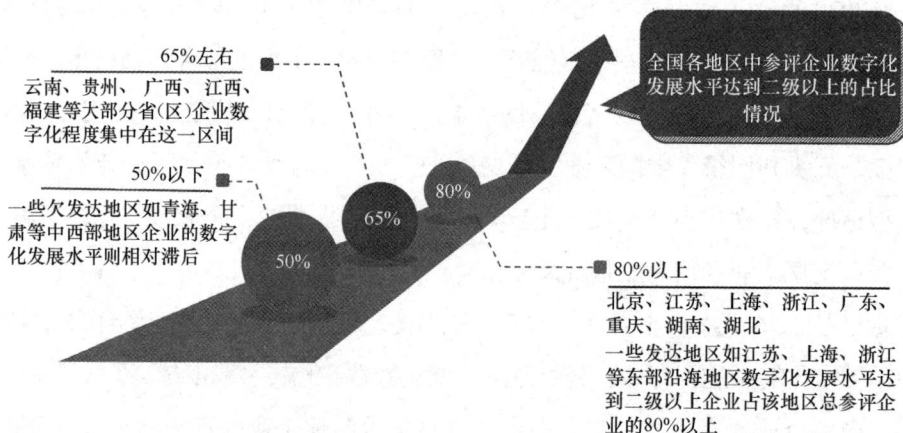

图 5-2   全国各地区中参评企业数字化发展水平达到二级以上在本地区所有参评企业的占比情况[1]

## 2. 领军企业大力推动数字化转型且成效显著

行业内的领军企业往往具有敏锐的市场洞察力和前瞻性的战略眼光。面对数字技术的迅猛发展，这些企业充分认识到数字技术的重要性，并大力推动数字化转型，取得了显著的成效。

一方面，领军企业深刻理解数字技术对于提升竞争力、优化业务流程、创新产品和服务等方面具有的巨大潜力，积极投入研发资金，引进先进的信息技

---

1  中小企业数字化转型服务平台中各省（区、市）参评企业数字化发展水平达到二级（局部优化阶段）以上在本地区所有参评企业的占比情况。

术和数字化解决方案，努力打造数字化、智能化的企业运营体系。通过数字化转型，领军企业实现了生产、管理、营销等各个环节的优化和协同，提高了企业的运营效率和市场响应速度。

另一方面，领军企业注重在数字化转型过程中的数据驱动和智能化决策。通过建立完善的数据收集、分析和应用体系，领军企业深入挖掘数据的价值，为企业的战略决策和业务运营提供有力支持。同时，领军企业还积极推动数字化技术在产品创新和服务升级中的应用，不断推出符合市场需求的新产品和新服务，满足消费者的多样化需求。

**3. 传统企业面临着比以往更加激烈的市场竞争**

随着全球化趋势的加强和数字技术的发展应用，越来越多的国际品牌和产品进入国内市场，进一步加剧了国内市场竞争的激烈程度。

在这种背景下，传统企业要想在市场中立足并取得成功，就必须进行数字化转型。传统企业通过引入数字技术和管理模式，优化生产流程、提升运营效率、创新产品和服务，以适应市场变化和满足消费者需求。当前，数字化转型已经成为企业发展的关键战略，涵盖了前述各个阶段的要素。然而，数字化转型并非一蹴而就的过程，数字化转型不仅仅关注技术的应用，还强调组织文化、人才培养、客户体验等方面的综合优化。数字技术不再是一个独立的工具，而是渗透到企业的方方面面，对整个组织产生深刻影响。企业需要重新审视现有的业务模式，并以数字化为核心，重新设计和构建全新的业务生态系统。

## 5.3 数字化转型赋能企业高质量发展的三大要素

数字技术本身并不能直接推动企业高质量发展，数字化转型也不仅仅是在企业部署一套数字化系统，只有正确的思想指引、聚焦的数字化战略才能充分发挥数字化技术的效用，从而赋能企业生产经营全生命周期各关键环节，逐步实现企业高质量发展。

数字化转型赋能企业高质量发展的三大要素为思想指引、业务转型和工具赋能，如图 5-3 所示。

第一要素为思想指引，强调企业以新型精益思想为指引实现高质量发展。新型精益思想对企业实现数字化转型的策略制定、方案实施、工具部署、评估改善起到引领作用。

第二要素为业务转型，指的是企业数字化转型核心在于推动业务的转型升级。业务转型是企业数字化转型的核心目标和检验对象，由新型精益思想提供路径指引，数字化工具提升实施效率，也通过业务场景的检验持续完善新型精益思想理论体系。

第三要素是工具赋能，指的是数字化作为新型生产工具赋能企业提升转型效率。工具赋能的面向对象是业务的转型升级，并和新型精益思想在服务业务的过程中相互促进、彼此融合才能共同创造业务价值。

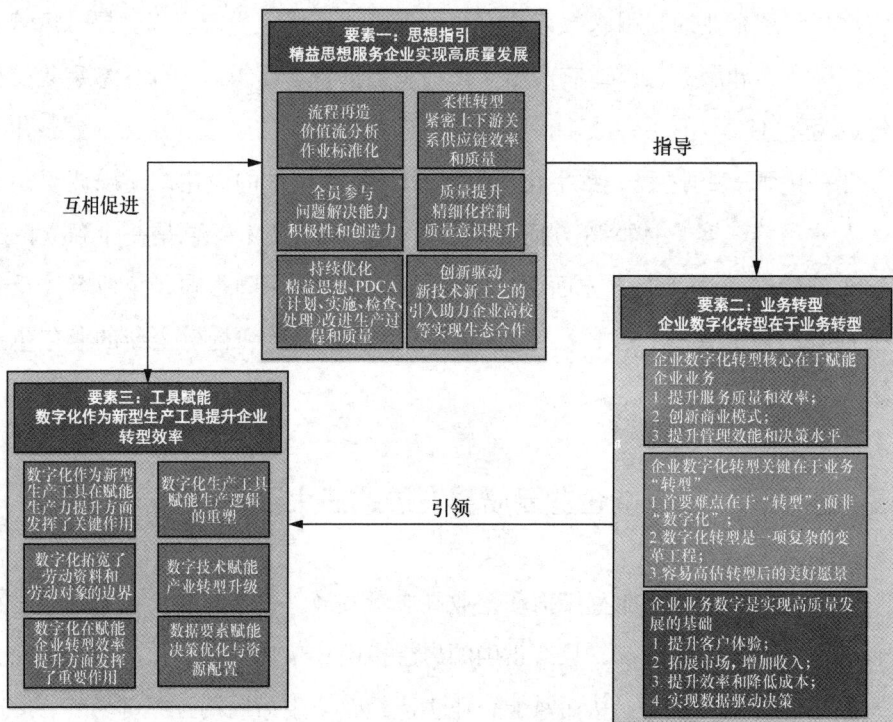

**图 5-3 数字化转型赋能企业高质量发展的三大要素**

### 5.3.1　要素一：思想指引

全球化和信息化浪潮给企业带来前所未有的竞争压力，企业必须不断寻求创新与突破，才能在竞争激烈的市场上脱颖而出，而打造新质生产力成为企业实现可持续发展的关键。在此过程中，新型精益思想以它的独特优势，为企业提供思路指导和标杆路径参考，帮助企业在竞争激烈的市场上获得优势。新型精益思想在企业发展过程中具有强大的支撑和引领效应，推动形成企业级新质生产力，这也是企业为适应当今快速变化的市场环境所必须具备的条件。新型精益思想赋能企业的六大要点如图 5-4 所示，这些要点不仅可以助力企业提高生产效率和产品质量，还能促进技术人才培养和组织文化的转变，进而促进企业的持续发展和竞争优势的确立。因此，推行以新型精益思想为基础的经营管理模式，对于企业的长远发展具有十分重要的意义。

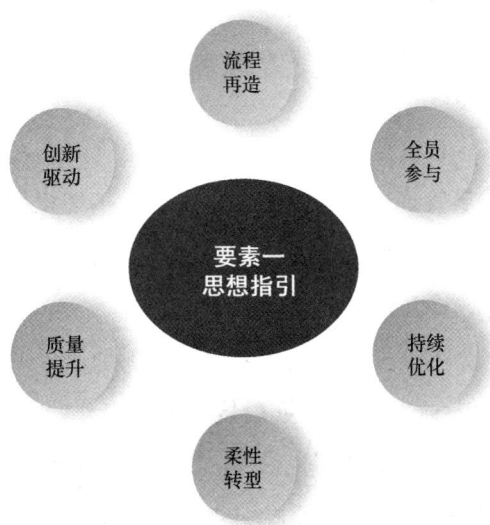

**图 5-4　新型精益思想赋能企业的六大要点**

一是流程再造。企业应当着眼于生产流程并对其进行深入分析，发掘生产流程中的浪费和不合理之处，并通过优化流程来提高生产效率和质量。例如，企业可以采用价值流分析、作业标准化等方法，优化生产流程，减少不必要的等待、搬运和库存等。

二是全员参与。新型精益思想强调员工的参与和团队合作，企业应该通过培养员工的问题解决能力和创新精神，激发员工的积极性和创造力。例如，企业可以开展员工有奖提案等活动，鼓励员工参与企业经营、管理、流程的改进和创新。

三是持续优化。新型精益思想强调持续改进，企业应该将持续改进作为企业文化的一部分，不断寻找改进的机会和方法。例如，企业可以采用PDCA（计划、实施、检查、处理）方法论、六西格玛等理论为指导，持续改进生产过程和产品质量。

四是柔性转型。新型精益思想强调消除浪费，企业应优化供应链流程，减少库存和浪费，可以采用JIT（准时生产）采购、VMI（供应商管理库存）等方式。此外，新型精益思想强调供应链的整体优化，企业应与上游供应商和下游客户建立紧密的合作关系，共同优化上下游供应链流程，提升供应链效率、质量和适应变化的能力。

五是质量提升。企业需要关注内部控制的质量管理，在新型精益思想指导下，通过引入精益质量管理理念，对生产过程进行精细化控制。同时，需要加强员工的质量意识培训，确保每个员工都能参与质量改进工作。这些措施能够降低产品不良率，有效提升客户满意度。

六是创新驱动。为不断提高产品技术含量及附加值，需要增强企业核心竞争力，企业有必要加大研发投入并重视技术创新工作。企业应通过引入新技术、新工艺等途径，促进产品根据市场需求及时更新换代。另外，企业要加大与大学、研究院等科研单位的合作力度，以共同促进技术攻关，带动产业升级。

从以上分析可见，新型精益思想在企业创造新质生产力过程中的地位举足轻重，它随着生产流程改进、产品质量提升、创新能力增强，能够推动企业不断提高生产力和市场竞争力，从而达到可持续发展的目的。但实施新型精益思想不是一朝一夕就能完成的，它需要企业一以贯之，而且随着科技进步和市场环境改变，企业必须继续深化对新型精益思想的认识和运用，不断探索新的实践路径和方法，以有效应对挑战和把握机遇。

**案例5-1** 新型精益思想能为企业业务转型提供关键指引

某大型混改企业营销数字化改善项目的合同规定，现状调研 1.5 个月，系统完善开发 3.5 个月，合计 5 个月。但项目实施半个月后，实施团队出于服务好客户，助其成功的考虑，与甲方重新讨论合同，并两次向甲方负责项目的最高领导汇报，最终双方达成一致，合同修改为：现状调研诊断为 4.5 个月，系统完善开发 2.5 个月，整个周期从 5 个月延长至 7 个月。

实施团队项目经理在向甲方最高领导汇报时，陈述的理由和后续计划主要包含以下 3 点。

第一点，现有客户关系管理（CRM）系统已运行 8 年有余，每半年、一年都会对功能进行优化升级，相应供应商也在同一地区。在这样的背景下，该企业仍然启动营销数字化改善项目，原因在于该系统的用户满意度很低，截至实施团队入场调研，尚有系统问题并未解决。经研究，这些系统问题的 95% 都需要业务团队协同解决，如果业务团队对于工作流程没通过新型精益思想核心要素的"全员参与"并达成一致，系统"持续优化"更无从谈起。

第二点，实施团队在本质上面临了业务挑战，经过半个月的调查研究发现以下几个问题。首先，客户数据在系统中难以被有效利用，而销售绩效评估却需要依赖于客户拓展和销售贡献数据；其次，业务部门新增了商机预测准确率和商机转化率的考核指标，但系统缺乏明确定义商机的标准，也缺乏真实的商机数据支持，这给考核带来了困难；再次，公司已决定调整激励机制以应对市场销售下滑，计划推行销售自主经营制度，但这一举措的具体实施和自主经营体制的模型、规范都在企业内部掀起较大争议，需要结合新型精益思想核心要素的"柔性转型"进行全业务生命周期的"流程再造"，否则难以启动相应系统开发立项工作。

第三点，实施团队判断该项目涉及业务变革领域，必须进行深入细致的现状调研、根本原因探究、相关利益群体得失情况分析，否则，制定的方案可能会失败，这些工作不可能在短短 1.5 个月内完成。因此，实施团队向集团领导汇报，该项目的范围已经从 CRM 系统改进，扩展到市场分析、客户了解、商机转化、服务改进、风险管理、经销商管理以及销售自主经营体制的管理变革和新一代信息技术的"创新驱动"，这些变革需要新型精益思想核心要素的"质量提升"的业务操作模板和系统开发模板，实现"流程再造"。因此，现状调研的时间需要延长，实施团队需要调研数字化工具以外的营销业务，以确保优化后的 CRM 系统能够对业务指标达成形成助力。

**案例总结：**

在推进数字化转型之前的设计阶段，企业需要明确转型的方向和目标。案例中的大型混改企业在营销数字化改善项目中，鉴于现有 CRM 系统的低用户满意度及业务挑战，实施团队主动申请了合同调整，将现状调研时间从 1.5 个月延长至 4.5 个月。这一举措凸显了对现有业务流程深入分析的重要性，确保企业只有在新型精益思想"全员参与、持续优化、柔性转型、质量提升、创新驱动、流程再造"指引下，数字化转型才能有效地支持企业的业务目标。实施团队的这一做法证明，在数字化转型过程中，深入分析现有业务流程是至关重要的，它有助于确保数字化转型能够与企业的业务目标和中长期战略相匹配，从而实现真正的业务价值。

### 5.3.2  要素二：业务转型

在数字化时代，企业数字化转型已经成为促进企业业务转型升级的重要切入点。所谓企业数字化转型，并不是简单地把传统业务模式进行线上化，而是以重新构造业务流程、优化管理模式、提升服务质量和效率为目的，运用数字技术助力企业适应快速变化的市场和满足消费者需求，进而提升企业的竞争能力和市场份额，达到可持续发展的目标。因此，企业业务转型升级是推动数字化转型、实现高质量发展的依托和前提。

**1. 企业数字化转型核心在于赋能企业业务**

推动企业在产品和服务质量、生产效率等方面得到提升是企业数字化转型的核心。数字化技术促进企业的业务流程得以线上化、自动化，在提高效率、降低成本、缩短交付周期的同时，能够更好地满足客户需求。例如，采用物联网技术对设备进行远程操控和监控能够促进安全保障、生产效率和设备利用率的提升，如图 5-5 所示，企业利用柔性无线焊枪数控远程操控技术为焊枪减掉"辫子"，减少停机换线频次，节约成本，保障全年生产时长。这些都是企业数字化转型在提升产品服务质量和生产效率上的具体实践。因此，数字化转型推动企业以更高效的方式满足市场需求和实现自身发展，是实现企业业务转型升级的重要途径。

**图 5-5　采用物联网技术对设备进行远程操控和监控**

企业数字化转型的精髓是创造新的商业模式和业务运转机制，数字化技术带来的变化正在深刻影响着企业的经营方式。随着数字化技术的发展以及技术和业务的融合，企业能够突破原有的行业壁垒，开拓新业务领域，扩大市场空间，挖掘到更多发展机会。以分享经济模式的兴起为例，数字化平台提供基础共享资源，"分享"模式提高了资源利用率，创造新的商业机会。电子商务的迅猛发展是一样的道理，数字化技术也在推动着传统零售业态的变革，不断提升消费者购物体验。

驱动企业管理效能与业务决策水平得到提升是企业数字化转型的核心。数字化技术能够对信息进行实时采集与分析，提高管理决策的科学性与精确性。例如，企业运用数据驱动的管理手段，能够对所收集的数据进行智能化的分析和预测，及时调整战略方向以降低经营风险，并促进企业竞争力的提升。企业采用 AI 技术进行智能化的数据分析与预测，在提高企业决策精准性上能够起到重要作用。

### 案例5-2 赋能企业业务是衡量数字化项目成功的关键标准

某大型民营企业上线智能制造执行系统（MES）的实施落地项目，从现状调研到系统上线历时 8 个月，在系统试运行 3 个月后的项目移交会上，企业董事长指出："这个项目是数字化转型攻坚的第一个项目，我们投入了 850 万元，项目确实使以前看不到的数据变得可见，但我所期待的项目三大目标——降本、提质、增效——一个也没看到，它们没有得到明显改善。"

从项目落地的层面来看，这个项目是成功的，但从服务客户业务发展的角度来看，这个项目却是失败的。企业对该项目进行复盘，发现问题在很大程度上出在项目现状调研阶段，是现状调研阶段"埋的雷"导致系统最终结果的"引爆"。

#### a. 数据采集阶段并未深究指标价值

采集的数据主要以甲方业务人员描述的问题为准，以采集球磨机的数据为例，采集球磨机上哪些点位的数据，是主电机、粉仓还是球磨布袋，具体要采集哪些参数，是风压、温度、质量还是功率，这些数据的采集有什么意义，服务了哪一项业务指标。由于进度计划中安排的现状调研时间极其有限，实施团队并未就"为什么要采集这些数据""采集这些数据到底要让 MES 解决什么业务问题"等进行深入思考和分析。

#### b. 实施团队为保证开发进度避开啃"硬骨头"

实施团队根据该公司 MES 产品功能的有无来判定需要收集哪些数据，而非对收集这些数据能够给企业带来更多价值方面进行考虑。实施团队在实施进度的压力下，认为企业现有系统没有相应功能，重新开发费时费力，因此，在现状调研阶段就去掉相应数据收集的功能模块，如系统控制性数据，控制功能需要赋予系统清晰的控制逻辑，而控制逻辑是和业务深度绑定的，需要花大量时间深度调研甲方的业务，且需要通过多个部门的协同努力才能实现。

#### c. 在企业部署数字化系统时，需要和业务问题紧密结合

判断企业使用的系统具有哪些功能，其逻辑包含 3 层，首先确定这些进入系统的功能能够解决什么问题，其次判断这个问题的解决是否有助于某个企业能力的提升，最后判定这个企业能力提升是否有助于企业某个经营指标的改善。实施团队需要充分理解这个系统功能开发的基本法则，然而，并非每个软件公司都有这样的知识积累、顾问培训及质量保障机制，在现状调研时间紧迫的现状下，对于后续系统开发的"挖坑"就不可避免了。

#### d. 案例总结

在推进数字化转型前的规划阶段，企业必须确保数字化转型能够与企业的业务目标相匹配。案例中的大型民营企业实施 MES 项目虽实现了数据可视化，但未能显著提升企业的降本、提质、增效目标。项目复盘显示，问题源于现状调研阶段未深入探讨数据指标的价值，以及实施顾问为保证进度而回避了复杂的数据收集需求。这说明企业在部署数字化系统时，必须紧密围绕业务问题进行，确保每一项功能开发都能直接服务于企业能力的提升和经营指标的改善，从而确保数字化转型的成功。

### 2. 企业数字化转型关键在于业务"转型"

数字化转型的首要难点在于"转型"，而非"数字化"。数字化只是手段，转型才是目的。数字化解决了生产工具的更新换代问题，但转型却要求生产关系能重新达成共识，这种共识的达成往往比技术的更新换代要困难得多。生产

关系的调整会涉及企业内部各个层面利益的重新分配，这需要高层领导花大定力、大韧性、大胸怀去决策，更需要全体职工协同配合、积极作为。

数字化转型是一项复杂的变革工程，如图 5-6 所示，这与移动冰山有异曲同工之妙。人们很容易关注冰山露出冰面的部分，即数字化技术的变革，但冰山沉在冰面下的部分，即企业内部与上下游伙伴之间的生产协作及利益交易，在转型过程中却显得尤为关键且颇具挑战性。要想成功地进行数字化转型，企业必须对冰山沉在冰面下的部分给予足够的重视和调整，否则整个转型过程可能以分崩离析而告终。

**图 5-6　数字化转型是一项复杂变革工程**

然而，许多企业在数字化转型过程中遭遇了失败，其中一个重要的原因就是变革主导者往往高估了转型后的美好愿景，而低估了那些被动了"奶酪"的群体所形成的巨大阻力。利益既得者不支持变革，新的权责利分配机制没有达成共识，这些都是阻碍转型的关键因素。因此，数字化转型的成功，不仅依赖于技术的先进性，还依赖于企业内部的协作和共识。

**案例5-3** **清晰的业务转型方案是启动数字化项目的前提**

某咨询公司承接了一个上亿元预算的数字化转型规划项目，包括营销创新数字化平台、智能制造示范工厂、研发与新品上市端到端打通、质量端到端打通、业财一体化等。

合同确定现状调研时间为 2 个月，实施团队如期汇报却以失败而告终，延期 1.5 个月的第二次汇报依旧失败，甲方的意见主要在以下 4 点。

第一，实施团队虽然罗列了超过 300 个问题，但这些绝大部分是甲方已知的，实施团队并未诊断出问题背后的深层次原因。

第二，当前信息化系统的问题如何在数字化转型规划中解决的思路不清晰，也没有和业务结合的清晰思路。

第三，规划方案不够落地，如实施团队提出的新品上市问题，是由于跨组织协同不足，但并未对"协同问题"做好定义，更未明确哪些部门协同出了问题，为何会出现这些问题、怎么解决这些问题。

第四，相应方案仅仅根据实施团队负责人的个人经验，缺乏足够的理论基础和方法论进行支撑。

**案例总结：**

在推进数字化转型前，外部咨询公司在承接上亿元预算的数字化转型项目时，因未能深入分析问题根源、明确解决问题的思路以及提供切实可行的方案，导致汇报未能通过。甲方指出实施团队仅罗列已知问题而未揭示深层次原因，规划方案缺乏理论基础和支持，且未与业务紧密结合。如果在业务流程、信息化价值、规划方案不清晰、不落地的状态下直接实施，会增加执行中出现不可控风险的概率，导致人力、资金的投入得不到保障，企业从而错过转型的战略机遇期。这强调了在数字化转型前深入分析现有业务流程的重要性，以确保转型方向与企业业务目标相匹配，从而降低执行过程中的不确定性，保障转型成功。

### 3. 企业业务数字化是实现高质量发展的基础

企业业务数字化已经成为企业发展的必由之路，对企业的长期发展和竞争力提升起着至关重要的作用。我们通过对实际案例的分析，可以更加深入地理解企业业务数字化对高质量发展的重要价值。

以瑞典利乐公司为例，这家企业已经成功进行了全面的商业数字化改造。利乐公司为购买其灌装设备的客户提供分期付款的选择，并为负责项目规划、技术支持和质量控制的客户生产设施派遣专业的服务团队进驻。这种售中服务模式让客户体验得到提升，也增加了客户对利乐品牌的忠诚度。此外，利乐公司仅通过识别带有其专属编码的包装材料，保证其与客户之间的长期合作关系，这一案例在优化客户服务体验、提升企业回报等方面，有力地证明了商业业务数字化的显著价值。

三一重工是在挖掘机领域进行业务数字化革新实践的另一个典型案例。除传统的售后服务外，三一重工加大了对挖掘机操作的数字化改造和 5G 远程遥控技术应用力度，借助数字化技术成功推出多种商业模式，包括租赁替代销售、主动配件销售和二手设备回购等，从而在市场份额和市场竞争力上获得提升。三一重工的案例充分表明企业业务数字化在市场拓展和增收增效方面发挥了关键作用。

上述两个案例充分阐明了企业业务数字化的重要意义。企业业务数字化借助数字化技术提供定制化高效便捷的服务，推动客户体验得到提升，进而增加客户对品牌的忠诚度；企业业务数字化有助于市场拓展与收入增长，通过数字化营销渠道和销售策略实现业务规模的快速扩张；企业业务数字化可有效提高运营效率并降低成本，利用数字化流程管理与自动化系统，促进企业内部运作流程的持续优化；企业业务数字化可以实现基于数据的决策制定，通过对数据的深入分析，使决策更为精准。

### 5.3.3　要素三：工具赋能

数字化作为新型生产工具，已成为赋能企业转型、效率提升的重要手段。随着全球经济格局的深刻变化和数字技术的飞速发展，工具赋能使传统生产方式发生六大转变，如图 5-7 所示。

**数字化作为新型生产工具在赋能生产力提升方面发挥了关键作用。**数字技术的广泛应用，改变了传统的生产模式，达到降本增效的目的。数字化在催生新业态、新模式的同时，也对经济结构、增长方式进行了重塑，企业通过数据分析可以洞察市场需求、创新产品和服务、优化资源配置，进而实现价值最大化，数据已逐步成为关键生产要素。数字化作为新型生产工具，进一步解放了劳动者，削弱了自然条件对生产活动的限制，极大拓展了生产空间，为新质生产力的形成提供了物质条件，数据已成为区分新质生产力和传统生产力的关键，是新型生产力的核心驱动力，这是新一代数字技术带来的智能、高效、低碳和安全的生产工具。

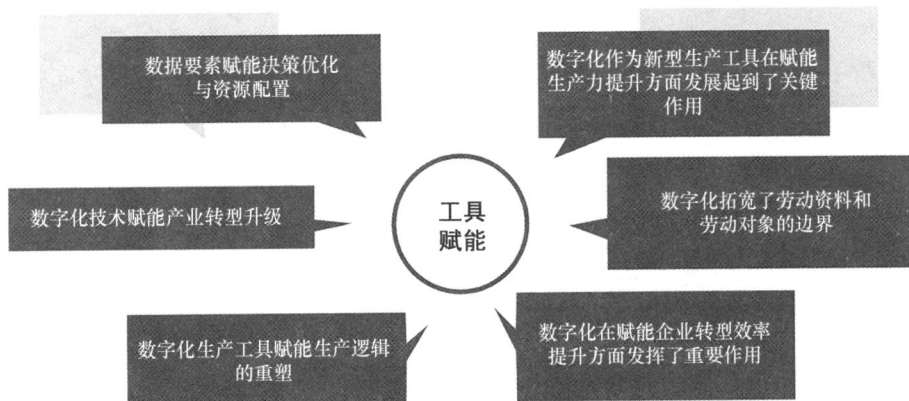

图 5-7　工具赋能使传统生产方式发生六大转变

**数字化拓宽了劳动资料和劳动对象的边界**。数字化的劳动资料呈现出智能化的特征，将人更大程度地从机械性工作中解放出来，为人类提供了更高的自由度。数字化的劳动对象范围大大拓展：一方面，人类对自然界资源的探索边界大大拓展，获得物质资料的空间范围更广阔了；另一方面，数据要素等数字化的新型物质资料丰富了劳动对象的品类。

**数字化在赋能企业转型效率提升方面发挥了重要作用**。数字化的生产工具和劳动资料具有智能、高效、低碳、安全的特征，加速了知识与技术的创新迭代，推动经济实现包容性绿色增长。数字化的劳动对象扩大了生产范围，为经济转型提供了更广阔的空间。数字化技术的不断发展和应用，使企业转型过程更加高效、可持续，并且能够应对各种挑战和变化，提升了企业的竞争力。

**数字化生产工具赋能生产逻辑的重塑**。生产工具在数字化技术的大量应用上有了质的飞跃，传统的生产工具大多属于机械和电气技术领域，而数字化生产工具则是以信息技术为核心，将大数据、物联网、云计算等各种技术手段融合在一起。这些新的生产工具具有高效率和高精准性的优点，而且在生产过程中可以实现智能化和自动化，从而赋能数字化生产工具实现生产逻辑的重塑，使生产过程变得更具弹性和富有效率。企业通过引进数字化技术，提高生产效率和产品质量，还可以实现运营实时监控和生产流程逐步优化。此外，数字化生产工具也可以灵活调整，实现生产的柔性化，满足个性化、多元化的市场需求。

**数字化技术赋能产业转型升级。**数字化技术的广泛运用，除了在催生新型生产工具方面发挥了关键作用，还对产业的转型升级推波助澜。数字化技术使传统产业得以焕发生机与活力，使新兴产业得以迅速发展壮大。在制造业领域，数字化技术的应用使生产过程更加智能化、自动化，提高了生产效率和产品质量。同时，数字化技术又促进了制造业向服务化和网络化方向转型，实现制造业与服务业的深度融合。数字化技术也使服务业能够提供更加便捷高效的新型服务体验，进而满足消费者的多元化需求，助力服务业的转型升级。此外，数字化技术也促进了服务业的创新发展，催生出很多新的业态和新的商业模式，降低了企业运营成本，促进了产业升级，加快了区域经济的转型发展。

**数据要素赋能决策优化与资源配置。**数字化转型的另一核心在于数据的收集和处理应用，数据是数字化时代的关键要素。首先，数据驱动的决策优化能够使企业更准确把握市场和消费者需求，从而制定出更加科学合理的经营策略，这是基于海量数据的价值挖掘才能分析得出的。其次，数据驱动资源配置的手段，能够助力企业更加高效地利用资源，从而达到对成本的有效控制，企业通过数据分析能够得出各种资源的投入产出比，从而对资源进行最优化的配置，提高资源利用的效率。这不仅有助于降低企业的运营成本，还能提高企业的市场竞争力。通过数据分析，企业可以发现资源利用效率低的原因，结合新型精益思想，采取相应的措施进行改进。

**案例5-4** 数字化工具赋能产业链上下游加速转型

数字化工具通过"生产—销售—消费"全链条协同优化赋能制造业转型，其内在驱动力源自下游领域及消费市场的数字化进程。下游领域劳动工具线上化与数据化水平的提升，对制造业上游劳动资料、劳动对象的倒逼效应日益显著，加速了全产业链生产逻辑的重塑，赋能全产业链的转型升级。

2023年，数字化阅读方式的接触率为80.3%，引领了"印刷出版"等生产环节的深刻变革，数字出版与网络发行蔚然成风。艾瑞咨询报告显示，纺织服装行业在2022年，服装鞋帽针纺织品的网上零售额占比达22.6%，此趋势对上游制造端形成了强大的转型推力，促成了服装制造企业内部柔性生产线的广泛部署，生产周期得以缩短，生产工艺与设备亦随之迭代更新。

对众多服务于B端客户的工业企业而言，数字化转型的实践更多的是着眼于供应链协同优化，其根本动力仍然来自下游客户需求的变化，如智能装备和智能产品的兴起，以及通过内置传感器实现产品数据的云端回传等创新之举，这些都反映出市场对数据共享与分析应用的迫切要求。因此，唯有下游客户表现出明确的智能化、数据化解决方案需求和开放态度，才能有效激发制造企业向数字化转型的内生动力和实践热潮，从而促进中小微企业的高质量发展。从这一点看，无论是对数字化改造的投入力度还是对数字化技术的掌握运用，都需要在满足市场需求的基础上，针对企业自身特点有的放矢地开展。只有如此，才能使数字化改造真正从理念向实践转变。

**案例总结：**

本案例以出版行业和纺织服装行业为例，说明数字化渗透率的提升推动了上游生产逻辑的深刻变革和重塑，如柔性生产线的部署和生产工艺的迭代，拓宽了劳动资料和劳动对象的边界，提升了劳动效率，满足下游客户对智能化、数据化解决方案的需求。

## 5.4　数字化转型赋能企业高质量发展的四大步骤

数字化转型已成为当前企业迈向高质量发展的重要推手，在业务转型、思想指引、工具赋能三大要素的认知基础上，其实现路径涵盖业务分解重构、人岗组织完善、数字工具赋能、闭环持续改善四大关键步骤。"业务分解重构"旨在对现有业务流程进行精细化拆解与重组，以此促进企业内部资源的有效整合与优化配置；"人岗组织完善"是构建更为科学合理的组织架构与岗位职责体系，实现人才与岗位的最佳匹配；"数字工具赋能"是利用云计算、区块链、人工智能等现代信息技术手段，对企业经营活动进行全面支持，通过大数据分析与智能决策支持系统，为企业提供精准的信息支撑与决策依据；"闭环持续改善"是指在企业运营过程中，明确业务战略目标，通过数字化工具的赋能，持续提升企业核心竞争力，加速达成业务目标。

### 5.4.1　数字化转型实施的四大步骤

数字化转型实施路径的四大步骤包括业务分解重构、人岗组织完善、数字工具赋能、闭环持续改善，如图 5-8 所示，这四个步骤共同构成了企业实现数字化转型的关键路径，体现了"道、法、术、器"思想框架中的"术"与"器"的深刻内涵，对于推动企业实现高质量发展具有重要意义。

第一步，业务分解重构。企业需要对业务流程执行自上而下地逐级分解，直到可量化评估和管理的环节，为重构业务流程、实现精细化管理和高效运营奠定基础。从核心能力和业务流程两个维度出发，再逐级汇总，自下而上搭建适应数字时代企业发展的新型业务架构。

第二步，人岗组织完善。企业需要匹配符合新型业务架构的合理人岗与组织，强调"组织""岗位""人员"在企业新流程中发挥关键作用。企业通过优化岗位协同机制，完善人员组织架构，开展满足数字化系统部署要求的人岗资源培训，在新型精益思想的指导下，夯实数字化改造基础。

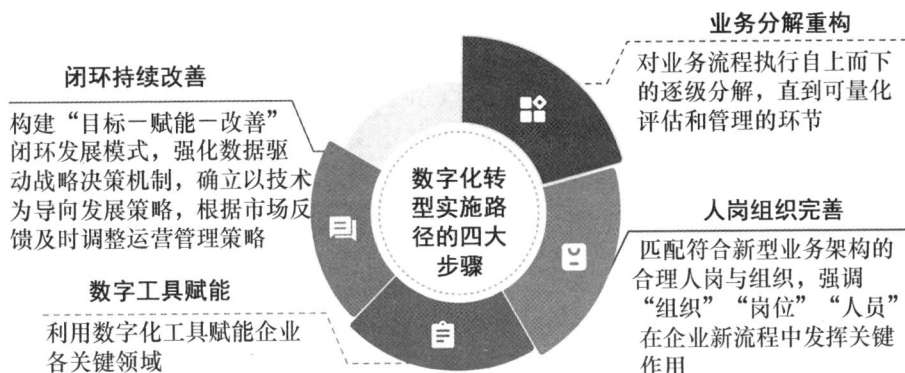

**图 5-8　数字化转型实施路径的四大步骤**

第三步，数字工具赋能。利用数字化工具赋能企业各关键领域，涵盖智能用户需求分析、销售智能化、互联网制造执行、工厂智能化、智能物流与服务、工业大数据应用等多个领域，旨在通过系统集成与数据驱动，打通企业内外部信息链，加速高质量发展目标的实现。

第四步，闭环持续改善。企业通过制定契合数字化时代发展趋势的战略目标，强化数据驱动战略决策机制，发挥数字化工具的放大、赋能、提升效应，确立以技术为导向的发展策略，实现生产方式的转型升级，全面提升企业核心竞争力，持续优化以客户为中心的服务体系，深化客户关系管理，根据市场反馈及时调整运营管理策略，构建"目标 – 赋能 – 改善"的闭环持续改善发展模式。

## 5.4.2　第一步：业务分解重构

### 1. 从企业核心能力维度"分解"

数字化转型需要对企业业务流程进行逐级分解，从而进一步明确企业核心业务能力的薄弱环节。将企业核心业务结构进行逐级细化，从业务板块、业务模块单元、业务组件群、业务组件，直到挖掘到可量化处理的最底端层级，这个层级被命名为基因级。对各层级进行深入剖析，可以精准定位业务流程中存在的断点、堵点和卡点，从而采取有效的协同改善措施，从根本上提升企业核心竞争能力。

若要判断一家企业的产销协同运营机制是否具备竞争力，必须通过分解，深入分析其具体构成。如同人体内血液的畅通流动才能使各个器官正常运行一样，而企业的"血液"就是产销协同运营机制。图 5-9 展示了××冰箱生产企业的基因级诊断分析实例。从中可知，企业核心业务结构被分解为 6 个层级，分别为组织系统级、器官级、器官单元级、细胞级、细胞核级、基因级。

图 5-9　基因级诊断分析实例

构成第 1 层组织系统级产销协同运营机制竞争力的，在第二层器官级有 5 个维度，即产销协同运营、销售营销保障、产品竞争力保障、供应链保障、工厂竞争力保障。

如果对第 2 层器官级中的"供应链保障"进行深挖，则在第三层器官单元级有 11 个方面可决定供应链保障水平。

如果对第 3 层器官单元级中的"质量保障"再进行深挖，则在第四层细胞级又有 11 个方面可影响质量保障水平。

如果以第 4 层细胞级中的"月滚动计划质量评审：跳闸与整改"为例再进行深挖，则在第五层细胞核级还有 4 个方面可对其产生影响。

如果对第 5 层细胞核级中的"月滚动计划质量评审用质量跳闸数据"再进

行深挖，可以挖掘到第六层基因级，有 6 类质量跳闸数据可能影响月滚动计划质量评审。

直到基因级才能看到可量化的指标项，如跳闸线为 4.5%。

只有对企业业务流程分解到基因级且指标可量化时，才能对其开展问题发掘、根因分析、方案改善等相关工作，助力该项能力的提升。然后，逐级往上汇总，才能实现产销协同能力的提升。因此，只有对企业核心能力的诊断到达基因级，方能真正挖掘出企业经营得"好"或者"不好"的根本原因，并且制定相应的改善方案，让企业科学、可持续高质量发展成为可能。

**2. 从企业业务流程维度"分解"**

从企业整体进行分析，企业的业务模式可以解构为产品管理、供应链管理和营销管理 3 个宏观维度，即理想状态是企业将最具有竞争力的产品，通过最具有效率的供应链体系，提供给最精准的客户。假如仅仅对企业提出"这 3 个维度做得不足"的判断，企业是不知道如何进行提升的。因此这样的判断对企业来说是没有任何价值的。

此时，按照业务流程向下细分，可根据企业经营生命周期分为 9 个中观维度，分别为战略目标落地论证、营销与销售、产品研发与产品生命周期管理 / 软件产品研发、数字化制造、采购与供应商管理、供应链产销协同、项目实施管理 / 工程项目实施管理、组织与人才发展、数字化建设。

然而，从中观维度进行分析，还是不足以定位根本问题，需要继续研究拆解，进入低阶流程甚至"基因"层级。例如，把营销与销售能力具象化到客户拜访管理时，企业是否对上传打卡记录和图片的时间限制进行了量化的管理要求。直到这个可以量化并且和企业管理流程相挂钩的层级，才有可能帮助企业真正能去落实和改变相应的流程，指导企业如何规划信息化功能。

**3. 重塑适应企业发展的业务流程**

企业运营的核心业务流程通常通过客户需求、订单管理、开发设计、制造、物流配送、销售到客户价值实现等步骤串联形成，如图 5-10 所示。在企业实际经营中，还需要考虑业务流程应从商机和价值入手、必须实现端到端的闭环、其关键绩效指标的制定应有层次水平区分以及业务能力的改善关键在于业务规则的梳理和构建 4 个方面。

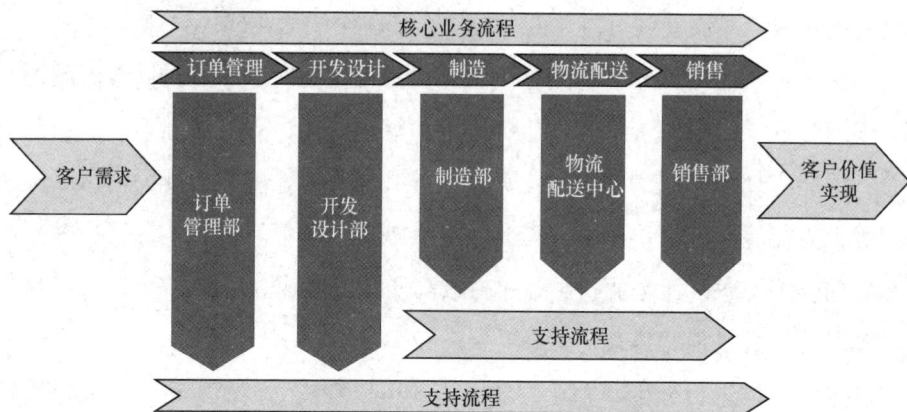

图 5-10　企业运营的核心业务流程示意

**第一方面**，业务流程应从商机和价值入手。以商机管理中的商机预测为例，企业需要从以下 3 个方面进行着手分析：一是具备多维度、深层次、细颗粒度的市场洞察能力；二是具备客户分级分类的洞察能力；三是具备有效的市场营销能力，提升获取潜在客户线索的概率。就每个业务流程的关键价值点而言，以市场洞察业务分析为例，市场洞察业务分析主要包括对商机来源的深入分析、对市场及客户真实性的准确评估和评估其作为企业产品策划的有效依据。

**第二方面**，业务流程必须实现端到端的闭环。可以按照产销协同决策流转顺序实现垂直型业务闭环，即市场深度分析、销售分析、渠道分析、订单分析、产品对阵分析、产品上下市分析、供应链保障分析 7 个组件。也可以按照项目管理顺序实现横向型业务闭环，即通过目标、指标、数据、规则、业务活动、业务能力实现闭环，实现项目、业务、组织、个人等关键绩效指标的闭环。

**第三方面**，业务流程关键绩效指标的制定应有层次水平区分。第一层是企业标出关键绩效指标有哪些；第二层是企业标出关键绩效指标的定义说明和计算公式；第三层是明确关键绩效指标的取数逻辑；第四层是公开对同行进行对标，明确自身竞争能力；第五层是分析关键绩效指标背后的业务能力改善体系，即通过怎样的能力建设才能够做得更好；第六层是关键绩效指标的量化，如当前库存周转天数为 35 天，对标标杆企业的 14 天，可以明确有 21 天的提升空间。

**第四方面，业务能力的改善关键在于业务规则的梳理和构建。**清晰的业务规则能够保障业务价值流在数字化工具的加持下顺利落地。例如，同样使用 SAP/ERP 系统，有的企业能产生巨大价值，有的则几乎没有产生价值，原因就在于业务规则是否融入系统运营，系统是否对业务具有控制点、预警点和闸口。

**案例5-5** **通过数字化打通企业内部业务节点实现企业稳健转型**

一位担任年营收规模 60 亿元的企业董事长在数字化领域的行事风格，展现出其对深度业务目标的认知。他通过业务目标分解、业务逻辑重构，再稳健务实推进企业内部各业务节点实现数字化转型。

正是基于董事长的这种行事风格，这家企业在长达 15 年的信息化进程中，始终保持着稳健务实的步伐。其核心 ERP 系统基本采用自主研发的方式，根据市场变化和业务发展要求制定相应目标，并将其细分到可量化层级进行优化和完善，再进行业务重组和数字化技术的匹配升级。经过 15 年的精心打磨，该系统已经从传统 ERP 系统跨越到除进销存之外的生产、研发等，实现了系统与业务的全面融合与深度绑定，如图 5-11 所示，数字化系统能够反映业务实时进展。这一实践不仅彰显了企业紧跟数字时代步伐，还反映出业务转型和数字化之间的关系，其通过构建灵活的业务分解和重构机制，为后续的部署奠定了坚实的基础。

图 5-11　数字化系统能够反映业务实时进展

在数字化转型日益深入之际，企业应根据自身的具体业务和实际发展情况制定关键绩效指标，并将其分解到可量化层级，为每个业务关键绩效指标寻找支撑改善工作点，然后通过流程再造，并匹配新一代信息技术，对各个核心业务系统进行定制化开发。在整个开发过程中，2/3 的时间用于业务梳理、痛点分析和设计。为了提升业务的竞争力，确保系统能够深度赋能各类客户业务，董事长亲自带领董事局多次召开大型评审会议，对系统设计方案中的每一个业务分解到可量化的功能与细节都进行了深入的探讨和把关。

董事长及其董事局很早就开始关注智能制造领域的发展，基于稳健务实的风格，为了更好地把握行业趋势，他们建立了一个不定期的智能制造学习机制。他们一旦做了决定，就会迅速行动起来，但在此之前，他们会想得很深，准备得很充分，而且时间也很长。董事长深知，智能制造不是一朝一夕之功，除了适配市场变化的高度灵活业务组织架构，还需要作为前置条件的高度自动化和深度信息化的融合。因此，企业通过升级 ERP 系统，在自动化和信息化方面进行了大量的前期工作，结合业务架构，与自动化实现了有效融合。现在，企业已经成功地研发出一套软硬件结合的自动化和信息化解决方案，并开始将付费服务提供到外部。

**案例总结：**

战略层需要确保企业转型目标与企业愿景一致，并建立适应数字化时代的灵活业务架构和业务分解重构机制。该企业董事长引领企业从自主研发 ERP 系统起步，逐步深化至 MES 领域，实现了系统与业务的全面融合，并根据具体业务需求对核心业务系统进行定制化开发。根据业务流程进行分解后，董事长亲自参与系统设计的每一个细节，从业务流程梳理到数字化转型方案，确保系统能够深度赋能各类客户业务，目前企业已经成功地打造出软硬件结合的自动化与信息化解决方案。

## 5.4.3　第二步：人岗组织完善

### 1."转型"需要先进的人岗协同配置

在实际业务中，当流程设计达到企业业务要求，数字化转型方案的可行性也需要经过审核验证，但数字化系统的使用人员能力不足，会造成既定的业务流程优化在落地层面很难达到预期效果，这便是人员岗位，即"人岗"的重要性。

人岗和业务流程之间存在三层关系。第一层，业务流程活动直接关联每一个企业的人岗，不研究人岗，人岗之上的组织如何对企业开展赋能则更无从着手；第二层，人岗和组织需要进行区分，人岗按照一定业务规则的串联才形成组织；第三层，在人岗上操作业务流程活动的是执行人员，因此，人岗、执行人员和业务流程之间都有着直接关联。

对企业核心竞争能力的衡量，并不在于"战略规划能力强""销售能力不足"这种宏观但模糊的概念，而在于"库存周期""线下客户触达率"等由成百上千个具体岗位上的具体工作人员在每一个业务节点活动中发挥作用，即人岗能力，该能力可在企业业务基因级能力上形成可量化评估指标。因此，岗位是企业核心竞争能力的"主节点"，企业的某个具体业务活动有没有竞争力，关键在于这个岗位在业务流程和组织结构上的合理性和人在这个岗位上操作这项业务的能力。

人岗能力的提升有 8 个步骤，如图 5-12 所示。一是业务角色定义，构建业务活动的能力词典，如为供应链岗位做好定位与角色描述。二是工作任务与场景分析，基于能力词典，对岗位进行梳理和建模，分析岗位工作模块、工作过程以及所需的知识、技能与经验。三是核心能力建模，搭建各岗位角色的核心素质、专业能力模型，把具体人对应到"岗位－能力"矩阵清单上，也就是对应到具体的能力词典上。四是岗位能力诊断，通过使用专业的"岗位－能力"评估平台开展供应链专业与管理能力评估，对人的能力现状进行诊断分析，建立企业员工的"岗位－能力"图谱。五是核心能力短板分析，基于员工专业素质、专业知识、专业技能等建立"岗位－能力"图谱和能力短板分类分级模型、能力偏差模型。六是学习方案设计，基于员工能力短板导入最佳实践案例，根据员工实际情况建议针对性学习方式，建立岗位学习地图，实现专业知识、专业能力、团队管理、数字化能力等领域的细分领域学习规划。七是培训活动，企业通过导入领先实践、最佳案例、工具表单，为员工提供定向追踪辅导。八是定期评估，每半年或者每个季度，对员工能力提升等情况进行动态诊断分析，构建能力改善雷达图。

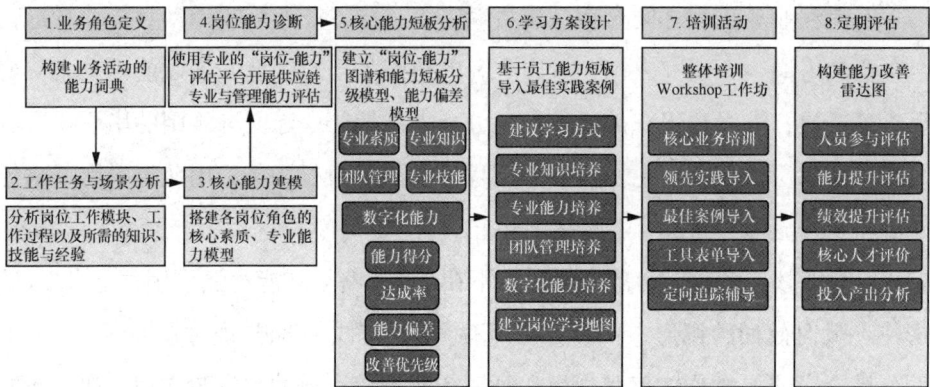

图 5-12　人岗能力提升的 8 个步骤

### 2. "转型"需要先进的组织结构配置

一是组织的设计和构建一定要对应业务流程，尤其是业务流程背后的价值流转。业务需要组织承接，没有业务也不需要组织，组织是为执行业务而存在的。企业高级管理层作为第一级组织，其业务价值在于实现企业级经营考核指标；第二级组织对标企业内部专业管理部门；第三级对应的一般不再是组织，而是组织内部的岗位。目前，有部分企业第一级业务组织的总裁或者总经理却在干第二级业务组织的工作，而担任第二级业务组织岗位的管理人员却人浮于事，这种组织对应流程的错位会造成管理效率的极大损失，导致实际管理成本的增加。

二是业务流程管理理论强调业务流程价值链，即业务价值流，因此，组织之间需要根据业务价值流绘制关系图。如果一个企业没有意识地构建基于业务价值流的组织关系图，组织反而会造成业务价值流的断点。根据业务价值分析判断流程是否制定、涉及哪些部门、开展哪些工作，这是判断企业经营流程是否符合高质量发展思路的核心依据。

三是如果组织关系图和业务价值流不对应，尤其是没有对应上经过论证、引入标杆实践的优化价值流，这便是组织需要变革的信号。但是，有不少企业在业务流程价值尚未梳理清晰，优化的业务流程尚未构建，就对组织进行高频变革，这会对业务造成很大损失。有一家企业在一年不到就进行了 3 次组织"大手术"，结果优秀人员走了近一半，其业务损失可想而知，企业高管在付出巨大代价后，逐渐理解组织高频变革导致的问题。

四是在当前激烈的外部竞争环境下，组织对业务的赋能，应该多借鉴世界级标杆企业的最佳实践。例如，设置矩阵组织，能够充分发挥团队的工作效率，前提是业务流程中职责的划分需要清晰且权威；设置项目型组织，针对业务变革型项目，项目型组织通过明确的目标、计划、进度考核和质量评审机制形成一种高效的组织形态；设置协同型组织，如企业内部通过定期组织产销协同保障会议，打破部门间的壁垒，加强组织协同。针对协同型组织，根据实践经验需要注意两个方面，一是协同目标需要互锁，如 A 组织的目标和考核重点是 a，B 组织的目标和考核重点是 b，a 和 b 南辕北辙会导致 A 组织和 B 组织无法形成互锁，因此这两个组织很难产生协同；二是在协同中，每个组织需要明确具体的角色和职责，此处则需要引入 RACI 矩阵。各个角色及其矩阵型工作任务对应关系如图 5-13 所示。

| 产销协同（S&OP）部门角色（RACI） | | | | | | | | |
|---|---|---|---|---|---|---|---|---|
| | 事业部CEO | 研发技术中心 | 业务中心 | 供应链中心 | 采购中心 | 客户服务中心 | 流程创新中心 | 财务中心 | 物流中心 |
| 需求计划初稿 | | R | R+A | | | R | C | R | R |
| 供应计划初稿 | | R | | R+A | R | R | C | R | I |
| 产销协同预备会议 | | R | R | R+A | R | R | C | R | I |
| 产销协同会 | A | R | R | R | R | R | C | R | I |
| 产销协同纠差 | | R | | R+A | R | R | C | R | I |

图 5-13　各个角色及其矩阵型工作任务对应关系[1]

### 3. "转型"需要新型精益思想的指引

区别于传统精益思想，新型精益思想的核心是把柔性生产理念和精益迭代挂钩，用精益迭代替代规模化生产，从而满足快速变化的市场需求。

在精益生产的演进历程中，柔性生产理念作为对其敏捷迭代的精准诠释，逐渐崭露头角。这一理念不仅继承了精益生产消除浪费、提升效率的核心价值，还在快速换模（SMED）和单件流（One Piece Flow）等创新技术的驱动下，赋予了其生产过程灵活性。柔性生产的核心在于对供需平衡的深刻洞察，它视过量生产和超出市场需求的产品为最大浪费，体现了供需间协调的哲学。单元生产（Cell Production）模式在 20 世纪 90 年代被佳能公司推广，成为柔性生产的里程碑。它不仅实现了多品种生产组装的高效切换，还通过单元内多技能员工的灵活应用，激发了员工的创新活力。这种模式既彰显了柔性生产的强大潜力，又为后续发展打下了扎实的基础。戴尔的大规模定制模式则是另一种柔性生产的表现，在精益理念的指导下，戴尔成功展示了基于模块化思路的柔性生产，通过模块化设计产品功能，构建产品和组件库，并在内部推行标准化和通用化零部件；这种模式不仅使戴尔取得了辉煌的业绩，其背后所蕴藏的影响众多产业的商业智慧也被广为传播。而国内尚品宅配、索菲亚、青岛红领等都已经借鉴运用戴尔公司的运营模式，在各自的行业中独占鳌头。这些企业通

---

1　在图 5-13 中，A（Accountable）是指负责批准与布置任务、确定目标的牵头者（即 R），具有评估 "R、C、I" 所承担目标的完成情况的职责；R（Responsible）是指负责完成 "A" 布置的任务与目标，对 "A" 布置的任务与目标的结果负责的人，所承担任务、目标与其他部门或岗位配合时，需要和配合部门明确分工、工作标准等，并对与本项目相关的结果负责。C（Consulted）是指负责为各个相关的角色提供支撑、咨询和其他服务的人；I（Informed）是指信息的接收者，并不一定直接执行本项目任务，但需要知悉本项目的相关信息。

过推出生产理念的柔性化，进一步增强了市场竞争力，实现了生产过程的灵活高效。

　　根据国务院参事、友成企业家乡村发展基金会副理事长汤敏的见解，鉴于我国劳动密集型产业向东南亚转移，因为这些地区具有大规模生产和成本优势。我国制造业要维持领先地位，关键在于培育小批量、高度定制的柔性制造能力。广泛实施的数字化转型若能有效促进生产系统向柔性制造模型升级，将极大地提升制造业在国内的持续竞争力和发展潜力。柔性生产的核心竞争力体现于在确保产品品质卓越、交付准时且成本控制得当的基础上，生产线能自如地在大规模生产与小批量定制间切换。"大规模个性化定制"虽为柔性生产的典型应用，却非唯一形态。同时，推崇"小批量、多样化、快速响应"的"小多快"模式，若未能妥善应对大规模订单挑战，亦未能全面展现柔性生产的精髓。当前智能制造的蓬勃发展，实质是运用物联网技术手段推动生产过程的柔性化与定制化，此亦为柔性生产的重要体现之一。

　　柔性生产之所以能成为制造业的核心竞争力，与其深度整合供应链协同机制有着密不可分的关系。供应链协同强调灵活地调整生产节奏，根据市场需求的波动，在需求减少时产能缩减，需求增加时产能快速扩张，从而避免闲置资源。企业缺乏足够灵活的产能控制机制，会使客户响应能力面临双重威胁，即积压的库存和断裂的供应链。从国内纺织服装、鞋类箱包到钢铁、原材料等诸多制造业企业的工厂转型案例来看，制造体系的柔性化改革正加速推进。以钢铁行业为例，单一品种能够按周为单位快速配置、多品种小批量定制的新模式正在逐步让位于传统的月度生产周期、每炉至少 50 吨的规模化生产模式。面对多元化的市场需求，为适应市场瞬息万变的订单场景，钢铁企业正在调整策略，采用半连续生产模式，该模式有利于频繁更换钢种，优化生产序列，对生产日程进行精密规划。

　　因此，柔性生产理念作为精益生产敏捷迭代的理论延伸，不仅充实了新型精益思想，还服务了数字化时代的生产经营转型，更在数字化转型的推动下，为产业链协同提供了更为高效的解决方案。从生产制造企业到下游消费者，从上游原材料供应商到设备制造商，新型精益思想都为实现整个供应链的无缝对接与优化提供了可能。我国产能过剩问题的本质，实质在于落后与同质化的产能过剩，而非缺乏具备市场适应性的柔性生产能力，柔性生产能力实为稀缺资源，需要通过持续深化的数字化转型进一步巩固与加强。

**案例5-6** **合理的人岗协同和组织结构配置是企业数字化转型成功的关键**

一家年营收规模百亿元级别的企业的董事长在 5 年前便对智能制造产生了浓厚的兴趣。为了深入了解并推进这一领域，他多次组建专题研究小组，并经常听取小组的汇报。然而，由于之前的人员、岗位和组织结构配置并未满足企业智能制造的发展要求，他不得不连续撤换三任组长。直到 2019 年，经过无数次的探讨和研究，董事长终于对智能制造有了清晰的认识，并决定启动智能制造重大专项。

与众多大型企业负责人一样，这位董事长深知规划的重要性，并决定先进行详细的规划，再分步实施。这种谨慎而全面的做法与一些中小企业老板直接行动的风格形成鲜明对比。这家企业的智能制造规划做得尤为细致，几乎达到了建筑企业的施工图级别。

为了确保规划的质量和进度，该企业对岗位和组织结构进行了规划，工作小组组长在每双周都会听取各组的报告，而董事长则每月听取月度工作汇报。此外，参与项目的每个成员都需要投入自己的资金，与项目的实施和效果对赌，每月都会进行分值评估。这种激励机制确保了项目的顺利进行。尽管这家企业在规划和施工图设计阶段表现出色，但在实施阶段却遭遇了困境。主要问题在于设置的工作小组组长并未按要求是一位既懂施工图和施工方法，又具备施工经验，还擅长与董事长沟通的人员。

虽然董事长能够在规划阶段进行把控，但是在自研工作的落地层面，无法判断正确性、合理性。即使自主知识产权、低成本和人才培养听起来都是合适的理由，但实际情况远比这些复杂。这家企业在高度自动化项目的实施上取得了成功，但在制造运营管理系统的实施上却步履维艰。这主要源于对工作小组组长能力的评估不足、底层技术架构与业务的不匹配问题以及开发团队组织结构与业务人员岗位之间存在分工协作难的问题。

因此，再全情投入的董事长也无法替代专业组织和岗位配备的专业角色，可见，进行合理的岗位规划、组织结构规划，并培养出或找到一位适合该岗位的"施工队长"应该是该企业后续首要解决的问题。

**案例总结：**

本案例以某 600 亿元营收规模企业的董事长高度重视智能制造为基础，通过详细规划和分步实施来推进转型工作。企业为保证项目的顺利实施，制定了精细的规划和激励机制。但在执行阶段遇到了工作小组组长能力不足、底层技术架构与业务不匹配等难题。由此表明，即使高层给予全力支持，合理的人岗和组织结构配备仍十分有必要，以赋能数字化转型，促进业务发展，改善企业经营现状。

## 5.4.4 第三步：数字工具赋能

基于业务分解重构、人岗组织完善，企业已经做好了引入数字化工具的准备，探索技术赋能业务路径，以期实现超越传统升级模式的跃升。企业在用户需求分析、销售营销、生产实施、物流供应链、售后服务、数据决策等方面需要利用数字化工具赋能转型升级。在一个完整的企业经营全生命周期链条中，生产是企业的核心，因此，从数字化转型的全局视角来看，基于互联网的制造执行系统作为企业运行的中枢，不仅可以帮助企业实现订单管理、成本控制和生产效率提升，还可以推动企业向精益制造的方向发展，提高企业的竞争力和盈利能力。数字化工具对企业业务全方位赋能如图 5-14 所示。

### 1. 需求交互与分析系统为后续流程提供线索来源

数字化销售系统的最前端也就是贴近用户的位置，基于互联网和移动互联技术开发出的需求交互与分析系统必不可少。该系统对于全面把握用户的多样化和个性化需求具有关键作用，能够提高数字化销售系统的精准度和用户体验。

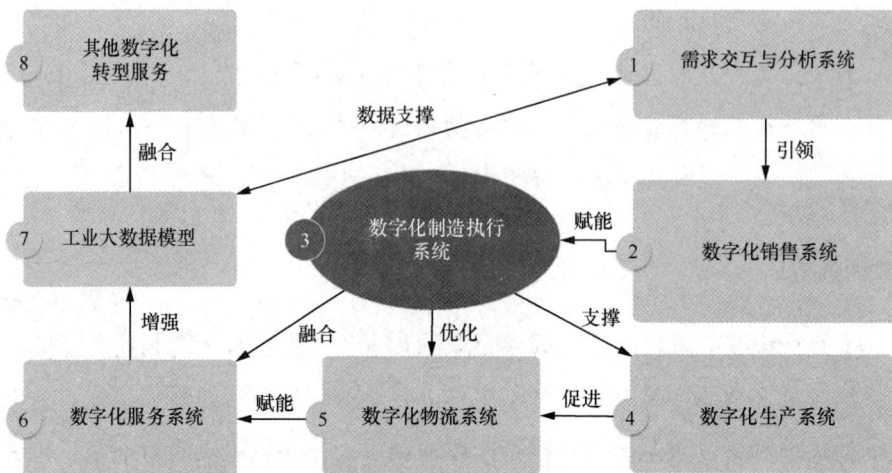

**图 5-14　数字化工具对企业业务全方位赋能**

　　一个成熟的需求交互与分析系统，必须具有易于使用的用户个性化标签视图功能，该功能可以使系统对接触点数据进行全面地获取和处理，从而建立客户的完整画像。而多维度的数据分析可以帮助企业更准确地了解客户的偏好行为和需求，从而为客户提供个性化的产品和服务。企业由此进入一个新的阶段——获取用户数据、打通企业内外数据流、建设生态链上统一数据处理平台。

　　需求交互与分析系统需要具备对用户进行深层分析，并和用户进行深度交互的大数据分析模型。这种分析模型不仅仅局限于单一场景或维度的分析，而是涵盖了用户消费行为的全方位分析，包括消费动机、行为轨迹、偏好等。这种全息深层分析需要借助大数据技术和人工智能技术，对海量数据进行深度挖掘和分析，从而为企业提供更深层次的用户洞察。

　　需求交互与分析系统要推动系统的广泛应用，需要不断降低用户获取数据的成本。目前用户获取数据的费用主要来自人工测量、设计等环节，这就造成了用于用户个性化需求分析的成本更高。但用户获取数据的成本已经随着视频识别技术和虚拟现实技术的发展而不断降低。未来，用户通过视频识别技术和虚拟现实技术，可以实现快速获取和分析个性化需求，从而大大降低用户获取数据的成本。

**2. 数字化销售系统如何满足客户多样化和个性化需求**

数字化销售系统直接作用于企业业务提升，能够更好地预测订单、自动匹配销售目标和制订销售计划，以及实现多种订单类型的智能匹配，从而满足客户多样化和个性化的需求。

数字化销售系统在订单预测中扮演着重要角色，精准的订单预测对企业来说至关重要。数字化销售系统可以构建高精度的订单预测模型，通过多维度、全渠道的大数据分析，更精准地预测订单需求。这种预判能力可以让企业更好地调整生产计划，优化库存管理，从而使客户的需求得到更好的满足。

数字化销售系统实现销售订单的业务目标、销售计划之间的智能匹配。这种智能匹配不仅包括从订单到型号、渠道、门店、销售人员等多个维度，还涉及各种业务处理规则上的匹配。根据客户需求、销售目标和销售计划，通过数字化销售系统，企业可以自动匹配最适合的产品、渠道和销售策略，提升销售效率和客户满意度。

数字化销售系统实现包括标准化订单、定制化订单和个性化订单在内的多种订单类型的智能匹配。在数字化时代，客户对产品的个性化需求日益提高，传统销售体系已经无法满足这种需求。企业通过数字化销售系统，能够根据客户的特定需求，智能选择最适合的产品型号、性能要求、品质要求和交付要求，实现对不同类型订单的匹配，从而提升产品的定制化水平，满足客户个性化需求。

在系统的规划设计中引入新型精益思想下的柔性生产理念，能够快速对市场需求进行反馈响应。在当前市场环境下，需求的快速多变促使制造业企业最为关键的能力转向了对市场的敏捷响应。这一响应能力涵盖了产品创新的敏捷性、交付速度的高效性和供应链的持续供给灵活性等多个维度。在产能普遍过剩及互联网经济的双重催化下，无论是在消费品领域，如服装、鞋帽、箱包，还是在工业品范畴，诸如棉纱、钢铁、有色金属、五金制品、塑料等，市场需求呈现出的是小批量、多样化的新特点。因此，新型精益思想中的敏捷迭代、柔性生产理念愈发重要。鉴于市场需求的不确定性，制造企业倾向于采取小批量订货策略以降低风险，通过小规模试产试销来精准捕捉市场反馈，待明确市场需求后再行扩大订货规模。在此趋势下，少量、紧急、短期订单日益增多，迫使制造企业不得不通过数字化转型提升其响应速度，以适应市场变化，否则将面临逐步被淘汰的风险。快速响应机制对下游客户而言，其价值显著，这不仅有助于减轻库存积压负担和规避断供停产风险，更重要的是，它还能使客户及时把握市场机遇，迅速响应消费者需求，从而在激烈的市场竞争中占据有利地位。

### 3. 基于数字化制造执行系统打造企业运行中枢

企业运行中枢的数字化制造执行系统负责企业个性化订单管理、成本控制、生产效率提升，是制造执行的主线和核心，对企业运行起着至关重要的作用。在数字化时代，尽管机器人和传感器等设备扮演着重要角色，但在企业系统总体管控方面，数字化制造执行系统必须作为最终决策和控制角色存在。

作为制造型企业在数字时代的中枢，数字化制造执行系统承担着规划、控制和执行整个生产流程的任务。与传统的生产管理系统相比，能够实时监控生产环境、收集生产数据、实时调整和优化生产过程的数字化制造执行系统具有更高的智能化和自动化水平。通过数字化制造执行系统，企业在生产过程中能够对各项参数进行有效控制，提高生产效率和产品质量，从而实现生产计划的精确执行。

数字化制造执行系统在企业个性化订单管理方面意义重大。随着市场需求的多元化与个性化，企业需要对生产线进行快速响应并作出相应调整，以满足客户对产品的多样化与个性化需求。通过数字化制造执行系统，企业能够对订单信息进行实时传输与快速处理，进而达到生产过程的个性化定制，从而提供从用户到虚拟设计再到自动化生产的有效支持与保障。所以，无论是用户对虚拟设计的指导，还是对生产执行的具体执行，iMES 都能提供有效帮助，保证订单的高效与精确执行。

数字化制造执行系统在企业成本控制方面发挥着重要作用。生产成本是企业管理的重要指标之一，对企业的盈利能力和竞争优势有重要影响。通过数字化制造执行系统，企业可以对生产成本进行实时监控和精细管理，及时发现问题并处理，从而提高资源利用效率，大幅降低生产成本，使企业的盈利能力和竞争力得到提升。

### 4. 数字化生产系统推动企业工厂生产智能化升级

基于数字化生产系统的工厂板块智能化已经成为企业提升竞争力和适应市场需求变化的必然选择。

实现工厂板块智能化需要依托于智能工厂的建设。智能工厂是一种高度自动化、数字化和智能化的生产模式，它通过全面应用先进的制造技术和信息技术，实现生产过程的智能化管理和优化。在智能工厂中，物料定位、移动和控制系统、各种智能设备和仪器、质量检验和追溯系统、核心工序自动化等都是必不可少的要素。这些要素的集成和协同运作，需要依托于数字化生产系统提供的数据采集、处理和监控功能进行统一管理支撑。

机器人、传感器、射频识别等大量智能终端设备在智能工厂运营过程中扮演着关键角色。这些设备在提高生产效率、提高产品质量的同时，能够实现生产过程的自动化、智能化。例如，在汽车工业的生产线上，一些危险或难以实现的工作可以由机器人来完成，生产过程中的各种参数可以通过传感器来实时监控，物料的追溯和管理可以通过射频识别技术来实现。这些与数字化生产系统相互连接的智能终端设备，共同组成了智能工厂的生产网络。

数字化生产系统赋能对象由单纯"生产制造"转向"供应链协同"，在制造业数字化转型的进程中，顾客对工厂（C2M）模式虽被寄予厚望，要求企业兼具零售背景与品牌塑造的长期视角，但这对多数企业而言并非易事。因此，转向供应链服务领域是更为稳健且现实的转型策略。尽管"供应链服务"一词频繁出现，其内涵却常因情境各异而有所不同。以下通过实例区分"单一生产"与"供应链协同"的本质差异。

一家服装制造厂，于6月1日获品牌商指令，需要生产AB两款服饰各千件，交付日期定于 7 月 1 日。该厂专注生产 AB 两款服饰，按时、按量完成任务并在交付日期前发货，此为基本的单一生产制造活动。相比之下，"供应链协同"的操作模式则为：生产期间，厂家从品牌商处获知市场动态，A 款式热销，6 月中旬库存告急，而 B 款式销量不佳，库存积压。据此，厂家迅速调整策略，加速 A 款式生产进度并提前交付，同时减缓 B 款式生产进度乃至减少订单量，这体现了供应链信息共享与即时响应的协同优势。

此模式具有普遍适用性，可应用于消费品制造、工业品生产以及所有面向企业端的业务场景。生产制造的核心价值在于帮助下游客户实现盈利增长，如思科、华为、丰田、戴尔、沃尔玛等公司在这方面取得一定成功。数字化作为强大的连接工具，正以更低的成本促进供应链上下游的紧密连接，数据驱动下的协同作业有望实现更广泛、更高效的供应链整合，进一步促进生产制造环节的转型升级。

综上所述，数字化生产系统的工厂板块智能化通过整合智能终端设备，实现生产过程的自动化和智能化，在提高生产效率和产品质量的同时，也为管理人员提供实时监控和数据支持，使他们能够及时做出调整和优化，能够有效提升企业运营效益，基于数字化生产系统的智能工厂数字化架构示意图如图 5-15 所示。

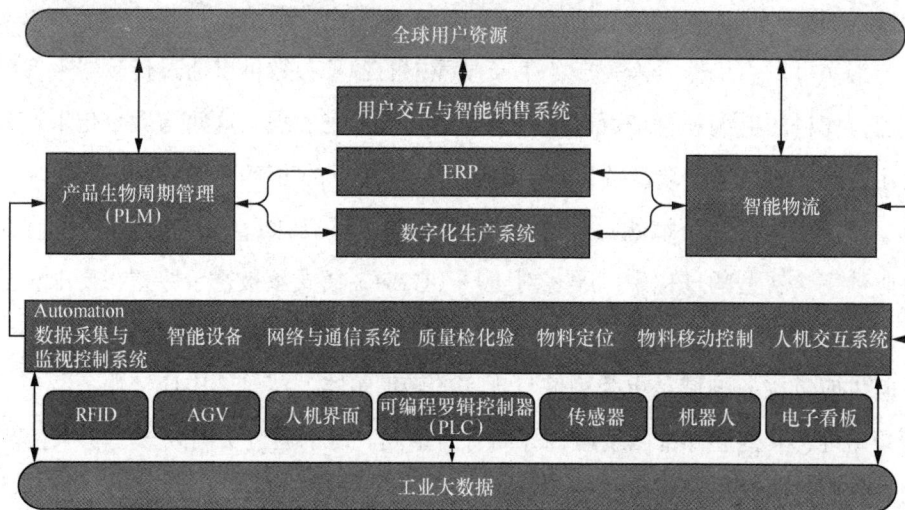

图 5-15　基于数字化生产系统的智能工厂数字化架构示意

### 5. 数字化物流系统提升企业供应链运营效能

我国物流行业的运输效率存在较大的提升空间。尽管有充足的资源，如货车、司机、货主企业等，但整个物流生命周期大部分由自然人之间进行沟通协调，导致整个物流运输效率仍然较低，因此，在交通运输效率的提升方面，数字化物流系统的应用成为关键。

建设数字化物流系统，需要借助信息化的东风。信息系统在物流运输中的重要性已经被 Uber 等新兴物流平台所证明。这些系统使物流运输更加高效、便捷，通过搭建信息网络，实现货车与驾驶员、货主企业的直接连接。在此基础上，物流运输各环节都将导入智能监控设备，实现全流程数据可视化管理。此外，智能监控设备将伴随智能技术的不断发展而不断完善。

在宏观层面，数字化物流系统要覆盖所有的运输环节，包括干线物流、同城物流、"最后一公里"的配送等各个环节。这要求建立一个类似 Uber 司机或"承运商－货主"直连的信息平台，实现信息实时传递与协同配送。另外，车联网系统可以使基于地理信息系统（GIS）的最佳路径选择得到优化，使运输效率得到提升。

在微观层面，为提升运输效率，数字化物流系统需要打造多项功能，包括但不限于基于系统的原材料和零部件的仓储管理，对物料状态进行实时监控和自动部署，利用时序排产条件下的实时供货以及自动发货和自动预警功能等。这些功能的实现离不开数字化物流系统的大数据分析模型，准确分析数据是实现运输效率提升的关键。因此，在数字化物流系统微观层面发展和应用中，提高数据质量，加强数据管理和分析，对于提升运输效率具有重要意义。同时，数字化物流系统的发展是一个持续完善和提高的进程，还需要进行多轮技术创新和应用实践。

数据分析与应用是数字化物流系统的核心。它通过对订单、货品、司机、货车等各类宏观层面数据进行收集，形成最具竞争力的物流最优增效降本的微观层面服务模型，再进行数据分析和模型优化。这种以数据为基础的智能决策模式，将为物流运输效率提升提供全方位支撑。

### 6. 数字化服务系统打造高效售后服务体系

数字化技术日益发达，相应服务正逐步成为覆盖售后服务的重要一环。从服务受理到服务结算，在全生命周期实现智能化管理和全流程优化。

在服务受理阶段，传统呼叫中心将逐步被用户交互中心所替代。用户与服务工程师、研发设计人员、销售人员之间通过平台互动服务，如通过微信、客户端、网页端等各种渠道与服务平台进行互动。这种方式在提升用户体验的同时，也让服务受理变得更加智能高效。

在服务执行阶段，运用物联网技术和终端智能设备，数字化服务平台将实现远程自诊断、远程报修、远程维修等全流程可视化服务。产品在用户端的使用状态信息，可通过智能芯片等技术手段，自动传递至品牌商的数字化服务平台，实现主动预警、远程维护，提高服务的响应速度和效率。

在服务监控方面，数字化服务平台会对包括结构化数据、半结构化数据、非结构化数据等的服务过程中产生的各类数据进行采集和分析。将用户需求与服务质量的最佳匹配曲线通过大数据分析模型提炼而成，从而在服务和成本之间达到最优平衡。

在配件管理方面，包括配件采购、库存管理、供应链协同等环节，数字化服务平台将实现配件全生命周期管理。智能配件管理系统可以实现配件的及时供应和高效使用。

服务结算是售后服务的最后一环，数字化服务平台将实现基于云的端到端自动结算，实现与外部供应商的节点之间的自动结算和支付。这样可以减少人为错误和缩短结算周期，提高结算效率。

特殊业务处理、服务体系构建和服务主数据管理等方面也将得到数字化服务平台的全面覆盖和优化，以实现售后服务的全面智能化和高效化。

### 7. 工业大数据模型在数字时代中的定位和价值

数字化随着精益程度从导入期、提升期到高标准精益期，也呈现出大规模制造、大规模定制、产线自动化和个性化制造等特点，面对用户多样化需求和体验要求，企业面临着前所未有的挑战和机遇。工业大数据模型作为一种关键的工具和方法，在企业高质量发展进程中有着重要的定位和价值，同时在数字时代进化阶段中为用户和企业创造价值，如图 5-16 所示。

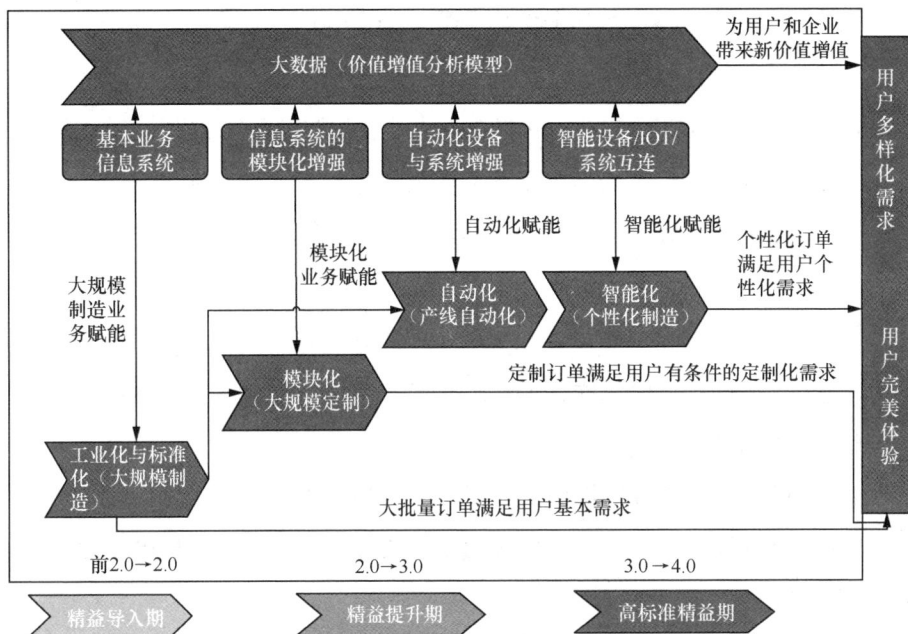

图 5-16　工业大数据模型在数字时代进化阶段中为用户和企业创造价值

工业大数据模型是一个以大量工业数据为基础建立起来的模型，用于对数据进行采集存储、加工分析以及应用先进的数据挖掘机器学习算法，从中提取信息和知识，对企业决策起到支撑和指导的作用，工业大数据模型主要有以下5个方面的定位和价值。

一是智能化生产决策支持。利用工业大数据模型对生产过程中的各种数据进行实时监测和分析，提高生产效益和产品质量，从而为企业决策提供智能化的支持。其价值在于能够对生产过程中的数据进行实时监测和分析，使企业及时发现并解决问题，从而优化生产流程，提高生产效率，降低运营成本。

二是预测性维护和故障诊断。对工业大数据模型的设备运行数据和生产过程数据进行分析，实现对设备状态和生产状况的实时监测和预测，帮助企业预防设备故障和生产异常，缩短生产停工时间和降低维修费用，并通过对产品质量和服务水平的全面监控和管理，及时发现和解决质量问题，提高产品质量和客户满意度。

三是个性化的定制生产和个性化服务。企业利用工业大数据模型来分析客户需求和市场趋势，基于此进行个性化的定制生产和个性化服务，提高产品在市场上的竞争力和客户满意度。同时，提高企业的创新能力和差异化竞争能力，使企业盈利能力得到提高；工业大数据模型的价值在于通过对市场需求进行分析，企业可以发现新的市场机会和产品创新点，促进企业竞争能力的提升，最终达到提高产品市场竞争力和盈利能力的目的。

四是供应链优化和智能化管理。工业大数据模型能够全面监控和分析供应链各个环节，帮助企业降低库存成本、提高库存周转率、提升供应链响应速度和灵活性、优化供应链管理配置。

五是风险预测和潜在问题解决。工业大数据模型帮助企业及时发现和预警潜在的风险和问题，减少损失，并通过分析市场、生产和供应链数据来保证企业的可持续发展。

**8. 企业数字化转型能够加速打通生产、进销存、供应链等业务通路**

为实现供应链协同目标，企业需要实现价值链条各阶段的数据流通与策略统一。其首要任务是在生产制造层面，企业需要消除 ERP 系统与 MES 之间的隔阂，确保企业内部运行无缝协同。其中，ERP 系统负责企业层面的资源与计划管理，而 MES 作为衔接高层策划与基础控制的桥梁，专注于车间层面的信息管理，确保生产指令的有效执行与监控，覆盖从生产启动至产品出库的全过程。经调研，多数企业的 ERP 系统与 MES 彼此独立运作，导致产能状态、订单进展及库存信息对 ERP 系统而言呈现不透明状态。

深化内部整合，实现 ERP 系统、MES 乃至 CRM 的集成协同后，下一步是接入电商领域的大数据资源，涵盖即时订单、需求预测等关键数据，这些数据往往分散于不同合作方之间。此时，强化合作伙伴间的协同意识、信息化水准提升、统一接口标准，能够成为成功推进集成的决定性因素。一旦整个产业链各系统实现全方位集成，将构建起一条贯穿市场终端用户、制造企业内部部门及上下游伙伴的实时协同供应链体系，标志着供应链管理进入协同性规划、预测性补给的中高级阶段。

过去，由于庞大的信息技术投入和专业人才需求，这类深度整合仅仅属于大型企业能够实现的范畴。但随着数字化转型的推进，小型企业也有能力去学习并实践更高程度的供应链协同和精细化管理。

在企业的实际运行过程中，企业内部的系统集成可通过局域网轻松完成，而跨企业的协同则依赖于数字化联结。特别是电子商务的兴起，带来的交易数据的丰富程度是传统销售时点系统（POS）的日志信息所不能比拟的，无论是数据的时效性还是预测的精准性都有很大的提升。在面向企业的电子商务平台上，平台级供应链协同系统的广泛运用将促进行业效率的革命性提升。

**案例5-7** **"业务目标+数字化+人岗"充分整合才能赋能企业能力改善**

一家营收规模在100亿左右的企业，多年来一直致力于数字化系统的投入，数字化工具涵盖了销售、生产、物流、售后等各个领域，包含ERP系统、MES、经销商管理系统（DMS）、PDM系统、产品生命周期管理（PLM）系统、供应商关系管理（SRM）系统、人力资源（HR）管理系统以及财务系统，然而，相关数据的应用，却出现让人难以置信的现象：董事长和高层领导查看的数据往往需要人工从各个系统中调取、核对和修改，因为不同系统的数据统计规则、口径乃至主数据名称都存在差异。这导致近20%的办公室人员的日常工作都陷入这些烦琐的数据处理中。因此，尽管系统功能看似齐全，但数据填报严重滞后，缺乏事前预测、事中控制和事后分析的能力。

探究其原因，在于该企业在数字化工具部署前，没有完成业务层面的分解重构，也没有将企业人岗和组织结构与业务做好匹配和充分整合。因此，该企业实施的系统大多由IT部门主导，业务团队没有意识到自己是系统实施的主人，而IT部门在企业内部地位较低，负责人未能进入高管团队，无法将业务和系统研发充分结合，以服务业务为目标研发系统。这种结构性问题导致企业投入大量资金，但相应系统并未发挥出应有的赋能业务的作用。

在企业高层有了信息化服务业务的认知后，明确了数字化转型对企业发展的重要性，已逐步采取以下措施：一是引进一位具有丰富经验的信息主管（CIO），特别是那些在标杆企业实操过核心业务系统的人才，并让他们参与企业决策；二是加强隶属于各业务部门的业务分析师团队的建设，为系统功能优化升级做好业务价值点的衔接；三是采取加强业务主导的可行性论证、持续优化业务系统上线运营后的跟进策略等措施，增强业务部门的系统主人翁意识。

**案例总结：**

在本案例中，某企业虽拥有覆盖销售、生产、物流、售后等企业业务全生命周期的系统，但因缺乏和业务流程、人岗组织等的充分匹配，导致企业内部出现数据不一致、填报滞后等问题，数字化反而成了企业运营的负担，影响了决策效率。究其原因，在于业务目标、数字化工具与数字化负责人员之间缺乏充分整合。为此，企业高层认识到数字化转型的前提是业务结构重塑、人岗和组织匹配，必须采取措施包括引进 CIO 参与决策、加强业务分析师团队建设和增强业务部门的系统主人翁意识，以确保"业务目标＋数字化＋人岗"能够充分结合，有效赋能业务发展。

### 5.4.5 第四步：闭环持续改善

企业通过战略规划制定，利用人岗协同和组织结构优化服务业务目标，并通过数字化工具加速生产方式迭代升级，时刻发掘问题点进行改善优化，形成"目标－赋能－改善"的数字化转型闭环，如图 5-17 所示。

**1. 构建"目标－赋能－改善"闭环**

"目标－赋能－改善"的数字化转型闭环共计 11 个业务项，每个业务项包括名称、价值和绩效考核指标。其中，"目标"包含的战略业务在企业中起到引领作用，包含战略目标可行性论证和承接 1 个指标项；"赋能"涵盖核心业务和支撑业务，核心业务包括营销、销售、产品、生产、物流、服务等企业经营全生命周期必不可少的环节，包括 6 个指标项，支撑业务是对核心业务目标达成的有力补充，从端到端质量管理体系、人岗与组织结构配置及成本结构优化策略 3 个领域推动企业更好地发展核心业务，包括 3 个指标项；"改善"包含产销协同 1 个指标项。

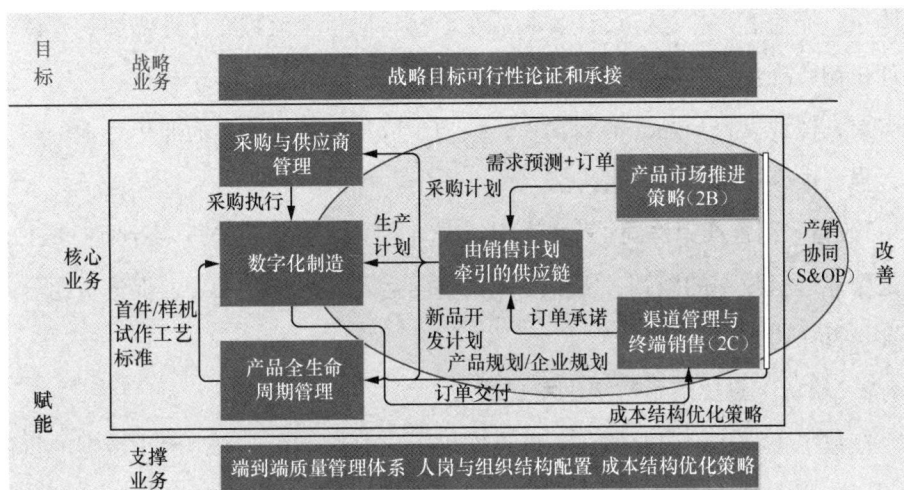

图 5-17 "目标 - 赋能 - 改善"的数字化转型闭环

**"目标"包含 1 个指标项**，即战略目标可行性论证和承接，作为企业行动纲领，此模块旨在确保战略规划与执行相契合，进行目标制定、论证、分解和承接的规划，引领企业稳步前行。

**"赋能"包含核心业务和支撑业务共计 9 个指标项**，一是产品市场推进策略，针对面向行业客户的产品，企业需要建立从潜在客户挖掘至合同履行的完整流程，确保市场导向与客户需求精准对接；二是渠道管理与终端销售，企业通过强化产品分销链路，确保商品顺利抵达终端消费者手中，持续优化客户体验与提升品牌影响力；三是产品全生命周期管理，通过研发到样品、研发到量产、研发到收入 3 个阶段的管理，企业全面审视产品价值创造的每一个环节，确保持续创新与高效迭代；四是由销售计划牵引的供应链，企业需要追求需求预测与计划一致性，构建柔性的供需平衡机制，实现订单到交付无缝衔接，提升供应链韧性与响应速度；五是采购与供应商管理，企业通过精细化管理和与供应商合作共同加强成本控制、提高产品质量等，提升成本效益；六是数字化制造，企业通过管理精益化、高度自动化、深度信息化、增值智能化等，深度探索生产效能与工艺创新，塑造未来制造业优势；七是人岗与组织结构配置，企业需要实现基于岗位的人的能力和组织效率的双重提升；八是端到端质量管理体系，涵盖客户投诉、设计、制造及原材料质量全流程，企业需要构建闭环管理机制，确保品质贯穿始终，满足高标准要求；九是成本结构优化策略，企业需要在保证交付与品质的前提下，致力于成本结构优化，而非单纯地削减成本，强调供应链协同与价值共创。

**"改善"包含产销协同 1 个指标项**，这个指标项是销售与运营计划（S&P），这是企业运营效率的瓶颈，需要实现销售与运营计划高度融合，促进资源合理配置与目标达成。

### 2."目标"需要满足数字化发展要求

在数字化时代，企业的业务特点发生了显著的变化。一是因为数据的价值得到了前所未有的提升，无论是对市场趋势的分析和客户需求的把握，还是作为产品创新的源泉，数据在企业战略的制定和执行中都扮演着举足轻重的角色；二是因为技术更新换代的速度快，不断出现的新兴技术为企业提供了更多的可能性，但要求企业具备较强的技术适应能力和创新能力；三是因为客户体验在企业竞争中的地位日益突出，客户的声音在数字化时代更容易被放大，客户的需求和反馈对于企业战略的制定和执行具有至关重要的作用，因此企业一定要重视客户体验。企业必须适应数字化时代变革的大趋势，不断创新，才能在激烈的竞争中立于不败之地。

传统的战略管理模式在过去的企业管理中扮演了重要角色，如波特五力模型、SWOT（优势、劣势、机会、威胁）分析法、BCG（波士顿）矩阵等。但这些模型的局限性在数字化时代已经逐步显露。在数字化时代瞬息万变的市场环境中，波特五力模型虽能够揭示产业结构竞争力的本质，但其分析结果的时效性受到约束；SWOT 分析法尽管可以综合考虑企业内部和外部环境，但面对数字化带来的诸多复杂多变因素，其分析的深度和广度可能不足以支撑战略制定；BCG 矩阵具有一定的产品组合策略定位指导作用，但在数字化时代，产品的生命周期被大幅缩短，要求企业具有更灵活的战略调整能力。因此，企业在制定战略目标时，应结合数字化时代的业务特点，充分认识传统战略管理模式的局限性，灵活调整，推陈出新。

在数字化时代，企业要围绕以下 3 个方面制定战略目标。一是数据驱动的战略决策，企业把数据作为战略决策的重要依据，建立完善的数据收集、分析和应用机制。企业通过深度挖掘市场数据，制定出更符合市场实际的战略目标，可以对市场趋势和客户需求有更准确的把握。企业在保证战略决策科学性和有效性的同时，也要加强内部数据的共享和部门间的协作。二是技术创新的战略引领，技术创新是企业应对数字化挑战的关键手段，企业在制定技术创新战略时，要明确技术发展的方向和重点，还要结合企业的业务特点和市场需求来制定。同时，为确保在激烈的市场竞争中保持领先地位，企业还应加强技术研发和人才培养，增强企业技术创新能力。三是客户体验的战略优化，企业要围绕不断提升产品质量、服务水平等，以客户需求为中心制定战略目标，加强客户关系管理，建立客户价值最大化的长期信任关系。

### 3.“赋能”需要“改善”企业生产方式

数字化赋能企业转型升级是指企业运用数字化技术，实现生产效率的提升、成本的有效控制和产品质量的全面提升，对生产、管理、销售等各个环节进行深入改造和优化。数字化赋能企业生产方式的转型升级，涉及信息化、自动化、智能化 3 个层面的融合与统一，其核心在于将数据作为新的生产要素，与企业运营深度融合，推动企业由传统模式向数字化、智能化模式转变，自动化、数字化、智能化赋能企业转型升级的意义在于帮助企业更好地适应市场变化，提高企业竞争力。在数字化时代，市场的变革速度越来越快，顾客的需求也变得更多样化、更具个性化。企业只有通过数字化转型，才能在满足客户需求、赢得市场先机的同时，更加精准把握市场脉搏。

数字化改善生产方式的路径主要有以下 3 个方面。

一是以数据驱动的生产决策。企业通过收集各种生产数据进行分析，使其对生产状况有相对准确认知，对生产趋势开展预测，从而在决策中更科学、更准确、更全面。再者，为达到对生产设备运行状态进行实时监测和预警的目的，企业通过大数据分析手段，对潜在问题进行及时发现并处理，避免生产中断带来的损失，在提高生产效率的同时，也为企业后续决策提供依据。

二是智能化的生产过程控制。企业可利用物联网、云计算等先进技术，对生产过程进行智能化控制，通过在生产设备上安装各种传感器和控制系统，使企业对设备的运行状态和生产进度进行实时监测，并能自动根据内外变化作出调整和改进，在提高生产效率的同时，实现节能降耗和人力节省，从而助力企业生产效益的提升。

三是数字化技术使企业更灵活地组织生产活动。企业通过构建数字化平台，实现生产资源的优化配置和共享，突破传统生产组织方式的局限。企业还能根据市场需求迅速调整生产计划和产品结构，实现快速响应与定制生产。同时，通过数据驱动和智能化控制以及服务生产过程的精细化管理与优化，生产成本和风险降低，生产效率与产品质量提高。数字化生产模式，能通过数据驱动、智能化控制的机制，改善生产流程，实现精细化管理，服务企业对市场需求及客户进行更精准的认知，迅速把握市场定位与产品研发方向，从而提升企业竞争力和市场变化适应力，实现企业生产和市场需求的动态匹配。

在此基础上，人岗协同与组织结构的赋能与改善显得尤为重要。人岗协同是企业能否达到战略目标的重要保证。企业应加强各部门的资源整合，配合人岗协同实施策略，使之形成合力来共同推进战略目标的完成。加强内部沟通与协作，使各部门在战略执行过程中能够保持连贯一致。另外，企业还应对外部环境变化保持高度关注，适时调整战略方向和措施，使企业战略与外部环境保持动态匹配。上述措施可确保企业顺利应对各种挑战并不断向战略目标迈进。

确定战略目标只是执行工作的第一步，如何保证目标的顺利实施同样至关重要，企业要建立一套完善的组织结构来保证战略的顺利执行。第一，企业要明确战略执行工作的责任主体，把重要的战略执行工作集中到某一个部门或团队，使战略执行工作能够有条不紊地进行。第二，企业要加强部门间的沟通与协作，建立跨部门工作协调联络机制，打破信息壁垒，提高办事效率。第三，企业还要根据业务规模和发展阶段对人员配置和岗位设置进行相应调整，保证战略执行的人力资源能够得到充分利用。总之，企业要在保证战略目标顺利实施的基础上，让人力资源在战略执行中发挥最大作用。

下面我们通过对制造业企业和零售业企业进行分析，帮助理解数字化如何赋能企业转型升级并改善生产方式。

一是制造业企业通过数字技术的引入实现生产过程的全面优化。首先，企业对生产数据进行分析和深入挖掘，运用大数据分析技术，找准企业生产过程中存在的瓶颈和问题，有针对性地制订改造目标。其次，企业借助物联网技术对实现设备远程监控、自动调节赋能的生产设备进行智能化改造。同时，各企业还搭建共享生产资源、优化配置生产资源的数字化平台。这些措施的实施可以有效控制生产成本，企业生产效率明显提高。

二是零售业企业通过数字化转型在销售模式的创新和生产方式的改善两个方面实现新突破。企业运用大数据技术对消费者行为进行深入研究，基于对消费者需求和偏好的充分了解，制定转型目标。企业根据这些信息进行产品定制开发，并借助线上渠道进行销售，运用智能物流技术对供应链进行优化改造，在快速响应和精准配送上发力，降低库存成本和运输成本，使企业的销售额和客户满意度得到有效提升。

### 案例5-8　以战略目标制定为核心的闭环持续改善机制能够加速企业数字化转型升级

一家营收规模接近百亿的企业的董事长牵头关注国家战略政策，如国家发布的《中华人民共和国国民经济和社会发展第十四个五年规划和2035年远景目标纲要》、国务院国有资产监督管理委员会发布的《关于加快推进国有企业数字化转型工作的通知》等文件。该企业董事长牵头并组织高管团队进行全面深入地学习和理解这些文件，然后在文件的框架内，讨论如何落实到本企业。

该企业高管团队在国有资产监督管理委员会发布《关于加快推进国有企业

数字化转型工作的通知》文件之前，就明确提出了本企业全面数字化转型的战略目标和实施路线图：以业务为核心，通过数字化工具赋能业务，提升企业核心业务的竞争力。利用数字化手段支撑战略目标的制定，驱动业务透明，赋能产业链上下游协同，提升管理支撑和风险管控能力，形成"目标－赋能－改善"的闭环，加速企业实现高质量发展。

经过一年半的时间，该企业从了解数字化、接触数字化到熟悉数字化，再到拥抱数字化，最终在集团实现战略目标制定、业务赋能、能力改善的"目标－赋能－改善"业务能力提升闭环，据此，指导企业各部门团队编制数字化建设顶层设计蓝皮书、各部门路线规划施工图、分业务总体以及分阶段实施计划。

**案例总结：**

构建"目标－赋能－改善"的能力闭环，首先，企业领导层需要将数字化转型纳入企业长期发展战略，并有面向业务发展的清晰、可量化战略目标。其次，积极响应国家战略政策提出的打造数字经济新优势要求，从了解数字化到推动其赋能集团管控业务，形成对企业核心能力的改善，从而不仅能够确保转型目标与企业发展战略的一致性，还能够通过企业核心能力的改善给企业带来核心竞争力的加速提升。

## 5.5 数字化转型赋能企业高质量发展的一个机制

企业通过对核心能力进行评估诊断，打造"显差－析差－关差"可持续能力改善机制，为"目标－赋能－改善"数字化转型闭环提供可持续的推动力，如图5-18所示。企业通过评估诊断并对问题进行定位，实现"显差"，然后对企业的各种产品和服务需求进行深度挖掘，实现"析差"，利用新型精益思想、数字化转型等手段支撑问题的解决，实现"关差"，再持续推动企业核心能力评估诊断，进行再次"显差"，同时，对企业核心能力诊断、供需匹配积累的数据进行加工分析，形成企业诉求、入口诊断和生态赋能的有效协同，实现企业核心能力提升的螺旋式、可持续驱动。

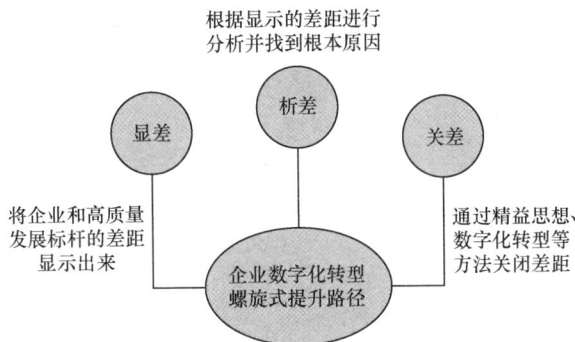

图 5-18 "显差 – 析差 – 关差"可持续能力改善机制

## 5.5.1 实现企业"显差"的8个步骤

"显差"，即显现差距，其目的是定位企业发展关键问题，为优化运营流程、提升管理效能、挖掘内在潜力提供依据。中国工业互联网研究院牵头研制的《企业核心能力诊断评估规范》（T/CIE 250—2024），将企业诊断工作分为8个步骤。

**步骤一**是项目筹备与规划阶段，包括确定诊断工作边界，明确诊断目标、时间框架及核心诊断模型，确保诊断活动具有明确的方向与预期成果。**步骤二**是组建专业诊断团队，成立由经验丰富的项目经理、项目助理各一名及行业资深诊断专家若干名组成的精英团队，共同负责项目全程管理。**步骤三**是细化诊断实施范围，包括明确企业参与人员名单、诊断时间规划及所需物资清单，通过精确的时间与资源分配，确保诊断内容与企业实际需求高度匹配。**步骤四**是诊断启动与信息同步，包括发布正式诊断通知，详细说明诊断目标、议程安排及关注重点，确保项目团队与企业各方信息一致，为诊断活动的顺利展开创造有利条件。**步骤五**是现场深度访谈与痛点挖掘，由实施团队的专家深入企业各部门，开展面对面业务访谈，全面了解企业运营实况。**步骤六**是系统化诊断与在线互动，包括启动系统化诊断程序，邀请企业员工参与在线问卷调查，确保诊断数据的广泛性和客观性。**步骤七**是全过程跟踪管理与焦点问题分析，需要密切监控诊断进展，对诊断过程中出现的问题进行持续性答疑，确保诊断活动顺畅进行。**步骤八**是诊断报告编制与改善方案拟定，综合系统诊断结果与专家访谈资料，撰写正式诊断报告，确保报告内容全面、准确反映企业实际情况。企业核心能力诊断实现"显差"的 8 个步骤如图 5-19 所示。

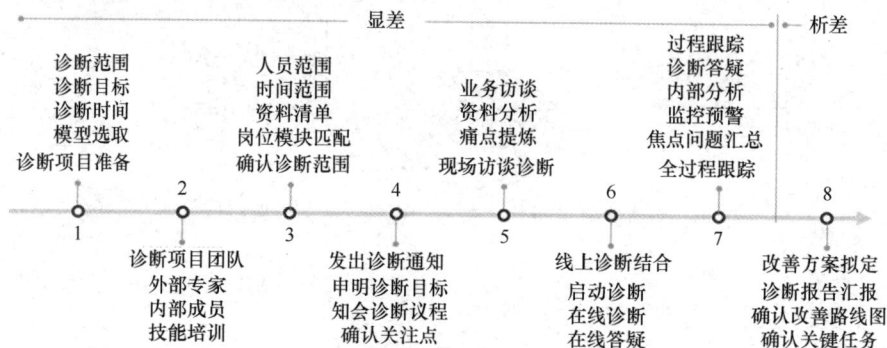

图 5-19　企业核心能力诊断实现"显差"的 8 个步骤

核心能力诊断作为企业发掘自身优势和短板的重要手段，可以充分协同企业内外部资源，合力推进"显差"工作落地。为此，企业应主动整合内部各团队的业务知识和技术资源，并积极寻求与第三方机构合作，整合各生态伙伴优势资源，开展数据汇聚、分析应用、生态构建等工作，服务企业通过核心能力诊断评估进行"显差、析差"，并通过供需精准匹配改善方案的实施落地实现"关差"。

企业开展核心能力诊断需要制定实施标准，该标准需要具备诊断产业覆盖更广泛、模型指标粒度更细化、评分手段方式更多样、评价结果分析更科学的特点，能够满足制造业门类多、工艺多、流程多的实际需求。"显差"的标准化可以提升企业呈现"显差"的效率，并为"析差"快速找到最优经验参考。

### 5.5.2　实现企业"析差"的10个分析领域

在找到"显差"之后，企业需要分析引发这些差距的根本原因，即"析差"，为改善企业核心能力奠定基础。从企业生产经营全生命周期来看，"析差"可以从以下 10 个领域来开展分析。

**一是**战略目标可行性论证和承接，重点在于企业制定清晰的战略目标，并对其进行充分论证，确保战略规划与实际执行相互匹配，通过目标的制定、论证、分解与落实，指引企业沿着正确的发展轨道稳步前进；**二是**产品市场推进策略，针对特定行业客户的产品，企业需要建立从潜在客户发掘到合同签订的全过程管理体系，确保市场营销活动与客户需求准确对接，推动产品成功进入市场；**三是**渠道管理与终端销售优化，强化分销渠道的建设与管理，确保产品能有效地送达终端消费者手中，同时不断提升客户体验，增强品牌的市场影响力；**四是**产品全生命周期管理，通过研发到样品、研发到量产、研发到收入 3 个阶段的管理，企业对产品价值创造的全过程进行细致监控，支持产品的持续创新与高效迭代；**五是**基于销售预测的供应链管理，通过精确的需求预测与计划制订，企业构建灵活的供需平衡机制，实现从订单到交付的无缝衔接，提升供应链的韧性和响应能力；**六是**采购与供应商关系管理，鉴于采购成本对企业利润的影响重大，必须以供应商合作为基础，企业通过精细化管理和与供应商合作提高成本控制、产品质量等方面的绩效，从而提高成本效益；**七是**数字化制造转型，企业利用精益管理、自动化、信息化以及智能化手段，深入挖掘制造环节的效率与创新能力，为企业赢得未来制造业的竞争优势；**八是**销售与运营协同运作，该环节是提高企业运营效率的重要环节，企业需要实现销售与运营计划的深度融合，合理调配资源，确保业务目标的有效实现；**九是**人才与组织发展，企业重视员工能力的培养与组织效率的提升，通过教育培训、激励机制等方式激发人才潜能，构建高效能的工作团队；**十是**质量管理体系构建，覆盖客户投诉处理、产品设计、制造及原材料质量控制等全流程的质量管理，企业需要建立闭环机制，确保产品和服务质量始终符合高标准要求，满足市场需求。

### 5.5.3 通过"三大要素、四大步骤"实现"关差"

"关差"，即关闭差距，企业应当围绕思想指引、业务转型和工具赋能三大要素，并融合业务分解重构、人岗组织完善、数字工具赋能、闭环持续改善四大步骤，构建起科学的管理体系，有效提升企业核心能力，推动企业持续健康稳定发展。

思想指引要求企业领导层具有前瞻性思维，将数字化转型纳入企业长期发展战略之中，明确可量化的战略目标，积极应对国家政策变化，形成与企业发展战略相一致的转型目标。同时，要注重培育企业内部的数字化意识与文化，确保所有员工都能够理解和支持数字化转型，共同推动企业进步。

业务转型则作为企业改革的核心，旨在通过业务流程的精细化管理与重组，明确企业核心竞争力所在，从而优化业务结构，提升业务效率。在此过程中，企业需要对自身业务进行多层级的分解与重构，直至能够量化处理的"基因"层级，以便精准定位业务流程中存在的问题，进而采取有效措施，从根本上提升企业的核心竞争能力。

人岗组织完善的目的是通过优化人员配置和组织结构调整，使企业的组织架构更加适应数字化时代的要求。这包括构建合理的人员能力提升路径，以及形成灵活高效的组织架构，确保每一位员工都能在其合适的岗位上发挥最大效能。

数字工具赋能是实现上述目标的技术基础。通过引入智能用户需求分析系统、数字化销售系统等一系列软件工具，企业可以更好地理解市场需求，提高销售效率，优化生产流程，从而全面提升其运营效率与服务水平。

闭环持续改善强调了"目标 – 赋能 – 改善"的理念，企业通过设定清晰的战略目标，利用数字化工具赋能业务，形成一套完整的闭环管理体系，以持续改善企业核心能力。这一模式有助于企业不断调整和完善其发展战略，确保转型目标与企业发展保持同步。在业务数字化的基础上，促进企业加速由"生产制造厂商"向"生产＋平台智能服务商"转型，参考行业标杆的数字化转型解决方案，加速企业"析差"和"关差"进程，降低企业数字化转型成本，有效解决企业"不会转、不敢转、不能转"的问题，助力企业提质、降本、增效、绿色、安全发展。

## 5.6　小结

数字化技术和企业业务融合已形成不可逆转的趋势，作为三轮传动模式的重要支撑，企业数字化转型不仅是技术层面的革新，更是企业管理、运营、生产模式、运营理念、企业文化的一次深度变革，是企业高质量发展的关键环节和必由之路。在此背景下，企业唯有拥抱时代发展趋势，厘清并遵循数字化转型"三大要素、四大步骤、一个机制"，才能持续行驶在高质量发展快车道。

数字化转型三大要素分别是思想指引、业务转型和工具赋能。思想指引是企业内部形成全员参与、持续优化、柔性转型、质量提升的新型精益思想；业务转型强调的是以业务为核心的转型战略；工具赋能则是指利用信息技术手段，如人工智能、区块链、大数据分析等，来提升企业的运营效率与决策精准度。

数字化转型关键路径须遵循四大步骤，首先是业务分解重构，即对现有业务进行细化拆解至可量化的颗粒度，定位优化点，并重新设计业务流程，实现业务再造，使之更加符合现代管理理论的要求；其次是人岗组织完善，这包括建立科学的人力资源配置体系，构建适应数字化环境的企业组织架构；再次是数字工具赋能，即利用各类信息化、数字化、智能化工具，如数字化销售系统、制造执行系统及物流系统等，来增强企业的整体运营效能；最后是闭环持续改善，即围绕企业的战略目标，通过数字化手段进行持续的改进与优化，形成"目标、赋能和改善"工作闭环。

为确保数字化转型的可持续实施，企业还必须建立一个"显差－析差－关差"评估诊断机制。该机制包括制定推动策略、搭建线上平台以及挖掘数据价值等方面的工作，帮助企业及时调整自身的战略方向，利用大数据等新兴技术深入挖掘内部需求和潜力，从而不断提升自身的核心竞争力。

6

# Chapter

第6章

评价驱动：推动企业
可持续高质量发展

为了在激烈的市场竞争中脱颖而出，科学、全面、有效的评价驱动对于推动企业可持续高质量发展尤为重要。评价驱动作为企业管理的核心组成部分，其目的在于通过量化指标和定性分析，全面、客观地反映企业的运营状况、发展潜力及存在的问题。基于科学合理的评价指标，企业能够识别在高质量发展过程中存在的问题和不足，为企业制定改进措施提供科学依据。企业可以清晰地看到生产过程中各个环节的效率和质量水平，从而识别出生产过程中的瓶颈和浪费，进而采取优化措施提升整体运营效率。评价驱动还能够持续推动企业数字化转型进程，通过数字化技术实现对生产、管理、销售等各个环节的实时监控和数据分析，为企业决策提供更加准确和及时的信息支持。本章从评价驱动的基本概念和理论框架出发，结合实际案例，多维度阐述评价驱动如何保障企业高质量发展。首先，探讨评价驱动的定义与内涵，以及其在企业高质量发展中的重要作用。随后，从企业负责人视角、部门负责人视角和普通员工视角等多个维度出发，分析不同类型企业在构建和应用评价驱动时的关注点和重点。在此基础上，重点介绍国有企业、民营企业、中小企业等不同类型企业在构建和应用评价驱动时的具体路径和策略，为企业构建和应用评价驱动提供有益的参考和借鉴。

## 6.1 评价驱动的概述

评价驱动是一个综合性的框架，它通过对企业运营过程中的各个方面进行系统化、标准化的评估，揭示企业的优势和不足，为企业决策提供科学依据。评价驱动由多个相互关联、相互作用的要素构成，这些要素共同构成了一个完整、有机的评价系统，确保评价结果的全面性、客观性和准确性。

### 6.1.1 评价驱动的定义与演化

#### 1. 评价驱动的定义

评价驱动由评价指标、评价方法、评价标准和评价流程四大关键部分构建而成，如图 6-1 所示。

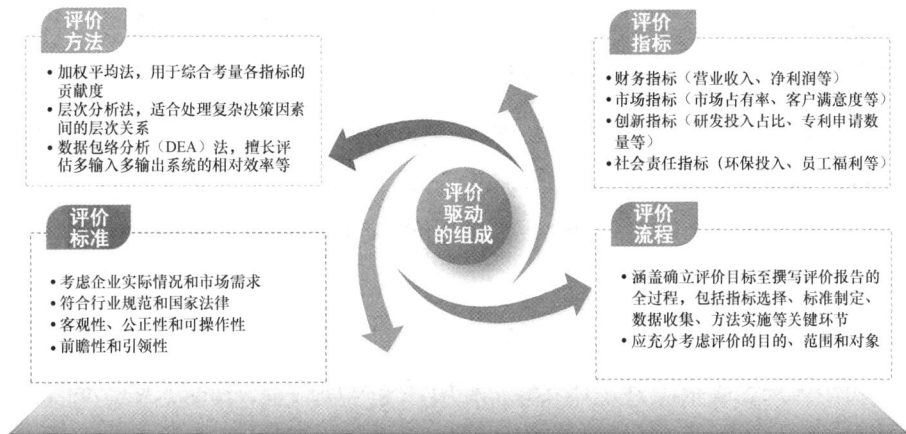

**图 6-1　评价驱动的组成**

评价指标作为评价驱动的基础，承担着衡量企业运营状况的重任，所选指标需要具备充分代表性，以真实且准确地反映企业的实际运营状况。同时所选指标应具有可衡量性，能够通过具体的数据或信息来量化表达。常见的评价指标包括财务指标（营业收入、净利润等）、市场指标（市场占有率、客户满意度等）、创新指标（研发投入占比、专利申请数量等）以及社会责任指标（环保投入、员工福利等）。评价指标的选择应根据企业的战略目标和业务特点来确定，确保评价指标具有针对性和有效性的特征。

评价方法是指运用特定的数学、统计或其他分析工具，对评价指标进行加工、处理和分析的方法。评价方法的选择，需要充分考虑评价指标的独特性质及具体的评价目标，以确保方法的适用性和有效性。常用的评价方法多种多样，一是加权平均法，用于综合考量各指标的贡献度；二是层次分析法，适合处理复杂决策因素间的层次关系；三是数据包络分析（DEA）法，擅长评估多输入多输出系统的相对效率等。评价方法的选择，应充分考虑数据的可得性、评价的可操作性和结果的可靠性等因素，确保评价结果的准确性和有效性。

评价标准是指评价指标应达到的水平或基准，用于判断企业的表现是否达到预定目标。评价标准应具备客观性、公正性和可操作性等特征，以便为企业评价提供明确参考。评价标准的制定应根据企业的实际情况和市场需求来确定，既要符合行业规范和国家法律法规，又要具有一定的前瞻性和引领性。

评价流程涵盖了从确立评价目标至撰写评价报告的全过程，包括指标选择、标准制定、数据收集、方法实施等关键环节。评价流程的制定应充分考虑评价的目的、范围和对象等因素，确保评价活动的有序进行和有效实施。

### 2. 评价驱动的演化

改革开放 40 多年来，随着经济的不断发展和企业管理的日益复杂化，评价驱动作为关键管理工具，其发展历程历经了从简至繁、由单及多、定性向定量的转变，大体可以划分为 5 个阶段，如图 6-2 所示。

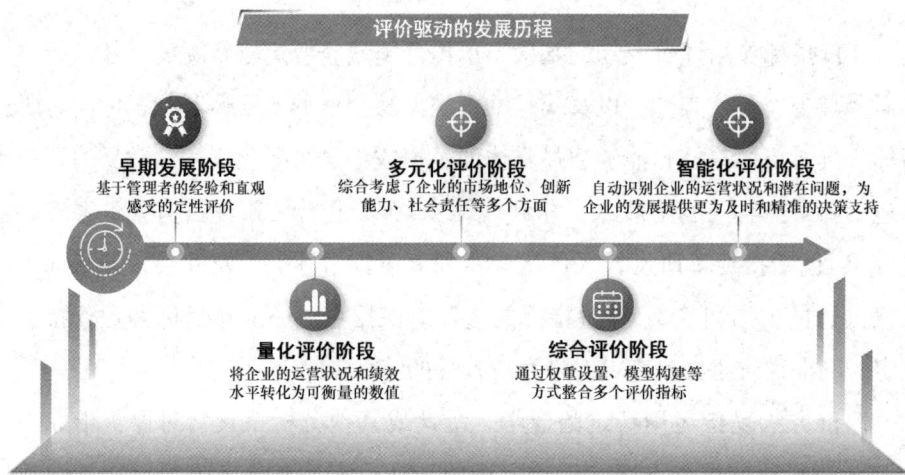

图 6-2　评价驱动的发展历程

早期发展阶段。在早期的企业管理中，评价驱动主要基于管理者的经验和直观感受的定性评价。这个阶段的评价驱动高度依赖管理者的主观臆断与经验积累，难以确保评价结果的客观性和公正性。同时，由于缺乏系统的评价方法和工具，评价结果往往难以量化和比较，限制了其在企业决策中的应用。

量化评价阶段。随着统计学与数学的进步，量化评价逐渐崭露头角并得以广泛应用。量化评价通过收集和分析具体的数据和指标，将企业的运营状况和绩效水平转化为可衡量的数值，提高了评价结果的客观性和准确性。量化评价依托如加权平均法、层次分析法等数学方法处理分析数据，针对不同评价目标与指标，可以得出更为科学的评价结果。

多元化评价阶段。随着企业管理的复杂化和市场竞争的加剧，单一的量化评价已经难以满足企业的需求。因此，多元化的评价指标体系和评价方法应运而生。多元化评价不仅关注企业的财务指标和绩效水平，还综合考虑了企业的市场地位、创新能力、社会责任等多个方面。通过构建多元化的评价指标体系，企业不仅能够更全面地了解自身的运营状况和竞争优势，还能够为企业的战略决策提供更为全面和准确的依据。

综合评价阶段。综合评价不仅考虑了企业的多个方面，还通过权重设置、模型构建等方式将多个评价指标进行整合，形成一个综合的评价结果。综合评价不仅能够更加全面地揭示企业运营状况与绩效水平，还能够为企业可持续发展提供科学指引。

智能化评价阶段。随着人工智能与大数据技术的日新月异，智能化评价正逐步成为评估领域的新风尚。智能化评价深度融合大数据处理与人工智能技术，深度剖析复杂数据，精准提炼出对企业评价至关重要的信息与规律，从而为企业量身打造更为精准且高效的评估方案。智能化评价不仅能够自动识别企业的运营状况和潜在问题，还能够为企业的发展提供更为及时和精准的决策支持。

总之，评价驱动经历了从定性到定量、从单一到多元、从综合到智能的演变过程。随着企业管理的不断发展和市场竞争的加剧，评价驱动将继续向更加科学、全面、高效的方向发展，为企业的高质量发展提供有力支撑。

## 6.1.2　评价驱动与企业高质量发展的逻辑关系

在当今复杂多变的市场环境中，企业高质量发展、新型精益思想及数字化已经成为推动企业持续进步的三大关键要素。本节将具体分析评价驱动与企业高质量发展、新型精益思想、数字化的内在关联关系，为构建评价驱动赋能企业高质量发展理论框架奠定基础。

### 1. 评价驱动与企业高质量发展的关系

评价驱动作为衡量企业运营状况和绩效水平的重要工具，能够直观地体现上述三大关键要素之间的逻辑闭环关系，评价驱动的意义如图6-3所示。

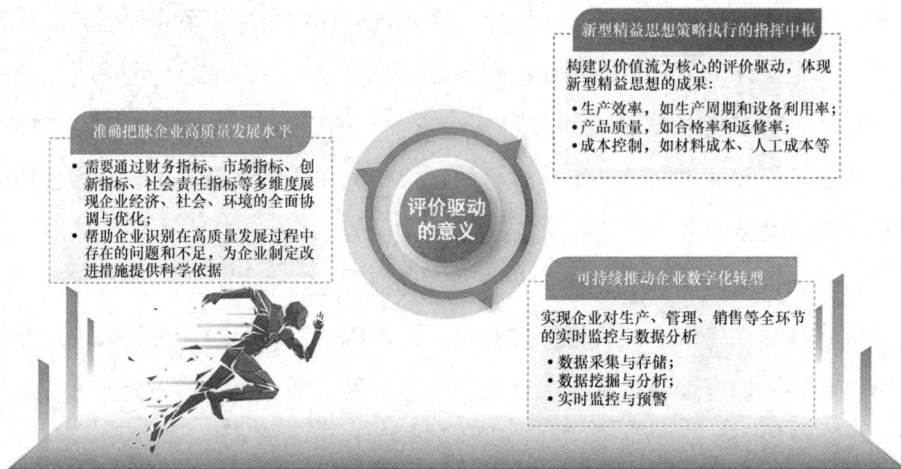

**准确把脉企业高质量发展水平**
- 需要通过财务指标、市场指标、创新指标、社会责任指标等多维度展现企业经济、社会、环境的全面协调与优化；
- 帮助企业识别在高质量发展过程中存在的问题和不足，为企业制定改进措施提供科学依据

**新型精益思想策略执行的指挥中枢**
构建以价值流为核心的评价驱动，体现新型精益思想的成果：
- 生产效率，如生产周期和设备利用率；
- 产品质量，如合格率和返修率；
- 成本控制，如材料成本、人工成本等

**评价驱动的意义**

**可持续推动企业数字化转型**
实现企业对生产、管理、销售等全环节的实时监控与数据分析
- 数据采集与存储；
- 数据挖掘与分析；
- 实时监控与预警

图6-3　评价驱动的意义

（1）评价驱动可以准确把脉企业高质量发展水平

企业高质量发展追求经济、社会、环境等多维度的全面协调与优化，因此需要构建全面且多维度的评价指标以直观展现其成果。这些指标不仅包括传统的财务指标，如营业收入、净利润等，还应涵盖市场指标、创新指标、社会责任指标等，以全面反映企业在各个领域的表现。例如，当企业的创新投入持续增加、新产品不断推出、市场占有率稳步提升时，这些都可以在评价驱动中得到直观体现。同时，评价驱动还能帮助企业识别在高质量发展过程中存在的问题和不足，为企业制定改进措施提供科学依据。

（2）评价驱动是新型精益思想策略执行的指挥中枢

新型精益思想通过融合柔性管理理念、优化价值流、消除浪费、提高生产效率和产品质量来持续推动企业高质量发展。评价驱动在新型精益思想中的作用尤为显著。通过构建以价值流为核心的评价驱动，企业可以清晰地看到生产

过程中各个环节的效率和质量状况，从而识别出生产过程中的瓶颈和浪费。具体来说，评价驱动可以通过以下3方面来体现新型精益思想的成果。一是生产效率，如生产周期和设备利用率，准确代表企业生产的效率与速度水平；二是产品质量，如合格率和返修率，是衡量企业产品品质和可靠性的关键性指标；三是成本控制，如材料成本、人工成本等，这些指标能够反映企业在成本控制方面的表现。通过评价驱动的持续监控和评估，企业可以及时发现生产过程中的问题并采取措施进行改进，从而不断提高生产效率和质量水平。

（3）评价驱动能可持续推动企业数字化转型

数字化作为驱动企业高质量发展的重要战略路径之一，可以实现企业对生产、管理、销售等全环节的实时监控与数据分析，为企业决策提供了精准、及时的信息支撑。评价驱动在数字化进程中同样占据核心地位，它确保了数据的有效整合与分析，为企业优化决策提供了坚实支撑。通过构建基于数字化技术的评价指标体系，企业能够快速整合、处理并分析海量数据，全方位深入分析，更好地成长，其中数字化在评价驱动的应用具体体现在以下三大方面。一是数据采集和存储，通过数字化技术，企业可以实现对各种数据和信息的快速采集和存储，为评价驱动的构建奠定丰富的数据基础；二是借助大数据与人工智能技术，企业通过对海量数据进行深入挖掘与分析，提炼有价值信息与规律，为评价驱动优化奠定科学基础；三是实时监控和预警，通过数字化技术，企业可以实现对生产、管理、销售等各个环节的实时监控和预警，及时发现潜在问题并采取措施进行改进。

企业高质量发展、新型精益思想及数字化之间的逻辑闭环关系体现在评价驱动的持续循环和优化过程中。具体来说，企业高质量发展是目标，评价驱动以企业高质量发展为目标，通过构建全面、多维度的指标体系来衡量企业在各个领域的表现。新型精益思想是实现手段，评价驱动通过监控和评估企业在新型精益思想方面的成果来推动企业持续改进和发展。同时，新型精益思想也为评价驱动的优化提供了重要支撑。数字化技术作为坚实后盾，为评价驱动的构建与优化提供了不可或缺的技术支撑。通过数字化技术，企业可以实现对各种数据和信息的快速收集、处理和分析，为评价驱动的准确性和时效性提供保障。综上所述，评价驱动通过直观体现企业高质量发展、新型精益思想及数字化之间的逻辑闭环关系，为企业的发展提供了重要支持。同时，随着企业不断发展和市场环境的变化，评价驱动也需要不断优化和完善以适应新的需求和挑战。

**2. 评价驱动动态推动企业高质量发展**

评价驱动在企业高质量发展的过程中扮演着至关重要的角色，其不仅能够全面衡量企业运营的各个维度，还能够动态地推动企业高质量发展的进程。评价驱动动态推动企业高质量发展的理论逻辑主要体现在 4 个方面，如图 6-4 所示。一是理论框架的支撑，评价驱动能够动态推动企业高质量发展的理论逻辑得到了现代管理理论的支持。例如，系统管理理论倡导将企业视为一个整体系统，强调其内部的协调性与整体性管理。评价驱动正是基于这一理论框架，通过构建多维度的指标体系来全面衡量企业的运营状况。同时，动态评估的思想也符合了现代管理理论中关于持续改进和创新的要求。企业通过持续的评估、反馈与改进机制，能够灵活应对市场与环境变化，确保其长期具备竞争力。二是适应性与灵活性的体现，评价驱动作为一个系统性的工具，其设计之初就考虑到了适应性和灵活性的需求。企业的高质量发展是一个动态变化的过程，涉及经济、社会、环境等多个维度，这些维度随着市场和环境的变化而不断变动。评价驱动通过构建多维度的指标体系，可以灵活地适应这些变化，确保评估结果能够真实反映企业高质量发展的实际情况。三是实时反馈与持续改进，评价驱动通过实时收集和分析数据，能够为企业提供及时的反馈。这种反馈不仅限于企业当前的运营状况，还包括未来发展的趋势和潜在风险。企业基于反馈结果，灵活调整战略、优化管理以增强竞争力，并持续完善评价驱动，提升评估结果的精准度与效率。四是闭环管理与持续改进，评价驱动的核心在于形成一个闭环管理系统，即"评估－反馈－改进－再评估"的循环过程。在这个闭环管理系统中，评价结果是推动企业改进和发展的重要依据。通过对评价结果的深入分析，企业可以明确自身在高质量发展过程中存在的问题和不足，并制定相应的改进措施。这些改进措施的实施将推动企业向着更高的目标前进，而新的评估结果又将为下一轮的改进提供指导。这种闭环管理系统使企业能够不断地进行自我完善和提升，实现持续的高质量发展。

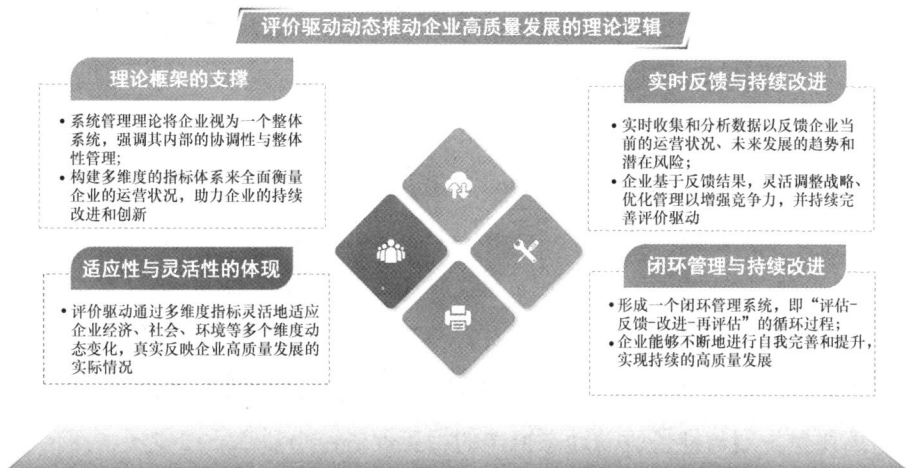

图6-4　评价驱动动态推动企业高质量发展的理论逻辑

因此，评价驱动能够动态推动企业高质量发展的理论逻辑在于理论框架的支撑、适应性与灵活性的体现、实时反馈与持续改进及闭环管理与持续改进。这些逻辑共同构成了评价驱动动态推动企业高质量发展的基础，为企业实现持续的高质量发展提供了有力保障。

### 3. 企业高质量发展推动评价驱动的动态更迭

在企业高质量发展的道路上，评价驱动不仅是衡量和监控的工具，还是推动企业持续进步的引擎。随着企业不断发展，其经营环境、战略目标和内部运作机制都会发生相应变化，这就要求评价驱动能够随之动态更迭，以更好地适应市场变化，确保企业高质量发展的持续性与稳定性。企业高质量发展推动评价驱动动态更迭的理论逻辑主要体现在4个方面，如图6-5所示。**一是理论框架的支撑**，企业高质量发展可以推动评价驱动动态更迭的理论逻辑得到了现代管理理论的支撑。其中，战略管理理论强调企业应根据外部环境的变化和内部资源的变化来调整自身的战略目标和行动计划。而评价驱动作为战略管理的重要组成部分，其动态更迭正是战略管理理论的具体体现。同时，组织变革理论也指出，随着组织外部环境的变化和内部条件的成熟，企业需要进行相应的变革以适应新的环境和挑战。评价驱动的动态更迭正是组织变革在评价驱动领域的具体实践。**二是高质量发展的内在动力**，源自经济、社会及环境等多维度的全面协调与持续优化追求。这种优化是一个持续不断的过程，要求企业不断适应外部环境的变化，同时调整内部资源配置和运营策略。在这一过程中，企业需要有一个能够灵活调整、及时响应的评价驱动来支撑其高质量发展。**三是评价驱动的动态性特征**，评价驱动在本质上是一个动态系统，具有灵活性和适应性，可以根据企业的实际运营情况和外部环境的变化，调整指标设置、权重分配、评估周期等方式，实现评价驱动的动态更迭。这种动态性特征使评价驱动能够始终与企业的实际需求保持紧密契合，为企业高质量发展提供有力保障。**四是高质量发展与评价驱动动态更迭的相互促进**，企业高质量发展与评价驱动动态更迭之间存在着相互促进的关系。一方面，企业高质量发展需要评价驱动的支撑和推动，通过评价驱动的动态更迭，企业可以及时发现其在运营过程中存在的问题和不足，进而调整战略、优化管理、提升竞争力。另一方面，评价驱动的动态更迭也需要企业高质量发展的推动，随着企业高质量发展的不断深入，其对评价驱动的要求也会不断提高，这将促使评价驱动不断进行自我更新和完善。通过对成功企业实践案例的调研，我们可以发现它们普遍具备一个能够根据企业实际情况和外部环境变化进行动态更迭的评价驱动。这些企业通常能够敏锐地捕捉市场趋势和客户需求的变化，及时调整自身的战略目标和运营策略，并通过评价驱动的动态更迭来确保战略目标的实现。这些案例深刻启示我们，企业高质量发展离不开与之同步构建并发展的评价驱动。

因此，企业高质量发展可以推动评价驱动动态更迭的理论逻辑在于理论框架的支撑、高质量发展的内在动力、评价驱动的动态性特征以及两者之间的相互促进关系。通过实践案例的启示，我们可以进一步认识到评价驱动动态更迭对于企业高质量发展的重要性。因此，在企业高质量发展的过程中，我们应当注重评价驱动的动态更迭和优化升级工作，以确保其能够始终与企业的实际需求保持紧密契合。

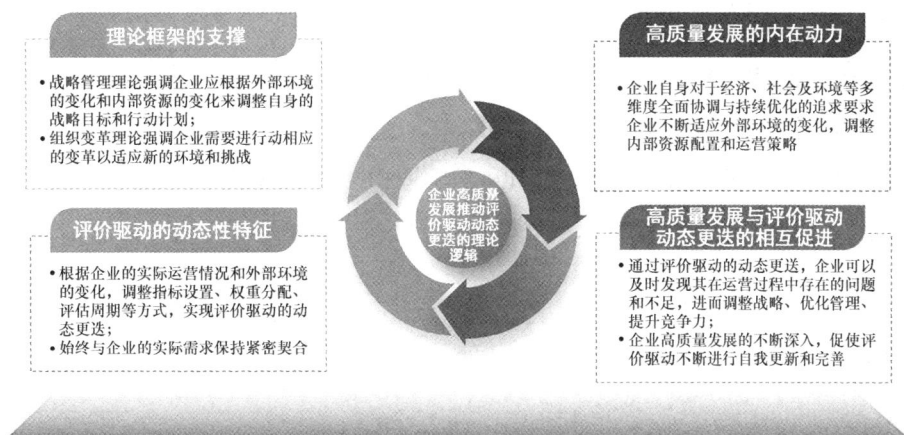

图 6-5 企业高质量发展推动评价驱动动态更迭的理论逻辑

## 6.2 评价驱动推动企业高质量发展的理论基础

企业高质量发展的核心驱动力不仅是企业稳健前行的基石，还是其构建评价驱动的关键要素。而企业内部不同层级，包括企业负责人、部门负责人、普通员工等，对企业自身核心驱动力的理解存在差异。企业通过多视角的深入洞察，揭示其在追求高质量发展过程中可能遭遇的障碍与机遇，并据此提出一系列创新性的改进策略。这些策略旨在激发企业内在潜能，促进发展质量的全面提升，确保企业在不断变化的市场环境中保持领先地位，最终实现高质量发展的良性循环与动态进化，构建起一套能够持续赋能企业高质量发展的理论框架与实践体系。

### 6.2.1 支撑企业高质量发展的核心业务能力分析

评价驱动必须紧密围绕核心业务能力才能有效推动企业的高质量发展。核心业务能力既体现了企业的运营效率与市场竞争力，又是企业在多变市场中稳健成长的关键所在。中国工业互联网研究院联合青岛兮易信息技术有限公司、腾讯云计算（北京）有限责任公司、国家能源投资集团有限责任公司、中国经济信息社有限公司等20余家单位，基于全国6000多家企业的实践，研制了《企业核心能力诊断评估规范》（T/CIE 250–2024），中国电子学会发布的关于同意《企业核心能力诊断评估规范》（T/CIE 250–2024）标准报批申请的函 1 部分发布文件如图 6-6 所示，该标准以企业能力提升需求为导向，从多个维度、多个指标点开展企业综合能力评估和诊断，构建标准化工作机制和流程，以统一的指标体系、数据维度和计算模型支撑企业核心能力诊断评估工作。

# 中国电子学会

## 关于同意中国工业互联网研究院
## 标准报批申请的函

中国工业互联网研究院：

经 2024 年 5 月标准化工作委员会主任办公会研究，同意以下报批申请：

| 序号 | 标准名称 | 标准号 | 制定/修订 |
|---|---|---|---|
| 1 | MA 标识解析体系<br>标识注册与解析技术要求 | T/CIE 244–2024 | 制定 |
| 2 | MA 标识解析体系<br>节点对接技术要求与测试规范 | T/CIE 245–2024 | 制定 |
| 3 | 叉车车载智能终端产品规范 | T/CIE 246–2024 | 制定 |
| 4 | 工业互联网大数据中心数据<br>交换与共享规范 | T/CIE 247–2024 | 制定 |
| 5 | 粮库传感数据采集系统技术要求 | T/CIE 248–2024 | 制定 |
| 6 | 粮库自主作业终端控制系统<br>技术要求 | T/CIE 249–2024 | 制定 |
| 7 | 企业核心能力诊断评估规范 | T/CIE 250–2024 | 制定 |
| 8 | 工业互联网平台企业硬科技属性<br>评价规范 | T/CIE 251–2024 | 制定 |

中国电子学会
2024 年 5 月 24 日

图 6-6　中国电子学会发布的关于同意《企业核心能力诊断评估规范》（T/CIE 250–2024）
标准报批申请的函（部分发布文件）

　　该标准具有四大特点。一是产业适配模型更精准，标准包括 B2B 消费品制造型企业、B2B 工业品离散制造型企业、B2B 工业品流程制造型企业等 5 个一级产业分类，并对其进一步分解为 17 个二级产业分类和 31 个三级产业分类。二是模型指标颗粒度更细化，模型指标包括战略目标落地论证、营销与销售、数字化制造等一级板块指标 9 项，二级模块指标 88 项，三级组件指标 365 项。三是评分手段方式更多样，该标准支持企业依托数字化诊断系统，通过线上和线下相结合的方式，更充分、更精准、更高效地反映能力要素的重要程度。四是评价结果分析更科学，该标准从企业维度细化到板块指标维度进行 5 级成熟度测评，助力企业精准识别问题，制定高效解决方案并明确实施路径。本节基于《企业核心能力诊断评估规范》(T/CIE 250–2024) 的相关论述，重点关注以下 9 个方面的支撑企业高质量发展的企业核心业务能力板块，如图 6-7 所示。

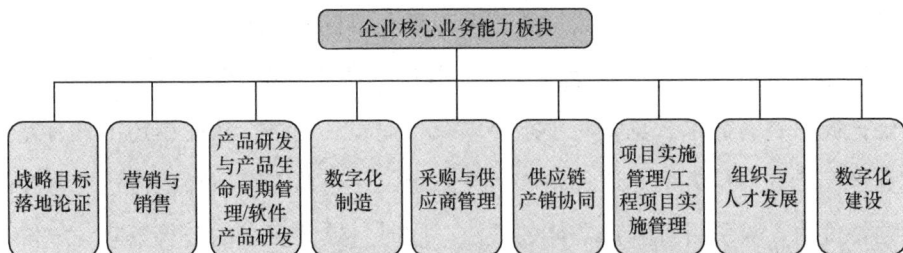

图 6-7　支撑企业高质量发展的企业核心业务能力板块

**1. 战略目标落地论证**

　　企业的战略目标犹如灯塔，不仅指引其长远发展路径，还凝聚了全体员工的共同奋斗目标。战略目标的落地实施，则是将这一宏伟蓝图转化为具体行动和成果的关键步骤。这一过程的成功与否，直接关系到企业能否在激烈的市场竞争中保持稳健步伐，持续创造价值。首先，战略目标落地论证的首要任务是确保目标的清晰明确与切实可行。这意味着企业所设定的目标不仅在内容上要具体明确，能够清晰地描绘出企业未来希望达到的状态，还需要在实际操作中具备可行性，即考虑到内外部环境的限制条件，确保目标可以通过合理的资源配置和有效的执行路径来实现。其次，评估战略目标落地成功与否的重点在于企业构建高效的战略执行体系，涵盖详尽的实施蓝图，明确各阶段任务、责任人及时间框架；搭建跨部门协作桥梁，强化信息流通与资源高效整合；建立灵活应对市场变化的调整机制，确保战略在执行过程中能够保持与实际情况的紧密契合。同时，战略目标的可衡量性也是不容忽视的一个方面。通过将战略目标细化为一系列可量化的指标，企业能够实时监控战略执行的进展情况，及时发现问题并采取相应措施。这种基于数据的监控机制不仅提高了战略执行的透明度，还为后续的评估和改进提供了有力支持。最后，战略执行的有效性是评估战略目标落地成功与否的关键标准。这要求企业在执行过程中始终保持高度的执行力和纪律性，确保各项任务按时、按质完成。

### 2. 营销与销售

营销与销售作为企业与市场紧密相连、实现价值传递的关键枢纽，其战略地位极为重要且不容忽视。它们不仅是企业获取市场份额、提升品牌影响力的关键途径，还是推动企业持续增长、实现盈利目标的重要驱动力。首先，市场营销策略的高效实施是企业迈向成功的基础。这要求企业深入进行市场分析，准确把握消费者需求、竞争对手态势以及行业发展趋势，从而制定出具有差异化竞争优势的营销方案。通过精准的产品定位，企业能够清晰地传达自身产品的独特价值，吸引目标客户群体的关注。同时，灵活多变的销售策略，如价格策略、促销手段、渠道布局等，也是确保市场策略成功实施的重要因素。其次，销售渠道的顺畅运作对于确保企业产品有效触达消费者具有至关重要的作用。一个完善的销售渠道网络能够覆盖更广泛的市场区域，有效提高产品的市场渗透率。同时，渠道伙伴的选择与管理也是至关重要的，他们需要与企业保持紧密的合作关系，共同推动产品的销售。此外，随着电子商务的兴起，线上销售渠道已成为不可忽视的力量，企业需要积极拥抱这一趋势，打造线上线下融合的一体化销售体系。最后，销售团队的专业能力与综合素养直接决定了销售业绩的优劣与成败。一个优秀的销售团队不仅需要具备出色的销售技巧和市场洞察力，还需要具备强烈的客户服务意识，能够为客户提供专业、贴心的服务。企业需要通过有效的销售团队管理，激发销售人员的积极性和创造力，提升他们的专业技能和服务水平。同时，建立完善的激励机制和培训体系，也是提升销售团队能力的重要手段。

### 3. 产品研发与产品生命周期管理 / 软件产品研发

产品研发作为企业创新与发展的引擎，是推动企业持续前行、保持市场竞争力的核心驱动力。它不仅关乎企业能否不断推出符合市场需求、引领行业潮流的新产品，还涉及如何高效管理这些产品的整个生命周期，确保企业资源的最优配置和市场响应的敏捷性。首先，强大的研发能力要求企业构建高效的研发体系，涵盖市场调研、精准需求分析、创新概念设计，直至产品开发全流程和测试验证，每一个环节都需要严谨有序，确保产品的高质量与快速迭代。同时，一支由行业专家、技术精英和创新人才构成的研发团队是保障研发工作顺利进行的关键。他们不仅具备深厚的专业知识，还拥有敏锐的市场洞察力，能够准确把握技术趋势与消费者需求，为产品研发提供源源不断的创意与灵感。其次，持续稳定的研发投入是维持企业创新动力与活力的不可或缺之基。企业需要根据市场变化和技术发展趋势，合理规划研发预算，确保在关键领域和前沿技术上拥有足够的资源投入。这不仅包括研发设备的购置、研发人员的薪酬与培训，还涵盖与高校、科研机构及产业链上下游企业的合作与交流，以拓宽研发视野，加速技术成果转化。此外，新产品的迅速上市成为评估企业研发效率及市场竞争优势的关键标尺。在快速变化的市场环境中，企业需要加快产品研发进度，缩短从概念到市场的时间，以抢占市场先机。这要求企业在研发过程中不断优化流程、提高效率，同时加强与生产、销售等部门的协同配合，确保新产品能够迅速投入市场并赢得消费者青睐。最后，产品生命周期管理策略的有效实施，对于推动企业实现可持续发展有着举足轻重的意义。面对日益激烈的市场竞争与消费者需求的多元化趋势，产品迭代周期显著缩短。为此，企业需要构建完备的产品生命周期管理体系，覆盖从产品规划、设计创新、高效生产、精准销售直至市场退出的全链条，使各阶段均能实现产品价值的最大化释放。同时，企业需要通过收集用户反馈、分析市场数据等手段，不断对产品进行改进和优化，以满足市场变化和消费者需求的变化。

### 4. 数字化制造

数字化制造作为智能制造的核心驱动力，正以前所未有的迅猛态势重构企业的生产范式与运营效率格局。随着技术的不断进步，企业越来越倾向于采用先进的数字化制造技术来提升其市场竞争力。

数字化制造，简而言之，是指企业通过集成数字化技术于制造过程中，实现生产活动的智能化、自动化和高效化。这一过程全面贯穿了从产品设计构思、精细生产规划、高效生产执行直至最终产品交付的完整生命周期链条。其核心在于利用计算机技术、自动化技术、物联网技术、大数据分析技术等先进手段，精准控制并优化制造流程，使企业能够显著提升生产效率、有效削减生产成本，并同步提升产品质量。

首先，自动化生产线作为数字化制造的重要基础设施，通过集成各类智能设备和控制系统，实现了生产过程的连续化、自动化和智能化。这些生产线能够根据预设的程序和算法，自动完成产品的加工、组装、检测等任务，这大大减少了人工干预，提高了生产效率和产品的一致性。

其次，智能制造系统作为数字化制造的"大脑"，通过集成各种软件和算法，对生产过程中的数据进行实时采集、分析和处理，为企业的生产决策提供有力支持。这些系统不仅能够实现生产过程的可视化监控和远程管理，还能够通过智能优化算法，对生产流程进行持续优化，进一步提高生产效率和资源利用率。

最后，物联网技术作为数字化制造领域的核心要素之一，是构建高效智能制造体系不可或缺的一环。通过将传感器、执行器等设备嵌入生产设备和产品之中，物联网技术实现了设备之间的互联互通和数据共享。这使企业能够实时掌握生产设备的运行状态和产品的生产进度，从而及时发现并解决问题，确保生产过程的顺利进行。

在提升生产效率方面，数字化制造技术通过优化生产流程和减少人工干预，使生产速度和生产能力显著提高。同时，依托实时监控与深度数据分析机制，企业能够敏锐洞察生产流程中的瓶颈与潜在问题，并迅速制定及实施有针对性的解决方案，以此持续推动生产效率的飞跃式提升。

在削减生产成本方面，数字化制造技术通过减少人工成本、降低能耗和废品率等方式，使生产成本得到全面降低。例如，自动化生产线的广泛应用显著降低了生产对人工劳动力的依赖，从而有效削减了人工成本；而智能制造系统的引入，则通过精细优化生产流程与显著降低废品率，使生产成本进一步得到压缩与控制。

在提升产品质量方面，数字化制造技术凭借其对生产过程的精准操控与产品质量的实时监测能力，确保了产品性能的稳定可靠与品质标准的高度一致。同时，通过大数据分析和智能优化算法的应用，企业能够不断改进生产工艺和产品设计，从而进一步提高产品质量和客户满意度。

因此，数字化制造已跃升为企业提升生产效率、削减生产成本、提升产品质量的关键路径。随着技术的持续革新与应用场景的日益丰富，数字化制造将扮演更加重要的角色，引领企业迈向更高质量的发展新篇章。

**5. 采购与供应商管理**

采购与供应商管理作为供应链管理的核心组成部分，直接关乎企业资源的有效配置、成本控制的精准度以及供应链整体的稳定性和可靠性。这一领域的工作深度与广度不仅影响着企业的日常运营，还是其长远发展的关键所在。

首先，科学合理的采购策略是企业实现高效运营的重要基石。一个科学合理的采购策略，应基于对市场趋势的敏锐洞察、对内部需求的精准把握以及对成本效益的深入考量。它要求企业明确采购目标，合理规划采购计划，同时灵活应对市场变化，确保采购活动既能满足生产需求，又能有效控制成本。此外，采购策略还需要注重与企业整体战略的协同，确保采购活动与企业长远发展目标相匹配。

其次，规范严谨的供应商管理体系是确保供应链稳健运行的核心要素。供应商作为供应链网络中不可或缺的一环，其绩效水平直接关联到企业产品质量的把控与交付时效的保障。因此，企业务必构建严密的供应商准入审核机制，对潜在合作对象进行多维度、全方位的深度评估，涵盖其生产能力、技术创新能力、质量管理体系成熟度以及交货准时率等关键指标，以确保供应链的强健与可靠。同时，企业应当致力于与供应商构建并维护长期稳固的合作伙伴关系，通过促进信息透明共享、深化协同研发合作等途径，企业与供应商携手推动供应链整体效能的显著提升。此外，实施供应商绩效评估机制同样至关重要。通过定期对供应商的表现进行全面评估，企业能够迅速识别并有效应对潜在问题，从而确保供应链的持续优化与不断进步。

在采购成本控制方面，企业需要综合运用多种手段，如谈判议价、批量采购、优化库存管理等，使采购成本得到有效降低。同时，企业还需要注重采购过程中的风险管理，如价格波动风险、供应中断风险等，通过制定应急预案、建立多元化供应商体系等方式，确保供应链的稳定性和可靠性。

最后，供应链风险管理作为企业经营策略中不可或缺的关键领域，其重要性不容忽视。在全球化背景下，供应链面临着诸多不确定性和挑战，如自然灾害等突发事件都可能对供应链造成严重影响。因此，企业应当积极构建健全的供应链风险管理体系，全面覆盖风险的识别、精准评估、动态监控与有效应对等各个环节。通过提升供应链的透明度与灵活性，企业能够更加从容地应对市场波动与外部挑战，确保供应链体系的稳健、高效运行。

因此，采购与供应商管理是企业供应链管理的重要环节，其合理性和规范性直接影响到企业的运营效率和市场竞争力。企业需要不断优化采购策略、加强供应商管理、控制采购成本并注重供应链风险管理，以确保供应链的稳定性、可靠性和高效性。

### 6. 供应链产销协同

供应链产销协同作为现代企业管理的重要策略，其核心在于通过紧密协调生产与销售两大环节，实现资源的优化配置和流程的顺畅衔接，从而有效降低库存积压，提升运营效率。这一机制不仅关乎企业内部的流程优化，还涉及整个供应链的协同合作能力。

首先，建立高效的供应链协同机制是实现产销无缝对接的基础。这要求企业必须打破部门壁垒，促进生产、销售、物流等各部门之间的信息共享与工作协同。通过引入先进的供应链协同平台，企业可以实时跟踪订单状态、库存水平及物流动态，确保各环节之间的无缝衔接。该平台不仅提升了信息传递的速度和准确性，还为企业提供了强大的数据分析能力，帮助管理层作出更加精准的决策。

其次，订单处理速度的快慢，直接体现了供应链各环节协同运作的效率高低，是评估供应链协同效能的关键指标之一。在高效的供应链协同机制下，企业能够迅速响应市场需求，快速处理客户订单。这要求企业必须优化订单处理流程，减少不必要的审批环节，提高订单处理的自动化程度。同时，要求企业加强与供应商和物流伙伴的沟通协作，确保订单信息的准确传递和及时响应，从而缩短订单处理周期，提升客户满意度。

库存周转率作为衡量企业库存管理效率的核心指标，其高低直接反映了企业库存资金利用的有效程度及库存管理的精细化水平。在供应链产销协同框架下，企业可以通过精准预测市场需求、优化生产计划、实施精益库存管理等方式，有效降低库存水平，提高库存周转率。这不仅能够减少资金占用和降低仓储成本，还能降低库存过时和损耗的风险，提升企业的整体盈利能力。

最后，物流效率在确保供应链中生产与销售环节紧密衔接、顺畅运行方面起着至关重要的作用，其优化对于提升整体供应链响应速度与运营效率有着至关重要的意义。高效的物流体系能够确保产品及时、准确地送达客户手中，降低运输成本和延误风险。企业需要加强与物流伙伴的合作，优化物流网络布局，提升物流信息化水平，实现物流作业的自动化和智能化。同时，企业在物流过程中需要强化质量控制与风险管理措施，以确保产品在供应链全过程中的品质稳定，从而进一步巩固供应链的稳健性。

因此，供应链产销协同是企业提升运营效率、降低库存和运营成本的重要手段。通过建立高效的供应链协同机制、提升订单处理速度、优化库存管理和提高物流效率，企业实现产销环节的无缝衔接，市场竞争力得以显著提升，这为企业的可持续发展奠定了坚实的基础。

**7. 项目实施管理／工程项目实施管理**

项目实施管理作为保障企业项目高效推进、精准达成预设目标的关键环节，其战略地位与核心价值显而易见，不容忽视。这一过程不仅考验着企业的战略规划能力，还体现了企业在复杂多变环境中的执行与应变能力。

项目实施管理的征程始于项目立项阶段，它标志着整个项目生命周期的正式启航。在这一阶段，企业需要充分调研市场需求、评估项目可行性，并明确项目目标、范围、预算及时间表等关键要素。通过严谨的项目立项流程，企业能够确保项目方向正确，为后续工作奠定坚实基础。

当项目步入执行阶段，企业需要精心制订详尽周密的项目计划，并组建一支高效协同的项目团队，以确保项目的顺利推进。项目计划应涵盖工作任务分解、资源分配、时间安排等多个方面，确保项目中的各项工作有序进行。同时，项目团队需要具备专业技能、协作精神和责任心，以应对项目实施过程中可能出现的各种挑战。在这一阶段，企业还需要建立有效的沟通机制，确保项目信息在团队内部及企业与利益相关者之间畅通无阻。

项目监控作为项目实施管理流程中的关键环节，其重要性不容忽视，是确保项目按计划顺利推进的坚实保障。通过对项目进度、质量、成本等方面的持续跟踪与评估，企业能够及时发现并纠正偏差，确保项目按计划推进。在进度管理方面，企业应实施定期的项目进展审查机制，精准对比实际完成进度与预设计划，并据此迅速采取必要的调整策略以确保项目按时推进。在质量管理领域，企业则需要构建健全的质量管理体系，严格把控项目输出的质量水准，确保最终成果全面符合既定标准与客户期待。同时，在成本控制方面，企业应实施严格的财务监管措施，杜绝不必要的开支，确保项目运营始终保持在预算框架之内。

项目验收作为项目实施管理的圆满收官环节，其重要性不言而喻。在这一阶段，企业需要组织相关人员进行项目成果的检查与评估，确保项目既能达到既定目标，又能满足客户需求。同时，企业还应积极总结项目实施过程中的经验教训，形成宝贵的知识积累，为未来类似项目的实施提供有力的参考。通过项目验收，企业不仅能够向客户展示项目成果，还能够提升自身品牌形象和市场竞争力。

因此，项目实施管理是一个复杂而系统的过程，需要企业在项目立项、执行、监控和验收等各个环节中展现出卓越的管理能力。通过科学规划、高效执行、严格监控和及时验收，企业能够确保项目顺利推进、达成既定目标，并为企业的可持续发展奠定坚实的基础。

**8. 组织与人才发展**

组织与人才发展作为推动企业持续前行的不竭动力，其重要性在于构建了一个既稳固又灵活的企业框架，并在这个框架内培育与汇聚了推动变革与创新的核心力量。

首先，组织架构的合理性是企业运作的基石。一个高效的组织架构应当能够清晰地界定各部门的职责与权限，促进信息的顺畅流通与资源的优化配置。一个理想的企业组织架构应展现出高度的灵活性，以便迅速适应市场环境的变迁与业务策略的调整。此外，优秀的组织架构设计还能有效激发员工的集体归属感与团队合作精神，从而为企业的长远稳健发展构筑起坚实的支撑平台。在设计组织架构时，企业应充分考虑自身的战略定位、业务特点以及文化氛围，确保组织架构的合理性与适应性。

其次，科学有效的人才管理策略是企业持续发展的核心驱动力。人才作为企业关键的竞争力资源，其潜力的充分挖掘与利用，离不开一套科学完善的人才管理体系作为支撑。这包括制定合理的人才招聘与选拔标准，确保企业能够吸引并留住具备高潜质与高匹配度的优秀人才。同时，企业还应注重员工的培训与发展，通过提供多样化的学习机会与职业路径规划，帮助员工不断提升自我，实现个人价值与企业目标的双赢。此外，绩效考核与激励机制也是人才管理的重要组成部分，它们能够激发员工的工作热情与创造力，促进企业整体绩效的提升。

在实践中，企业需要建立一套全面而系统的人才管理体系，将组织架构设计与人才管理体系紧密结合。通过优化组织架构，明确职责分工与协作机制，为人才管理提供有力的组织保障；同时，依托科学、前瞻的人才管理体系，企业能够吸引并培育出顶尖人才，同时构建起稳固的人才保留机制，为企业的长期可持续发展奠定坚实的人才基石。在此过程中，企业还应着力营造一种积极向上、鼓舞人心的企业文化氛围，以此激发员工的深切归属感与无限创造力，汇聚成推动企业持续前进的强大合力。

### 9. 数字化建设

数字化建设作为企业在数字经济时代下的必然选择，不仅是提升企业竞争力的关键，还是推动企业管理革新与业务模式创新的强大引擎。

首先，坚实且全面的数字化基础设施是奠定企业数字化转型根基的关键要素。这包括但不限于构建高效稳定的云计算平台，以支撑企业海量数据的存储与处理；构建先进的大数据分析体系，以深度挖掘数据背后隐藏的价值，为企业的战略决策提供坚实的数据支撑；同时，积极拥抱并引入人工智能等尖端科技，加速推动企业的智能化转型进程。这一系列数字化基础设施的完善，为企业全面融入并引领数字化时代构筑了稳固的技术基石。

在云计算方面，企业通过建立私有云、公有云或混合云等模式，实现了计算资源、存储资源和网络资源的高效利用与灵活配置。此举不仅有效削减了企业的 IT 支出，还显著增强了系统的扩展能力与稳定性，为企业业务的高速增长铺设了坚实的技术后盾。

大数据技术的深入应用，赋予了企业更为敏锐的洞察力，使其能够精准捕捉市场动态，深刻理解客户需求，从而抢占市场先机。通过对海量数据进行收集、整理、分析和挖掘，企业能够发现隐藏在数据背后的规律和价值，为产品优化、市场策略调整等提供科学依据。同时，大数据技术还促进了企业决策的智能化和精准化，提高了决策效率和准确性。

人工智能技术的大规模应用，正引领企业步入前所未有的变革浪潮，为企业发展注入无限活力与可能。在企业管理方面，人工智能可以通过自动化处理重复性任务、智能分析数据等方式，显著提升管理效率；在业务流程优化方面，人工智能能够识别并改进流程中的瓶颈和冗余环节，实现业务流程的智能化再造；在业务模式创新方面，人工智能则为企业提供了探索新商业模式、拓展新业务领域的可能性和空间。

值得注意的是，数字化建设并非一蹴而就，而是需要企业持续投入、不断探索和实践的长期过程。在此过程中，企业应保持对技术发展趋势的敏锐洞察，并紧密关注市场动态，以便灵活调整并持续优化其数字化建设策略，确保企业始终走在行业前沿；同时，企业还应加强人才培养和团队建设，提升员工的数字化素养和创新能力；此外，企业在推进数字化建设的同时，还应将数据安全与隐私保护置于重要位置，采取有效措施确保数据的安全性与尊重用户隐私，从而为数字化建设的健康、可持续发展奠定坚实的基础。

因此，数字化建设不仅是企业顺应数字经济时代潮流、把握发展先机的必由之路，还是企业提升核心竞争力、实现可持续发展的重要战略支撑。通过建立完善的数字化基础设施、积极引入前沿技术并不断优化和创新应用模式，企业可以在激烈的市场竞争中脱颖而出，实现更加稳健和可持续的发展。

## 6.2.2 评价驱动推动企业高质量发展的理论架构

企业的发展涉及多个层面和视角，本节将从企业负责人视角、部门负责人视角和普通员工视角等多个维度出发，分析不同视角下人们对于高质量发展的理解和需求，这样不仅能够更加全面地了解企业发展现状和知道应从哪些维度切入提升企业高质量发展水平，还能够形成评价驱动推动企业高质量发展的理论架构，即从评估诊断发现问题到各主体采取措施解决问题，再到评价驱动评估改善效果的动态循环，如图 6-8 所示。

### 1. 企业负责人视角

企业负责人视角，企业负责人将从企业整体视角观察数字化投入的经济效益，并且引导其他层级对核心战略指标进行分解，重点关注战略目标落地论证、营销与销售、供应链产销协同、组织与人才发展这 4 个方面的企业核心业务能力。具体来说，企业负责人将从战略层面布局企业数字化转型，关注企业营收、利润、净资产收益率、劳动生产率、资产负债率等核心指标。

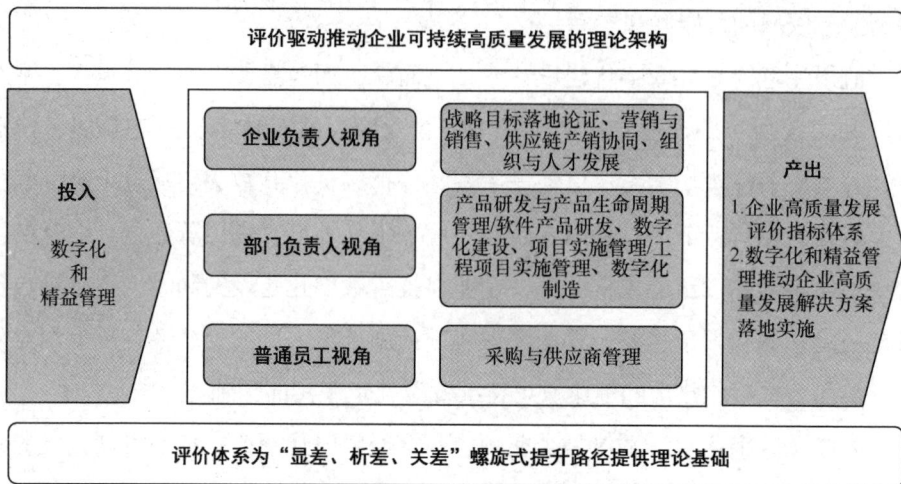

图6-8　评价驱动推动企业高质量发展的理论架构

　　企业负责人作为企业经济决策的核心力量，对企业数字化投入的审视与引导，深刻影响着企业的未来发展趋势，重塑企业的核心竞争力。企业负责人在评估数字化投入时，则更多地聚焦于企业战略价值的实现。他们作为企业发展的领航者，深刻洞察到在数字经济蓬勃发展的当下，数字化转型已成为企业实现转型升级、提升市场竞争力的关键路径与必然选择。企业负责人会从战略角度深入分析数字化转型如何与企业的战略目标相契合，如何通过技术创新、流程再造、模式创新等手段，驱动企业实现价值创造与持续增长。他们聚焦于数字化投入在企业实际运营中的提升效率、优化客户体验、拓宽市场渠道及强化创新能力方面如何发挥作用，并密切关注这些积极成果如何转化为企业的核心竞争力及如何显著提升企业的市场地位。此外，企业领导者还会深谋远虑，评估数字化投入的长远影响，致力于构建企业可持续发展的竞争壁垒，确保企业在激烈的市场竞争中稳固立足，持续领跑。

　　数字化投入不仅局限于技术层面的革新，还是推动企业战略深度调整与业务全面重组的强大"催化剂"，引领企业迈向新的发展高度。他们站在企业全局的高度，精心布局数字化转型战略，确保每一分投入都能精准对接市场需求，驱动企业核心能力的提升。在关注企业营收、利润等直接经济指标的同时，他们更加注重净资产收益率、劳动生产率等反映企业运营效率与盈利能力的核心指标，致力于通过数字化转型的深入实施，达到资源的高效配置与整体效益的显著提升。

在营销与销售的前沿阵地，企业领导者率先引领企业投身于数字化变革的洪流之中，巧妙融合大数据、云计算、人工智能等尖端科技，精准洞察市场趋势与消费者需求，重塑营销策略与销售模式。他们鼓励创新，推动线上线下融合，提升客户体验与增强品牌忠诚度，以数字化手段拓宽市场渠道，提升企业市场竞争力。

在供应链产销协同方面，企业负责人通过引进智能供应链管理系统，整合采购、生产、库存、物流及销售等各个环节的数据，实现信息的实时共享与同步；利用大数据分析和云计算技术，精准预测市场需求，指导科学制订生产计划，避免过度生产和库存积压。此外，通过物联网技术，企业负责人可以实时了解库存状态和物流动态，确保供应链的透明度和可追溯性。这些数字化手段的应用，不仅能够显著提升供应链产销协同的效率，还能帮助企业负责人及时响应市场变化，有效优化资源配置，降低成本，最终实现企业的可持续发展和市场竞争力的提升。

同时，组织与人才发展也是企业负责人关注的重点。数字化转型的辉煌成就，离不开一支高素质、专业化的精英团队作为坚实支撑。因此，他们积极推动组织架构的扁平化、灵活化，优化管理流程，提升决策效率。在人才培养方面，他们注重培养员工的数字化思维与技能，鼓励创新思维与跨界合作，为企业构建一支能够适应未来挑战的人才队伍。

因此，企业负责人会以企业整体经济效益为核心，精准布局数字化转型战略，关注并引导企业核心战略指标的分解与实施。他们通过数字化手段重塑营销与销售模式，优化组织与人才结构，为企业的可持续发展奠定坚实的基础。

### 2. 部门负责人视角

部门负责人负责承接和分解企业负责人的职责，他们可以将数字化投入在企业负责人视角下所关注的企业经营成果（如企业收入、营业利润等）和数字化投入实施或运行的效益进行联动和价值测算。在部门负责人视角下会重点关注产品研发与产品生命周期管理／软件产品研发、数字化建设、项目实施管理／工程项目实施管理、数字化制造 4 个方面的核心业务能力，即数字化投入在提升企业营业收入、利润和效率方面的贡献。

部门负责人站在企业技术战略的高度，深入洞察数字化投入如何转化为实际的企业经营成果。他们不仅聚焦于数字化建设的核心技术层面，如云计算、大数据、人工智能等前沿技术的引入与应用整合，还致力于探索这些先进技术如何与企业核心业务进行深度融合，以实现战略协同与价值共创，促进产品研发与产品生命周期管理／软件产品研发领域的创新与发展。通过精准的价值测算与效益分析，部门负责人能够清晰地展示数字化投入在提升企业营业收入、利润及运营效率方面的具体贡献。

在产品研发与产品生命周期管理方面，部门负责人利用数字化手段，推动产品设计、开发、测试、上市及后期维护等全链条的优化与升级。部门负责人通过引入敏捷开发、DevOps 等先进理念，加速产品迭代速度，提升产品质量与用户体验。部门负责人通过数字化工具对产品市场反馈进行实时监测与分析，帮助企业快速调整产品策略，延长产品生命周期，实现商业价值最大化。

在数字化建设的征途中，部门负责人将重心放在打造高效能、高安全性及高度可扩展的数字化基础设施之上，旨在为企业的数字化转型之路铺设坚实的技术基石，确保转型过程的顺畅与成功。他们关注云计算平台的稳定性与灵活性，确保企业能够灵活应对业务变化；依托大数据分析技术的强大力量，深度挖掘并提炼数据中的潜在价值，为企业高层决策提供坚实、科学的数据支持与参考依据；并积极探索人工智能等前沿技术在企业运营中的创新应用，如智能客服、自动化流程等，以进一步提升企业运营效率与竞争力。

同时，部门负责人作为各自领域的专家，会以高度专业化的视角审视数字化投入对企业运营的具体影响，特别是如何助力企业实现提质、降本、增效的目标，包括如何提升项目实施管理／工程项目实施管理、数字化制造两方面的核心业务能力。

在项目实施管理方面，无论是传统的工程项目还是数字化转型项目，部门负责人都应确保项目按时、按质、按量完成。他们利用数字化工具优化项目管理流程，提高项目执行效率与透明度。通过实时监控项目进度、资源分配与风险管理，部门负责人能够迅速发现并解决潜在问题，确保项目的顺利推进。在煤炭行业等特定领域，这还可能包括矿井建设、设备升级等工程项目的数字化管理，旨在提升作业安全性与生产效率。

数字化制造则是部门负责人关注的另一重要领域。我们积极引入智能制造、物联网、大数据等前沿科技，旨在驱动生产流程的自动化升级，促进智能化转型，并实现生产管理的精益化，以全面提升生产效率与产品质量。他们关注不良品率的降低、产品达标率的提升以及客户投诉率的降低，这些指标直接反映了产品质量与客户满意度的提升。同时，数字化制造还帮助企业实现了原料成本、人工成本与能耗成本的有效控制，通过精细化的生产流程与高效的资源配置策略，部门负责人成功推动了企业盈利能力的显著提升，并进一步巩固了企业在市场竞争中的优势地位。

此外，部门负责人还强调了对行业特性的深入洞察。鉴于不同行业独特的业务特性与多样化的市场需求，企业在关注的关键经营指标上呈现出明显的差异性。例如，在煤炭行业，原煤营业成本与原煤生产工效等指标尤为重要。部门负责人应结合行业特性，制定有针对性的数字化策略，以更好地满足市场需求，提升企业的行业地位与影响力。

因此，部门负责人通过其深厚的技术功底与战略眼光，有效地将企业负责人的商业愿景转化为具体的数字化投入行动方案，并在实施过程中不断优化与调整方案，确保数字化投入能够精准对接企业核心业务需求，实现经营成果与效益的双重提升。同时，部门负责人通过精准把握行业趋势与企业需求，以数字化投入为驱动，不断提升项目实施管理与数字化制造等核心业务能力，同时紧密关注并优化关键经营指标，为助力企业达成提质、降本、增效的宏伟目标提供坚实有力的支撑与保障。

### 3. 普通员工视角

在企业数字化转型的进程中，普通员工不仅是积极的参与者，还是直接的受益者，他们尤为关注采购与供应商管理这一核心业务能力。他们的工作对于评估数字化投入对企业实际生产和运作的量化影响至关重要。企业的普通员工往往关注企业生产运营中产生的原始数据，如产能、良率、周期、节拍等，这些指标是衡量企业高质量发展水平的基础。

在采购与供应商管理这一核心业务能力上，普通员工通过数字化工具实现了采购流程的透明化、自动化与智能化。他们利用数据分析技术，实现对物料需求的精准预测和库存管理的优化，从而减少库存积压或短缺造成的成本浪费与生产延误。同时，数字化平台也为供应商管理提供了便利，使企业能够更高效地评估供应商绩效，致力于构建并维护长期稳固的合作伙伴关系，以确保供应链的稳定性与高效运作，为企业持续稳定发展奠定坚实的基础。

在实施过程中，普通员工关注的产能、良率、周期、节拍等企业生产运营活动产生的原始数据，不仅是衡量企业生产效率与产品质量的关键指标，还是评估数字化投入成效的重要依据。通过对这些数据的持续监测与分析，普通员工能够及时发现生产过程中的瓶颈与问题，并借助数字化手段进行快速调整与优化。这种基于数据的决策方式，不仅提高了问题解决的效率与准确性，还为企业实现高质量发展奠定了坚实的基础。

此外，普通员工视角还强调了数字化投入对普通员工的工作体验与技能提升的积极影响。数字化技术的应用使普通员工的工作更加便捷、高效，同时也为他们提供了更多学习新技能、新知识的机会。通过参与数字化转型，普通员工能够不断提升自身能力，更好地适应企业发展的需求，为企业的高质量发展贡献自己的力量。

因此，企业的普通员工通过直接参与生产运营过程，利用数字化工具与技术，实现了对采购与供应商管理这一核心业务能力的优化与提升。他们通过采集、分析企业生产运营活动中产生的原始数据，为企业评估数字化投入成效提供了有力支持，同时也为企业实现高质量发展奠定了坚实的基础。

## 6.3 构建企业可持续高质量发展评价驱动

企业高质量发展必须建立一个适当的考核指标，科学地设置考核指标是评价驱动推动企业高质量发展的关键性、基础性工作。在设置考核指标时，巧妙融合定量与定性指标，以凸显关键核心要素的重要性。同时，精心挑选最具代表性的综合性、典型性及具有约束力的指标，以确保评价驱动的全面性、深入性和有效性。在设计指标时，不仅要明确高质量发展的目标导向，还要为实现这一目标提供具体的行动指南，绘制出清晰的"路线图"与"施工图"，使"任务是什么"与"如何执行"更加一目了然，清晰明确。

考虑到企业在投资主体、企业规模和责任对象方面存在显著差异。国有企业由中央政府或地方政府投资或控制，规模庞大，注重工作稳定性和服务国家战略；大型民营企业往往由个人投资者发起设立或占据控股地位，它们在特定行业领域内展现出卓越的竞争力；中小企业则以其庞大的数量、相对较小的规模为特点，通常专注于细分市场的精耕细作及核心业务的精细运营。因此，本节在进行具体的指标设计过程中以企业九大核心业务能力为基础，充分考虑不同规模企业的差异性，精心构建国有企业、大型民营企业以及中小企业高质量发展评价驱动，旨在全面而深入地评估这些企业在追求高质量发展的道路上的表现与成就。

### 6.3.1 国有企业高质量发展评价驱动

#### 1. 构建国有企业高质量发展评价驱动的基本原则

根据国务院国有资产监督管理委员会公布的数据，国有资本管理体制内的公司跻身世界 500 强的数量，由 2012 年的 65 家增至 2023 年的 97 家，在 2023 年《财富》世界 500 强榜单的前 10 位之中，有 3 家中国国有企业上榜，彰显了这些企业在各自领域的卓越实力与地位。2012—2022 年中国企业 500 强的营业收入增长总额达 57.58 万亿元，如图 6-9 所示。

2012—2022年中国企业500强的营业收入（万亿元）

| | 2012年 | 2013年 | 2014年 | 2015年 | 2016年 | 2017年 | 2018年 | 2019年 | 2020年 | 2021年 | 2022年 |
|---|---|---|---|---|---|---|---|---|---|---|---|
| 营业收入 | 44.9 | 50.02 | 56.68 | 59.46 | 59.48 | 63.94 | 71.17 | 79.1 | 86.02 | 89.83 | 102.48 |

图 6-9　2012—2022 年中国企业 500 强的营业收入（万亿元）[1]

　　但是，我们不能盲目乐观地认为上榜企业多、营业收入增长量大就达到了世界一流企业的标准，在反映企业发展质量的相关指标上，我国国有企业与欧美乃至日韩的企业相比还存在一定差距，特别是在企业研发能力、社会声誉及影响力上，部分国有企业仍面临"规模庞大却竞争力不足""业务广泛却缺乏精品"的挑战，即存在"大而不强""全而不优"的问题。因此，构建一套科学、完善、符合中国特色社会主义市场经济体制发展需要的国有企业高质量发展评价驱动，主动对标世界一流企业，有助于我们进一步厘清国有企业高质量发展的内涵与外延，引导国有企业更加关注经营成果的"含金量"，促使国有企业进一步提升核心竞争力，激发发展潜力、增强增长动力、提升发展质量。为确保新一轮国有企业改革深化提升行动得以有效推进与实施，我们在进行指标的设计与选取时，应当严格遵循以下基本原则，以确保评价驱动的科学性、全面性和可操作性。

　　一是在共性中辨识差异。国有企业的共同特征在于出资人均为国务院或地方人民政府，而具体类型则涵盖了国有独资企业、国有独资公司，以及国有资

1　数据来源：《营收规模迈上百万亿元行业结构持续优化——从 2022 年 500 强榜单看我国企业发展积极变化》，经济参考报。

本控股和参股公司等多种形态。在追求高质量发展的道路上，这些企业虽共享总体目标——企业规模的扩大、企业效益的提升、国际化进程的加速以及创新能力的增强，但在实现路径和策略上则需要依据其各自特性进行差异化探索与实践。不同国有企业在功能属性和行业类别等方面具有差异，在对标评价时需要分层分类才有可比性。与此同时，国有企业具有双重目标，即服务于市场经济体制的经济目标和服务于国家战略、国计民生的公共目标。因此，在构建评价驱动时，必须充分考虑并兼顾这两类关键指标。

二是在全面覆盖的基础上追求精准性。国有企业高质量发展评价驱动的构建，应全面覆盖产品业绩能力、产品服务质量、品牌资源积累、品牌社会责任履行、自主创新实力和公司治理效能六大核心维度。行业划分应以国务院国有资产监督管理委员会对监管企业的行业大类为基准，大致可分为市场竞争导向型、金融服务特色型和功能保障关键型 3 种类别，以体现不同行业特性与发展需求。在"全面"评价的基础上，也要根据每一大类行业内部的企业特征，结合行业具体指标可获得性，围绕各维度设计若干二级指标，以及一定数量的动态指标、个性化指标。更重要的是，需要制定动态指标方案，建立定期评估和实时监测机制，及时对指标体系进行调整和优化。

三是在国际化进程中凸显中国特色。世界一流企业是指在国际资源配置领域内占据主导地位，能够引领全球行业发展潮流，并在全球产业发展中拥有重要话语权和广泛影响力的领军企业。这些企业不仅要在全球舞台上展现其卓越实力，还要通过其独特的经营理念和战略布局，彰显出深厚的中国文化底蕴和鲜明的中国特色。国有企业跻身世界一流企业行列实现高质量发展，需要在产品创新、技术研发、风险管控、公司治理等方面实现更大突破，获得国际社会的广泛认可。评估我国国有企业高质量发展状况，不仅需要对标国际领先企业的成长性和稳定性，找差距、明方向、补不足，还需要凸显中国特色，以彰显国有企业在展现国家综合实力、维护人民共同利益方面所作出的重要贡献。作为社会主义全民所有制经济的核心组成部分，国有经济在国民经济中占据着主导地位，其重要性不言而喻。因此，在构建国有企业高质量发展评价驱动时，必须充分考虑到其社会效应及所承担的国家特殊职能，这不仅是评价驱动的必要组成部分，还是衡量国有企业价值的重要标尺。

四是在静态基准上追求动态优化。国有企业的高质量发展是一个持续演进、不断深化的历史过程。因此，在构建国有企业高质量发展评价驱动时，我们既要充分考虑到当前国内外经济发展的阶段性特征，确保评价指标的相对稳定性和适用性，又要具备前瞻性和灵活性，以应对未来可能出现的新情况、新挑战。换言之，我们要在保持评价驱动静态基准的基础上，不断谋求动态优化，确保评价驱动的时效性和准确性，以更好地引导国有企业实现高质量发展。随意更换评价指标容易失去同以往数据的对比参照性，以及对国有企业高质量发展进度的评估连续性。但也要明确，国际领先企业本身会随着瞬息万变的商业环境而变化，一些企业可能随着环境变化不再领先，一些原本不领先的企业反而可能随着环境变化反超；随着时代变迁和政治经济环境变化，一些原本符合当下世界一流企业评价主流观点的评价指标可能也会失去参考价值。因此，需要根据时代和环境变化动态适度调整行业标准和评价指标，为国有企业高质量发展树好标杆、当好向导。

### 2. 国有企业高质量发展评价驱动的构建路径

充分把握国有企业高质量发展的内涵与指标设置原则，结合世界一流企业指标评价的相关研究启示，本书基于数据安全和评价科学原则，以共性与特性相结合、经济和社会双重目标并轨的逻辑，初步构建了一套能够反映国有企业发展质量的评价驱动，并对其运作机制与流程进行了简明扼要的阐述，以便更好地理解其实际应用与操作过程。

在构建国有企业高质量发展评价驱动的过程中，本书按照通俗易懂、操作简便、去粗取精的原则，选取具有可操作性、可比较性、高代表性和强客观性的指标。在深入梳理现有文献的基础上，充分借鉴了中央企业"一利五率"经营指标体系的先进理念，该体系旨在促进中央企业关注投入产出效率与经营活动现金流，进而优化企业经营状况。本书围绕创新发展、协调发展、绿色发展、开放发展、共享发展、采购效能六大核心理念，构建了一个多层次、多目标的国有企业高质量发展评价驱动，如图 6-10 所示，系统评估了国有企业在高质量发展道路上的表现与成就。

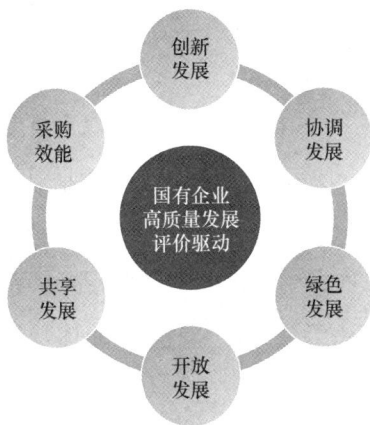

**图 6-10　国有企业高质量发展评价驱动**

一是企业的创新发展能力。这一维度细分为技术创新与管理创新两大方面。技术创新涉及采纳新型工具、技艺及设备，旨在变革企业的产品生产流程或服务提供方式，从而推动产品与服务的升级换代。而管理创新则侧重于企业内部结构与管理体系的革新与优化，旨在通过改进管理方式与流程来提升企业的运营效率与适应能力。下面我们从这两个具体维度出发，全面评估企业的创新发展能力。对企业技术创新能力的衡量可选取研发经费投入强度和发明专利授权数两个指标。一方面，企业只有充分重视科技研发并加大投入，才能够提高生产效率，获得竞争优势，因此，基于过程导向选择研发经费投入强度，即采用研发投入占营业收入的比例作为衡量标准，以评估企业在技术创新方面的投入力度与重视程度。这一指标直接反映了企业对技术创新的资源倾斜程度，是衡量企业技术创新投入水平的关键指标之一。另一方面，基于成果导向选择发明专利授权数来衡量企业的技术创新产出水平。评估企业的管理创新能力可选取营业收入与管理费用之间的比值，即管理费用贡献度，作为关键衡量指标。这一指标旨在反映管理费用投入对企业整体营业收入的贡献程度，从而间接评价企业在管理创新方面的成效。对管理费用贡献度进行分析，我们可以洞察企业是否通过优化管理流程、提升管理效能等手段实现管理成本的合理控制与营业收入的有效增长。

二是企业的协调发展状况。企业的协调发展能力主要体现在统筹调配内外部资源，具体体现在效率提升和风险防控两个方面。在效率提升方面，我们借鉴中央企业的"一利五率"经营指标体系，选取全员劳动生产率、存货周转率作为衡量指标。其中，全员劳动生产率反映了企业中劳动力要素的投入产出效率，存货周转率用于衡量企业外部资源协调能力，包括与供应商和客户的供应链关系等。在风险防控方面，中央企业的经营指标体系得到了进一步的充实与完善，确立了以"一增一稳四提升"为核心的总体目标，提出了引导企业增强风险防范意识、重点关注企业风险防控能力的指导性意见，企业预防和应对内外风险的能力成为企业高质量发展的重要命题。因此，我们参考"一利五率"经营指标体系，使用资产负债率和营业现金比率来反映企业的财务风险防控能力，衡量企业是否保持合理的资产负债比例和经营活动现金流量水平。此外，企业经营可持续性是企业高质量发展的基础，为反映企业经营绩效，我们增加营业收入增长率和总资产报酬率两个指标来衡量企业经营风险，进一步反映企业协调能力。

三是企业的绿色发展状况。企业的绿色发展能力主要体现在环境保护方面，包括是否具备环保理念和是否采取环保措施。2010 年，环境保护部（现已更名为生态环境部）正式发布了《上市公司环境信息披露指南（征求意见稿）》，该指南详尽地规定了在上海证券交易所和深圳证券交易所 A 股市场的上市公司在环境信息披露方面应遵循的形式与内容标准。随后，2018 年，中国证券监督管理委员会对《上市公司治理准则》进行了重要修订，其中明确了对上市公司在环境信息披露等方面的具体要求，以进一步强化上市公司在环境保护和可持续发展方面的责任与透明度。因此，我们结合企业披露的环境信息构成，将企业绿色发展分为企业的环保理念和环保措施两个方面。

企业的环保理念可通过其环境可持续发展相关信息的披露情况得以体现。为了量化评估这一理念，国泰安数据库的"环境管理披露情况表"全面搜集了上市公司在环保理念、环保目标设定、环保管理制度体系建设、环保教育培训开展、环保专项行动实施、环境事件应急机制建立、环保荣誉奖励获得和"三同时"制度执行8个方面的具体信息。对这些信息进行量化汇总处理，得出环境管理披露值，该值直接反映了企业环保理念的践行程度与对环保的重视程度。在环保措施方面，国泰安数据库的"环境业绩与治理披露情况表"详细记录了上市公司在废气减排治理、废水减排治理、粉尘烟尘控制、固体废物利用与处置、噪声光污染及辐射治理和清洁生产实施等方面的具体成效。我们对这些环保措施的执行情况进行量化汇总，计算出环境治理披露值，该指标成为衡量企业在环保措施方面的实施力度与成效的重要标尺。

四是企业的开放发展情况。在新时代背景下，我国经济高质量发展的核心诉求之一是以更加开放的姿态深度融入全球价值链，实现与全球经济的深度融合与共同发展。在全球化环境下，中国企业对"在全球范围内配置资源、开拓市场"势在必行，在此基础上，各企业纷纷制定全球化战略，积极拓展在全球产业链的业务，战略的转变促进了其海外业务收入的迅速增长。因此，我们使用企业海外业务收入在企业营业收入中的占比来衡量企业的开放发展情况，该指标既可衡量企业的全球化结果，又能展现产业的全球化程度。

五是企业的共享发展情况。企业作为重要的市场经济主体之一，有效地与投资者、员工等利益相关者共享发展成果，是社会赋予企业高质量发展的更高要求。下面从投资者权益、员工权益和社会贡献3个维度来衡量企业的共享发展水平。在投资者权益方面，由于对债权投资者的利益保障已经在前期财务风险防控能力中有所体现，故此处重点考虑对股权投资者的利益维护。我们选取了净资产收益率、每股现金分红和小股东权益保护（侧重于独立董事制度实施）来衡量企业与投资者的共享发展情况。在员工权益方面，具体衡量指标涵盖员工薪酬增长率和员工满意度，这两项指标直接反映了企业对员工权益的重视程度与对员工的关怀水平。而谈及社会贡献，则主要通过每股税收贡献和社会捐赠两个维度来体现。每股税收贡献，即企业年度缴纳的税金及附加总额与企业总股本数的比值，它衡量了企业为国家税收作出的直接贡献。社会捐赠则是指企业捐赠额与其营业收入之间的比值，这一指标展现了企业在回馈社会、参与公益事业方面的积极态度与实际行动。

六是企业的采购效能。我们参考中央企业的"一利五率"经营指标体系，充分借鉴中资检验认证有限公司关于国有企业的采购能效评价指标体系，以制定采购计划、采购招标、供应商询价、供应商管理、供应商寻源、采购决策管理、采购合同管理、采购结算管理、采购风险管理等九大能力作为衡量国有企业采购能效的重要评估维度，确保国有企业采购活动的合规性，如图6-11所示。这些维度直接关联到国有企业运营的成本控制和供应链稳定性，是国有企业高质量发展不可或缺的一环。在对具体国有企业进行采购效能评价的过程中，我们通过引入对标分析机制，将被评价企业与世界一流企业、行业平均水平和对标小组的平均水平进行对比，实现采购管理能力的量化与可视化。这种基于大数据和智能分析的对标，有助于企业精准定位自身在采购管理领域的优劣势，明确改进方向。

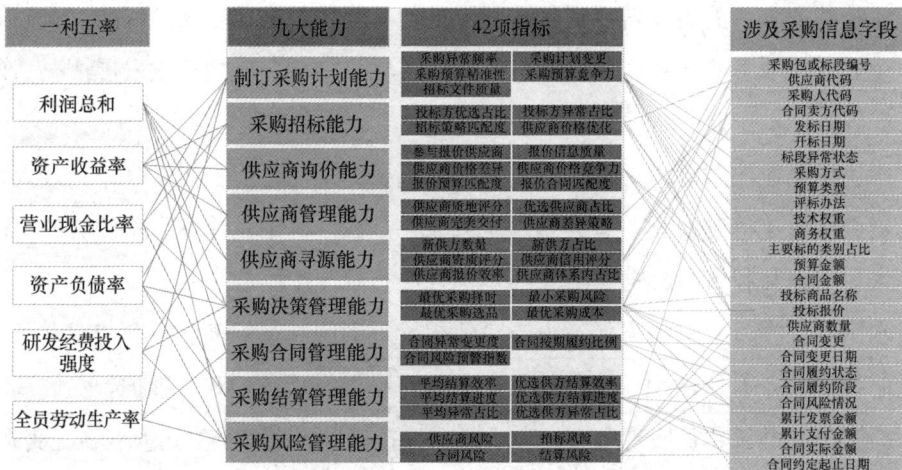

图6-11 国有企业采购能效评估维度

此外，在对企业进行采购效能评价的过程中，注重数据价值的深度开发和产品服务的持续迭代。服务于国有企业采购效能评价的SaaS平台通过提供云端化、一体化的解决方案，极大地提升了工作效率与质量。首先，SaaS平台能够集成国有企业全量采购数据，包括采购包、合同、供应商信息等，形成庞大的数据基础。通过对数据进行深度挖掘与分析，SaaS 平台能够精确映射出"一利五率"等关键考核指标的实际情况，从而实现对采购效能的全面、量化评估。这种数据驱动的评价方式，不仅提高了评估的准确性和客观性，还使评价结果更加具有说服力。其次，SaaS 平台支持多维度、多主体的交叉对比分析。通过对单一采购主体、全品分类、产供应链布局等多个维度进行分析，SaaS 平台能够揭示隐匿风险、系统性风险，并提前进行风险预警和趋势判断。这种全方位、多视角的分析模式能够为国有企业提供更加全面的采购效能分析，有助于企业及时发现并改进采购管理中的薄弱环节。再次，SaaS 平台还具备强大的自定义功能，能够满足不同企业的个性化需求。企业可以根据自身实际情况，自定义采购管理能力指标项，进行自由组合评价。这种灵活性使评价结果更加贴近企业的实际情况，为企业的采购管理优化提供了更加精准的指导。最后，SaaS 平台通过云服务的方式，降低了国有企业在采购效能评价方面的投入成本和人力成本。企业无须自建复杂的系统，只需要通过云端服务即可享受高效的评价服务。这不仅简化了评价流程，还提高了评价工作的效率，使国有企业能够更加专注于核心业务的发展。

如表 6-1 所示，国有企业高质量发展评价指标通过融合业绩经营能力、社会责任担当、采购效能等多个方面的内容，可以更加真实全面地反映国有企业采购效能评价水平，为驱动国有企业高质量发展提供有力支撑。

表 6-1　国有企业高质量发展评价指标

| 一级指标 | 二级指标 | 三级指标 |
| --- | --- | --- |
| 业绩经营能力 | 主业利润/主业利润增长率等 | 核心产品市场占有率/市场占有率变化百分比等 |
| 产品服务质量 | 成本收入比/资金成本率等 | 总资产周转率/产品质量合格率等 |
| 资源配置能力 | 总资产报酬率/净资产收益率等 | 上缴国资收益贡献额等 |
| 社会责任担当 | 不良资产比率等 | 万元增加值综合能耗等 |

| 一级指标 | 二级指标 | 三级指标 |
|---|---|---|
| 自主创新能力 | 研发经费/研发成果转化率等 | 研究开发人员占比/研究开发人员占比增长百分点 |
| 公司治理能力 | 董事会中内部董事所占比例等 | 股东大会次数及频率 |
| 采购效能 | 制定采购计划、采购招标、供应商询价、供应商管理、供应商寻源、采购决策管理、采购合同管理、采购结算管理、采购风险管理等 | 采购异常频率/招标策略匹配度/报价预算匹配度/优选供应商占比/供应商资质评分/最优采购成本/合同按期履约比例/平均结算效率/供应商风险等 |

## 6.3.2 大型民营企业高质量发展评价驱动

### 1.构建大型民营企业高质量发展评价驱动的基本原则

大型民营企业作为一个综合的能力体系，要想实现对创新驱动发展战略下企业高质量发展的衡量与评价，需要从企业实施创新驱动发展战略后的财务指标和非财务指标等多方面进行综合分析与评价，民营企业在企业总量中的占比变化如图6-12所示。为了真实完整地反映大型民营企业在创新驱动发展战略下高质量发展的总体特征，评价指标的选择、权重设计及体系构建等均要遵循一定的要求和原则。

一是目标性。即紧密围绕创新驱动发展战略下大型民营企业高质量发展的核心理念与具体需求展开。我们采取了一系列严谨的步骤，包括广泛筛选指标、剔除信息冗余和影响力微弱或无关紧要的指标，并对剩余指标进行逻辑分层处理，以确保评价指标的精确性与有针对性。在此过程中，本书始终把对创新驱动发展战略下大型民营企业高质量发展的综合评价作为研究的根本目的。

二是全面性与重要性的有机结合。在构建创新驱动发展战略下大型民营企业高质量发展评价驱动，需要全方位地考虑与其相关的影响因素，不仅考虑财务方面的因素，还需要关注大型民营企业的长期发展状况，特别引入非财务方面的相关指标，旨在准确反映创新驱动发展战略下大型民营企业高质量发展的综合能力与水平。并且在创新驱动发展战略下，大型民营企业高质量发展评价指标实际选择的过程中，应充分考虑高质量发展评价指标选取的重要性原则，将那些重要性较低的高质量发展评价指标进行剔除。

民营企业在企业总量中的占比变化

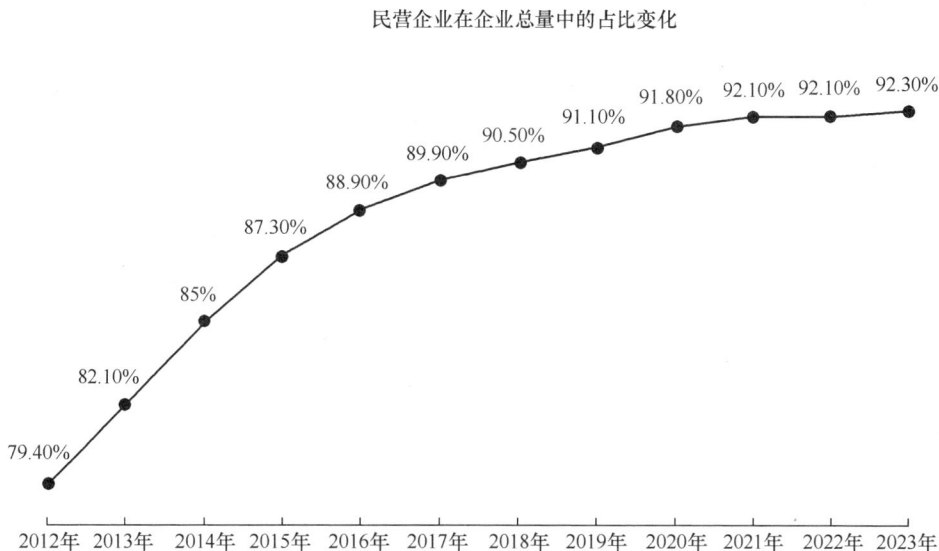

图 6-12 民营企业在企业总量中的占比变化

三是成本效益。在选取创新驱动发展战略下大型民营企业高质量发展评价指标时，相关的影响因素有很多，收集这些评价指标的过程面临着不同的难易程度及相应的成本差异。有些指标可能较为直接且易于获取，而有些则可能需要经过复杂的调查或付出高昂的成本才能获取到。因此，成本效益也是在选取评价指标时会关注的一个重要方面，我们在选取评价指标时，剔除了一些比较难以获取的、成本比较高的而且不是很主要的评价指标。

四是科学性。构建创新驱动发展战略下大型民营企业高质量发展评价驱动需要考虑大型民营企业本身的特点和要求，掌握综合评价的核心，还需要尽可能准确地选取评价指标，所选取的指标内涵要明确，计算方法要科学，每个指标既需要清晰地界定，又需要能够相互衔接、互为补充。在科学性原则的指导下，所选取的指标尽可能准确、科学、客观地反映创新驱动发展战略下大型民营企业高质量发展的内涵与本质，深入揭示并体现创新驱动发展战略下大型民营企业高质量发展的内在规律与趋势，进而全面展现这些企业在该战略引领下的高质量发展现状与成效。

**2. 大型民营企业高质量发展评价驱动的构建路径**

大型民营企业的高质量发展是一个综合性概念，具有丰富的内涵，大型民营企业高质量发展综合评价指标从管理学的视角反映了大型民营企业高质量发展的内容。学者们对于大型民营企业高质量发展的内涵界定不尽相同，但在本质上十分接近，认为大型民营企业的高质量发展不单单局限于新产品的制造，而是囊括了大型民营企业从研发到销售的经营全过程。在此基础上，我们采用国内外文献研读、专家访谈和理性分析等方法，借鉴 Kaplan 和 Norton 平衡计分卡的评价模式，系统地梳理国内外相关文献，构建了涵盖财务绩效、顾客满意度、内部运营流程优化及学习与成长能力 4 个核心维度的大型民营企业高质量发展创新驱动评价指标集合。这一集合旨在全面评估并推动企业在创新驱动发展战略下实现高质量发展。

财务维度指标测度是评估大型民营企业发展的核心视角之一，其终极目标是实现企业的价值增值与资本收益的最大化，这是衡量企业经营成果与财务健康状况的关键所在。在此目标的驱使下，大型民营企业在市场经济竞争中具有很强的革新意识，能对市场环境和技术创新等因素的变化做出迅速的反应。尤其是华为"芯片事件"后，越来越多大型民营企业开始关注自身的创新发展问题，创新能力的大小直接决定着大型民营企业的发展内涵，创新能力的强弱主要通过企业在创新活动上的投入规模与所产生的创新成果即创新产出来进行综合衡量。所以财务维度指标是在创新驱动发展战略下大型民营企业是否实现高质量发展的一个终极指标。大型民营企业的财务维度指标在关注企业自身营运能力的基础上，综合考虑了大型民营企业的盈利能力和企业高质量发展能力。

在顾客维度指标测度中，大型民营企业的重大创新成果约有 70% 源自市场的驱动力量，顾客不仅是企业产品与服务的最终使用者，还是其盈利增长的重要源泉。因此，深入理解并满足顾客需求，对于推动企业创新与发展具有至关重要的作用。大型民营企业更加注重未来的生存和发展，希望通过创新驱动发展实现企业全流程管理，从而提高顾客的认可度。顾客维度指标测度主要包括顾客满意度、市场环境和产品品牌3个指标，在顾客维度指标的具体衡量中，我们采用了消费者感知服务质量、绿色创新服务市场占有率及创新品牌市场占有率这3个关键指标。这些指标共同反映了企业在市场中的竞争力与顾客满意度，是衡量企业创新成果在市场中接受程度与影响力的重要指标。

内部运营流程维度指标测度强调，创新是大型民营企业发展的核心驱动力，它能够促进企业内部价值链上中下游各环节的深度融合与协同创新。基于波特的价值链理论框架，我们将企业内部流程细分为研发、采购、生产及销售这4个关键环节，全面评估企业内部运营效率与创新能力的协同作用。因此，大型民营企业通常从以上4个价值链环节来测度企业内部运营流程维度的高质量发展。

在研发环节，衡量大型民营企业高质量发展的评价指标一般体现在创新投入和创新产出上。在创新活动的具体运作中，企业创新投入主要聚焦于新产品研发等领域，这一投入的金额往往较大，且创新成果的实现存在较高的不确定性。而创新产出则具体表现为通过创新活动所诞生的新产品、新技术或新工艺，这些成果通常以企业的专利技术形式出现。在采购环节，随着市场竞争格局的日益深化，竞争焦点已从单一企业间的竞争转变为供应链整体之间的竞争。企业与供应商之间的关系也随之发生了深刻变化，从传统的对立冲突关系转变为基于合作共赢理念的战略伙伴关系。这种转变不仅有助于提升供应链的整体效能，还为企业创新提供了更为广阔的空间和更为坚实的支撑。衡量大型民营企业高质量发展内部运营的一个重要评价指标体现在其是否实现了创新采购，而创新采购主要体现在与供应商关系的创新管理模式上。在生产环节，随着不同创新生产技术的出现和发展，大型民营企业对此作出及时应对，并能迅速改进生产方式，调整生产决策。与以往企业追求高速增长的数量不同，企业高质量发展要求从企业产品或服务的价值出发，从提高大型民营企业产品和服务的创新生产技术水平入手，并注重绿色生产，以获得绝对的市场竞争力，从而实现企业既定的目标。在销售环节，大型民营企业的组织结构特点，决定着大型民营企业能够及时地处理和利用相关的销售信息，最大程度地提高市场信息资源的开发和利用效率，并在最短的时间内作出科学合理的经营决策，将其有效地付诸于实际销售流程中。新一代创新技术的发展，如智能互联网、科技型制造等，给大型民营企业带来冲击的同时也带来了发展机遇，将创新技术应用于大型民营企业内部运营、产品开发和客户服务等，不仅可以提高大型民营企业新产品市场的占有率和数字化运营的效率，还可以实现大型民营企业自身的销售创新。

学习与成长维度指标测度聚焦于大型民营企业如何通过提升创新能力来实现持续发展。具体而言，这一维度的评价指标包括创新型人才的吸引和培养、企业创新文化和创新平台的建设 3 个关键要素。

首先，创新型人才被视为大型民营企业高质量发展的基石，他们是推动企业科技创新的核心动力。因此，我们将创新型人才的吸引和培养作为该维度的重要评价指标之一，具体从企业对创新型人才的招聘数量和为这些人才提供的培训机会两个方面进行考量。其次，企业创新文化作为企业发展的精神支柱，其创新氛围的浓厚与否直接影响到企业的创新活力。一个鼓励创新、包容失败的企业创新文化能够激发员工的创造力和探索精神，从而为企业的高质量发展提供源源不断的动力。最后，创新平台的建设也是衡量企业学习与成长能力的重要指标。一个完善的创新平台能够为企业内部的知识共享、技术交流及外部合作提供有力支持，从而加速创新成果的转化和应用。

此外，值得注意的是，企业家精神作为创新驱动的关键因素之一，在推动经济发展中发挥着不可忽视的作用。具有前瞻性和冒险精神的企业家能够引领企业不断突破传统束缚，探索新的发展模式和市场机会，从而为企业的高质量发展注入强大动力。一家大型民营企业是否具有创新革命精神，往往取决于其企业家是否具有创新精神。大型民营企业的企业家创新精神，不仅体现在企业文化的建立上，如营造鼓励创新、支持人才流动的创新文化氛围，建立容错机制等，还体现在是否能够坚持采用激励的方式吸引高端的创新人才。因此，大型民营企业的企业家要保持艰苦奋斗、敢于冒险的精神，还要具有创新精神，善于抓住机遇。大型民营企业不仅要有创新文化，还要培养和吸纳创新型人才。

我们在评估大型民营企业时，另一个至关重要的考量因素是大型民营企业对创新平台建设的重视程度。这具体体现在企业内部是否构建了完善的创新网络，智能网络的覆盖率是否达到行业先进标准，以及数字化运营所带来的实际效益如何。此外，创新平台的创建数量与质量也是衡量企业在创新驱动发展战略下实现高质量发展水平的关键指标。综合上述分析，我们设计了我国大型民营企业高质量发展评价指标，以期全面、客观地反映企业在各个维度上的创新表现与成长潜力，如表 6-2 所示。

表 6-2　我国大型民营企业高质量发展评价指标

| 一级指标 | 二级指标 | 三级指标 |
| --- | --- | --- |
| 财务维度 | 营运能力 | 总资产周转率 |
| | | 存货周转率 |
| | | 流动资产周转率 |
| | 盈利能力 | 总资产报酬率 |
| | | 营业利润率 |
| | 发展能力 | 营业收入增长率 |
| | | 总资产增长率 |
| 顾客维度 | 顾客满意度 | 消费者感知服务质量 |
| | 市场环境 | 绿色创新服务市场占有率 |
| | 产品品牌 | 创新品牌市场占有率 |
| 内部运营流程维度 | 研发经费投入强度 | R&D 经费投入强度 |
| | | 人均专利占有量 |
| | | R&D 人员投入强度 |
| | 创新采购 | 与供应商关系的创新管理模式 |
| | 创新生产技术 | 新的生产工艺投入 |
| | | 对固定资产的更新改造 |

| 一级指标 | 二级指标 | 三级指标 |
|---|---|---|
| 内部运营流程维度 | 绿色生产 | 能源消耗量 |
| | | 环境污染程度 |
| | 创新销售 | 新产品市场占有率 |
| 学习与成长维度 | 创新型人才的吸引和培养 | 企业对创新型人才的招聘数量 |
| | | 企业为创新型人才提供的培训机会 |
| | 企业创新文化 | 企业家创新精神 |
| | | 企业创新文化的培育 |
| | 创新平台的建设 | 创新网络、智能网络覆盖率 |
| | | 数字化运营效率 |
| | | 创新平台数量 |

### 6.3.3　中小企业高质量发展评价驱动

**1. 构建中小企业高质量发展评价驱动的基本原则**

党的二十大报告指出，要支持中小微企业发展，支持专精特新企业发展，推动制造业向高端化、智能化、绿色化发展。回顾改革开放 40 余载的光辉历程，数以千万计的中小企业犹如雨后春笋，展现出勃勃生机与无限活力，它们汇聚成超 5000 万的庞大群体，构成了现代化产业体系不可或缺的基石，对于维系经济韧性和就业稳定具有全局性、战略性的重要意义。研究数据表明，中小企业的发展与地区经济增长之间的相关系数达到了 0.83，二者之间具有较强的正相关性。简而言之，中小企业的繁荣是中国经济整体向好的直接反映，其发展壮大则直接推动地区经济的强劲增长。通过进一步观察，中小企业活跃的区域往往也是经济发展和就业机会最为集中的地带。以专精特新企业为例，其地理分布紧密契合全国制造业的布局特点，浙江、广东、山东、江苏等地的专精特新企业数量名列前茅，其工业增加值也同样稳居全国前列，2023 年专精特新企业省（区、市）分布如图 6-13 所示。因此，持续监测并深入分析中小企业的发展态势，不仅是促进其高质量发展的内在要求，还是评估与预判区域经济高质量发展趋势的需要。

专精特新企业省份分布

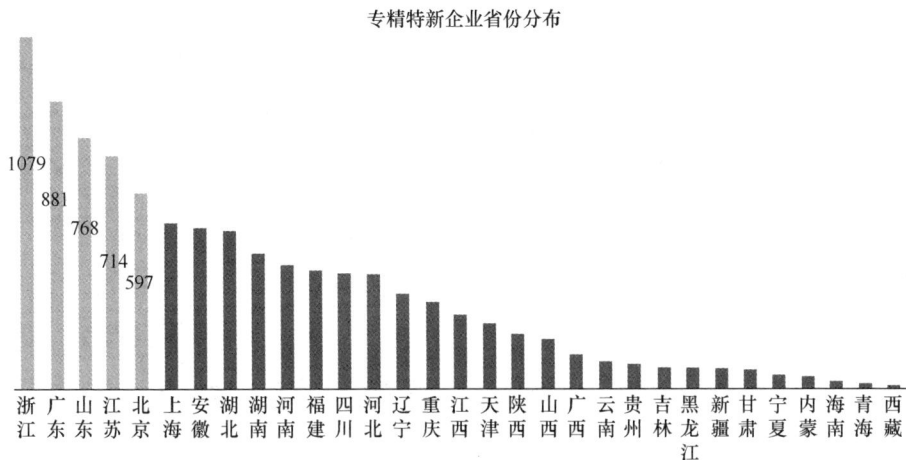

图 6-13　2023 年专精特新企业省（区、市）分布（家企业）[1]

## 2. 中小企业高质量发展评价驱动的构建路径

为了科学且高效地评估中小企业的发展状况，并全面监测地方中小企业整体的发展态势，我们在借鉴前人研究成果的基础上，从经济效益、创新能力、经营管理和绿色安全 4 个核心维度出发，构建了一套中小企业高质量发展评价驱动。

我们在指标的选择上着重考虑了以下几个方面：首先，经济效益是衡量企业高质量发展取得成效的关键指标，直接反映企业经营成果，包括主营业务收入占比、增长率、利润率、负债率等财务指标，以及工业产值（须注意其在服务业中的适用性）；其次，创新能力被视为推动高质量发展的核心驱动力，涵盖创新投入如研发资金及人员占比和创新产出（如发明专利、软件著作权等知识产权成果）；再次，经营管理作为实现高质量发展的实践路径，涉及产品市场竞争力、品牌建设、客户满意度、市场占有率、销售渠道、管理规范及数字化应用等多个方面，但需要注意部分指标（如产品数量、市场占有率等）可能存在的统计标准不一和数据获取难题；最后，绿色安全作为高质量发展的基

---

1　数据来源：36 氪研究院｜2023 年中国专精特新企业发展洞察报告。

石，体现企业对环境保护与安全生产责任担当，包括供应链安全、环保与安全资质、能耗水平及行政处罚记录等，但需要注意这些指标在不同行业间的适用性和数据可获取性差异。

另一方面，在构建中小企业高质量发展评价驱动的过程中，我们进行了深入的指标适用性初步验证。为了确保所选取的指标既科学又实用，我们综合考虑了数据获取的便捷性、准确性及可靠性等因素，对经济效益、创新能力、经营管理、绿色安全这四大维度的指标进行了细致的筛选与调整。具体而言，在经济效益维度，我们考虑到政府部门常用的工业产值指标在衡量服务业企业时存在局限性，因此将其剔除，以确保评价结果的广泛适用性。在创新能力维度，不同行业及规模的企业在研发投入资金和研发人员数量上存在显著差异，需要在实际应用中根据具体情况进行灵活调整，以更准确地反映企业的创新实力。对于经营管理维度，部分指标如产品数量、客户满意度、市场占有率和渠道规模等，由于缺乏统一的统计标准和数据的获取难度较大，其适用性受到限制。为此，我们在筛选过程中更加注重指标的代表性和可操作性，力求在保持评价全面性的同时，降低数据收集的难度。在绿色安全维度，我们考虑到安全生产资质和单位产值能耗等指标在服务业企业中的不适用性，以及数据获取的困难性，对指标体系进行了相应的调整，以确保其能够更好地适应不同行业、不同规模企业的实际情况。经过上述筛选与调整，最终形成了中小企业高质量发展评价驱动，如表6-3所示。该体系旨在全面、客观地反映中小企业在经济效益、创新能力、经营管理和绿色安全方面的综合表现，为科学、高效地衡量中小企业发展水平提供有力支持。

表 6-3　中小企业高质量发展评价驱动

| 一级指标 | 二级指标 | 三级指标 | 数据来源考虑 |
| --- | --- | --- | --- |
| 财务指标 | 经济效益 | 主营业务收入占比 | 企业财报、公开数据统计等 |
| | | 主营业务收入增速 | |
| | | 资产负债率 | |

续表

| 一级指标 | 二级指标 | 三级指标 | 数据来源考虑 |
|---|---|---|---|
| 自主创新 | 创新能力 | R&D投入占营收比重 | 企业财报 |
| | | R&D人员占比 | 企业统计 |
| | | 人均专利授权量 | 知识产权部门、企查查等外部数据 |
| | | 知识产权累计数量 | |
| | | 高新技术企业资质 | 科技部门公示 |
| 公司治理 | 经营管理 | ISO 9000：2015质量管理体系认证 | 中国质量认证中心等公开数据 |
| | | 自主品牌数量 | 商务部门公开数据 |
| | | 法院失信人和失信被执行人次数 | 司法机关公示 |
| 责任担当 | 绿色安全 | 较大及以上生产安全事故次数 | 行政部门公示 |
| | | ISO14000环境管理体系认证 | 中国质量认证中心等认证机构公布 |
| | | 受到环保类行政处罚次数 | 行政部门公示 |

## 6.4 评价驱动推动企业高质量发展案例分析

本节以某大型民营食品企业为例，在利用评价驱动剖析企业存在的问题时发现，受全球新冠疫情冲击，该企业无法及时响应原材料价格波动所带来的消极影响。这会严重影响企业的经济效益和企业内部管理能力。因此，企业有针对性地对供应链、生产、营销等多环节实施数字化转型升级策略，全面提升了企业的营业收入、供应链管理、市场营销、渠道优化等核心能力。

**案例6-1** **某大型民营食品企业基于评价驱动推动数字化升级全面提升企业核心竞争力**

某大型民营食品企业（以下简称"A食品企业"），属于B2C消费品制造型企业中连续型短流程下的食品、药品、化妆品、生物制品企业，其在面对不断扩展的市场版图和日益变化的消费需求时，深刻意识到传统管理模式的局限性，尤其在新冠疫情期间，全球经济链条的调整和原材料价格的波动带来了前所未有的挑战，对企业的经济效益和内部经营管理产生了较大的负面影响。为适应市场变化并提升内部效率，基于企业高质量发展评价驱动的诊断结果，企业决定从供应链、生产、营销等环节采取数字化升级策略，形成高效的管理体系，实现市场快速响应与内部效能的双提升，开启企业发展的新纪元。

### a. 企业概况

A 食品企业的主打产品包括植脂末、咖啡、固体饮料及食品配料，广泛服务于统一、娃哈哈、联合利华等国际食品巨头和 CoCo 都可、蜜雪冰城等餐饮连锁品牌。依托亚洲最大的植脂末生产基地与从德国引进的先进咖啡生产线，A 食品企业不仅在全球市场中的销量领先，还于 2021 年在上海证券交易所主板成功上市，进一步巩固了其行业龙头的地位，开启了高质量发展的新篇章。

### b. 诊断分析

基于对内部流程与市场趋势的深入分析，通过诊断为企业量身定制了 4 种转型策略。这一过程不仅揭示了现有系统的不足，如 ERP 系统的局限性和精益思想的潜力未被充分挖掘，同时还明确了数字化转型的具体路径，包括系统升级、精益深化、透明化管理和全价值链数智化赋能，为 A 食品企业的转型之路指明了方向。

### c. 业务痛点

在面对不断扩展的市场版图与日新月异的消费需求时，A 食品企业深刻洞察到传统管理模式的局限性。尤其在新冠疫情期间，全球经济链条的调整与原材料价格的波动，让企业面临前所未有的挑战，企业的经济效益和经营管理效果受到显著负面影响。为了适应市场变化，提升内部效率，A 食品企业决定加速数字化转型，通过供应链、生产、营销等多环节的数字化升级，构建敏捷、高效的管理体系，以实现市场快速响应与内部效能的双提升。

### d. 转型升级

在组织变革与流程优化方面，A 食品企业首先启动了 ERP 系统的全面升级，借助用友 U8 系列产品的强大功能，运用数字化转型手段，推动了管理流程的现代化，实现了从精细化管理到集团化管控的跨越，为营销模式的创新奠定了坚实的基础。同时，企业深化精益思想，优化生产流程，巧妙平衡大规模生产与个性化定制的需求，确保了产品质量与生产效率的同步提升。

企业大力推进数字化转型，通过生产过程的透明化管理，实现了全过程的数字化监控，显著提高了管控效率和产品质量。此外，A 食品企业整合 CRM 分销系统，强化渠道管理，实现了供应链、财务与前端销售的无缝对接，大幅提升了客户响应速度。借助新媒体零售渠道，企业构建了全渠道会员管理体系，部署了一物一码系统，增强了产品追溯能力，优化了电商零售流程，实现了云仓的快速交付，全面提升了运营效率和服务质量。

### e. 转型成效

得益于数字化转型的精准实施，A 食品企业在供应链管理、市场营销、渠道优化等方面取得了显著成效。2023 年，企业实现了总营收 28 亿元的骄人成绩，同比增长 17%，直接拉动了产业链上游的同步繁荣。通过构建标准化的主数据管理体系和重构集团经营日报体系，A 食品企业正逐步实现数据驱动决策，全面提升企业的综合竞争力，展现了数字化转型的强大力量。

### f. 转型总结

A 食品企业的数字化转型实践，不仅是对传统食品行业智能化、信息化转型的生动诠释，还是企业高质量发展战略的成功案例。该企业根据三轮驱动模式中新型精益思想的指导，采取一系列组织变革、流程优化与引入数字化手段，这不仅提升了该企业内部管理效率和市场响应速度，还成功拓宽了市场边界，增强了品牌影响力，为全球食品行业数字化转型与高质量发展树立了典范。站在新的历史起点上，A 食品企业将以更加坚定的步伐，继续深化数字化转型，引领食品行业的未来潮流，创造更加辉煌的业绩。

## 6.5　小结

　　本章主要分析评价驱动在企业高质量发展中的重要驱动作用。评价驱动作为一个综合性的框架，通过系统化、标准化的评估方法，揭示企业的运营状况，为企业核心能力的持续提升提供科学依据。评价驱动包括评价指标、评价方法、评价标准和评价流程 4 个核心部分，其发展历程经历了从定性到定量、从单一到多元、从综合到智能的演变。评价驱动不仅能够精准把脉企业的高质量发展水平，还是新型精益管理策略执行的指挥中枢，并可持续推动企业数字化转型。此外，本章进一步分析了支撑企业高质量发展的九大核心业务能力，如战略目标落地论证、营销与销售、产品研发等，并构建了从企业负责人、部门负责人、普通员工视角等多维度出发的评价驱动理论框架。通过不同类型企业（如国有企业、大型民营企业、中小企业）高质量发展评价驱动的差异化建设，展示了评价驱动在推动不同类型企业高质量发展中的应用，证明了评价驱动在企业数字化转型和高质量发展中的关键价值。

# 7

Chapter

第 7 章

企业高质量发展
实践的案例分析

案例分析作为一种研究方法，其通过深入研究和分析具体案例来揭示现象与背景的相互关系。我们对"新型精益思想、数字化转型和评价驱动"三轮传动模式引领企业可持续高质量发展的研究，不仅关注企业转型升级中采用的管理、技术和运营解决方案，还包括企业战略、组织结构、业务流程、文化创新对企业高质量发展的影响分析，案例分析的目的是通过具体企业成功或失败的实例，来解释"三轮传动模式"的成功要素、挑战、应对策略及模式为企业带来的具体效益。案例分析能进一步说明"三轮传动模式"的理论基础和实践洞见，帮助读者洞察企业通往高质量发展的关键路径，帮助企业在高质量发展的道路上规避风险、借鉴成功经验、激发创新思维，并根据产业、行业和政策的变化及时调整转型策略。此外，案例分析还有助于丰富高质量发展的理论框架，为学术界、企业界提供更丰富的实证研究素材。根据第6章中，国有企业、大型民营企业、中小型企业三大高质量发展评价驱动的分类，本章分别选取了一个案例，基于新型精益思想的业务痛点挖掘，依托诊断评估结果的问题进行根因分析，采用数字化转型赋能企业改善升级，结合诊断评估开展转型的成效分析，研究企业如何在新型精益思想的引导下，通过评估诊断、推动数字化转型，完成核心能力提升，实现可持续高质量发展。

## 7.1　国有企业高质量发展实践案例

在当前全球经济一体化浪潮下，国有企业作为国家经济发展的中流砥柱，其高质量发展不仅关乎国家经济命脉的稳固，还关乎社会的安全与稳定。面对复杂多变的国内外环境，国有企业亟须探索符合时代趋势、具有前瞻性的发展路径。在"新型精益思想、数字化转型、评价驱动"三轮传动模式中，新型精益思想将精益理念渗透到企业文化、战略决策、生产经营各个层面，形成全员参与、持续改进的良好氛围，有利于增强国有企业全员动员能力；数字化转型打造智能供应链、构建创新商业模式，实现数据驱动的决策管理，助力国有企业更加精准把握市场需求，优化资源配置，提升核心竞争能力；评价驱动构建科学客观评价方法，形成了涵盖创新发展、协调发展、绿色发展、开放发展、共享发展等多维度指标体系，推动国有企业持续优化发展策略，实现可持续发展。以A公司为例，在"三轮传动模式"的指引下，A公司通过制定的集成供应链规划设计，优化物流网络、物料管理、需求跟踪等关键经营环节，提升了整体供应链的灵活性与响应速度，实现高质量可持续发展。

**案例7-1** **A公司打造产销协同体系**

A公司是一家离散加工组装B2C消费品制造型企业，在数字化转型方面面临信息孤岛现象显著、信息化程度不高、系统预测不精准等多重挑战。依托国有企业高质量发展指标体系，从业绩经营能力、产品服务质量、资源配置等企业治理能力的相关领域为团队开展企业核心能力诊断提供理论支撑。同时，按照"三轮传动模式"，借助新型精益思想，经由企业核心能力评估诊断结果，优化组织架构，引进数字化工具，有效提升了运营效率与市场响应速率，为企业可持续高质量发展注入强劲动力。

**一、企业发展环境及业务基本情况说明**

A公司所属集团拥有多家上市公司，旗下涵盖多个品牌。A公司是集团的重要成员企业之一，主要产品包含各类冰箱、洗衣机等。

**二、基于新型精益思想的业务痛点挖掘**

根据新型精益思想对流程优化、员工参与、柔性供应链、质量提升等的理论指导，针对当前企业在需求计划、产销协同、供应链计划、订单管理和数字化等方面的业务痛点，开展企业核心能力评估诊断。A公司参评人员组织分布如图7-1所示，经统计，A公司参与诊断工作近500人，包括营销销售类人员188人、研发产品类人员51人、供应链采购人员44人、制造工厂类人员204人。A公司各模块侦测点数量约4.6万个，包括产销协同运营类8800余个、销售营销类9800余个、产品竞争力类3500余个、供应链能力5300余个、工厂制造能力17500余个。通过企业核心能力诊断，A公司发现当前存在的主要问题包括需求预测准确率低、产销协同规则缺失、供应链计划灵活性差、订单管理效率低下以及数字化转型中信息孤岛和运营支撑能力不足等。

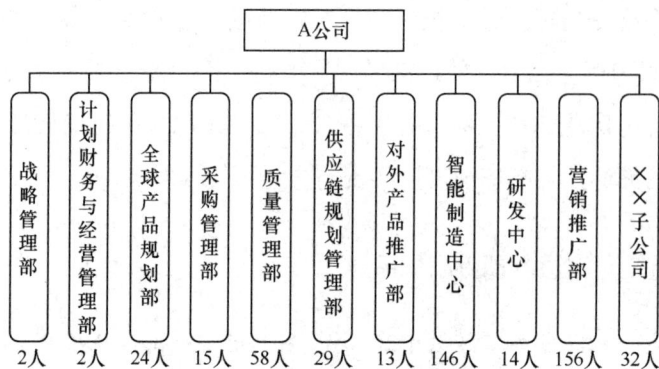

图 7-1　A 公司参评人员组织分布

## （一）需求计划痛点

一是分公司对预测工作重视程度不足，预测准确率偏低，且订单与预测之间的关联性较弱，缺乏必要的辅助预测工具和预测模型；二是需求计划的严格承诺体系尚未完善；三是供应链锁定周期较长，而销售变动较大，两者难以有效匹配；四是海外长周期订单无法提前锁定产能。

## （二）产销协同痛点

一是缺乏明确的产销协同决策业务规则，各经营层面需要就相关业务规则达成共识；二是尚未制订有助于各部门协同的关联计划，计划之间缺乏互锁和承诺机制。

## （三）供应链计划痛点

一是总体产能不足时，A 公司为保证交付效率，优先安排产量较大的产品生产，容易忽略产量较小的产品交付时限；二是排产计划仅按最高值执行，未考虑和需求交期的匹配；三是生产锁定期为 3 周，相较于同行业其他企业多了 2 周；四是缺乏信息化系统支持生产计划自动安排相关流程；五是各个工序的排产不均衡，供需之间衔接存在大量时间、物料和人员浪费。

## （四）订单痛点

一是内销订单履约周期较长，内销订单的履约周期为 44 天，而竞争对手的履约周期约 14 天；二是订单的定义、分类不够清晰，存在订单性质识别出错的问题，导致难以准确跟踪订单履约状况；三是对内销订单未进行交期评审和物料评审，也未对订单作出交期承诺，影响下游企业的生产销售任务正常开展；四是没有实现订单全流程的可视化管理功能，无法有效跟踪和管理订单。

**（五）数字化痛点**

一是各类订单根据业务性质分散于不同的独立系统中，缺乏整体架构规划和跨组织能力协同，造成信息孤岛现象和不连贯的业务流程；二是新功能上线周期过长，无法在全国范围内快速推广，导致信息化水平不统一，整体生产效率难以迅速提高；三是运营支撑能力不足，辅助决策的大数据分析应用较少，难以支撑以数据为驱动的智慧化运营。

**三、依托诊断评估结果的问题进行根因分析**

企业核心能力评估诊断的目的是全面审视企业的运营效能与市场竞争力。按照"三轮传动模式"中的评价驱动推动企业可持续高质量发展，诊断评估团队以企业九大核心业务能力为基础，针对 A 公司的业务特点和发展阶段，设计定制化的高质量发展评价指标方案，对销售、需求、产销、生产、物料管理进行分析。

**（一）销售目标管理诊断分析**

销售目标目前由财务部门牵头制定和分解。各品线型号、渠道、分公司、区域的分解情况未进行统一的管理，如销售计划、零售计划、高端型号主推计划等未进行统一流程、统一规则、统一模板、统一系统的管理。

**（二）销售预测诊断分析**

一是国内业务对销售预测重视度不够，分公司业务参与度低，主要依靠计划员每周 3 ～ 5 小时的人工跟进，预测准确率较低。二是计划承诺和发货方面与分公司预测无直接关联，库存与业务无直接关联，匹配外部业务组织的预测模式准确率低，导致监控管理机制失效。三是海外业务无法锁定 3 周以上的长周期订单，导致订单流失。四是商品订单波动性高，A 公司需要淡旺季备货，无系统支持的波动性预测困难，导致库存要么积压严重，要么因缺货而影响订

单获取成功率。（三）需求计划诊断分析

需求计划没有汇总所有需求并进行统筹考虑，包括内销、外销、样机、样品机、备件、散件等。同时，A公司对需求计划的交期和数量无明确的承诺，没有明确需求计划与预算的差距。

**（四）产销协同诊断分析**

一是缺少产销协同决策的业务规则，A公司在经营层面并没有达成业务规则共识。二是没有对未来3个月的收入利润等经营预判采取相关措施。三是在跨部门协商会之前，各个部门缺乏对计划和问题的沟通和协同。四是各部门缺少一个强有力的协同和"关差"机制。

**（五）生产计划诊断分析**

A公司为了保证交付和生产效率，优先生产排量大产品，对中小排量产品的排期无法保障，导致总体产能不足。排产时，按照预估的最长时间执行，并不考虑业务需求的交付日期。生产时，对订单的锁定期为3周，比竞品公司多了2周。同时，缺乏信息化系统支持自动排产，导致各个工序排产不均衡。

**（六）物料计划诊断分析**

业务采取"要料制"，未将生产对应工单及后台采购系统。导致系统库存数据不准确，账目和实际不相符。部分上线系统的部门供应商管理系统和企业资源管理系统数据不一致，需要采购部门工作人员手工调整下单，导致人工工作量大、错误率高。在生产原材料管理方面，相应材料缺乏"运输到厂"至"投入生产"的时间缓冲相关管理，导致生产线要么处于等待状态，要么处于过载状态。

**四、采用数字化转型赋能企业改善升级**

**（一）构建需求导向型供应链计划协同机制**

建立市场调研机制，在调研结论的基础上，建立一套灵活高效、以销定产的供应链计划协同流程体系，确保供应链各环节间的信息同步，实现供需动态平衡。通过设定明确的服务水平协议，量化各项服务指标，明确各部门职责范围，形成闭环管理机制，持续追踪评估，保障供应链的稳健运行。

## （二）完善订单全生命周期管理流程

构建从接单、排产、发货直至售后服务的全生命周期管理体系，强化供应商、客户上下游的互动连通合作机制，促进生态伙伴的互信与协作，确保订单信息准确无误传递，达成一致的履约预期，从而有效提升客户体验与满意度。

## （三）利用数字化技术赋能订单管理

依据"企业高质量发展评价体系"的标准，引入大数据、云计算、物联网等前沿技术，搭建智能化信息平台，实现对市场趋势的精准预判与订单需求的即时响应，缩短决策周期，提高订单处理速度与准确性，增强企业应对复杂多变市场环境的能力。

## （四）以项目制优化订单交付时长等绩效指标表现

聚焦影响订单交付周期的核心因素，制定并执行一系列立竿见影的改进措施，如简化作业流程、强化库存控制、优化物流配送等，力求在短时间内显著改善订单交付时长等关键运营指标，目的是降低库存持有成本，加速资金流转，提升企业的市场响应速度与服务质量。A公司基于订单交付时长指标改善的数字化转型子项目规划如图7-2所示。

图7-2 A公司基于订单交付时长指标改善的数字化转型子项目规划

261

## （五）加强信息化系统建设，提供强有力的技术支撑

积极协助推进 ERP、SCM（供应链管理）等现代信息技术的应用与集成，确保信息系统与实际业务流程、需求、痛点高度契合，助力供应链管理数字化转型。同时，加大对员工的培训力度，提高员工的操作技能与业务素质，确保信息化建设成果得到有效利用，促进企业整体管理水平跃升至新台阶。

## 五、结合诊断评估开展转型的成效分析

对 A 公司冰箱产品线集成供应链细颗粒度进行测评诊断，对标企业标杆，找出差距。对端到端集成供应链，包括销售预测、计划及产销协同、采购、生产、物流、产品等进行全面的理解，识别流程断点和改善点，为冰箱业务线集成供应链的规划设计全面高阶改善方案。在此基础上集中资源，聚焦目标，进一步以"计划及产销协同"为突破点开展详细改善方案的设计，并从中选择了4 个关键任务开展项目，从而达成对绩效目标的改善。本轮数字化转型战略任务共计完成两类项目，第一类包含 5 个子项目，从集成供应链的业务模式设计、高阶流程设计、流程绩效设计以及人员专业能力诊断提升方案、数字化改进建议 5 个方面横向展开，统一管控所有专题的进度和质量；第二类包括成立 4 个子项目，纵向承接顶层设计，把流程设计和数字化设计落到实处。

## （一）第一类 5 个子项目的说明

一是业务模式。A 公司完成了集成供应链业务模式的设计工作。基于对冰箱公司的深入理解，明确了集成供应链的战略方向，并细化了相应的业务模式。在此基础上，进一步完成了各个业务板块的具体实施方案规划，为后续工作的开展明确了方向。

二是流程重塑。A 公司依据新型精益思想，成功完成了集成供应链从 L1 至 L4 层级的流程设计，以及计划与产销协同从 L5 至 L6 层级的流程设计。通过借鉴集团已有的 L1 至 L3 层级流程框架，并结合 A 公司的实际情况与行业内的最佳实践经验，对现有的集成供应链流程进行了全方位的设计与优化，目的是提高供应链管理的标准化程度，增强流程间的衔接性与协调性，为实现高效的供应链运作提供制度保障。A 公司基于新型精益思想的关键流程重塑如图 7-3 所示。

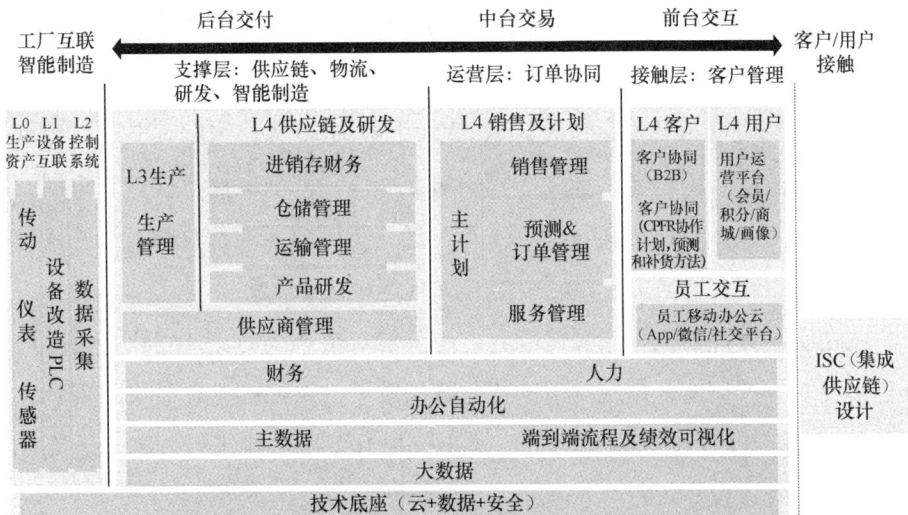

图 7-3　A 公司基于新型精益思想的关键流程重塑

三是绩效重建。A 公司完成了对集成供应链流程绩效的设计工作。通过对原有绩效体系的梳理与优化，确保各项关键绩效指标与业务流程相匹配。新的绩效体系更加科学合理，既有助于激发员工的积极性与创造力，也为企业提供了更为精准的业绩衡量标准，从而推动整体管理水平的提升。

四是组织人才。A 公司完成了产销协同人员的专业能力诊断，并制定了详细的提升方案。在完成战略和供应链业务顶层设计的同时，提出了优化组织架构的建议，使核心业务能力指标体系能够与关键岗位的要求相吻合，为公司未来的发展积累了宝贵的人力资源。

五是数字化建设。A 公司按照"目标 – 赋能 – 改善"的闭环管理思路，提出了计划与产销协同领域数字化改进的具体建议。在供应链板块，制定了中长期数字化改进方案。通过有选择性地推动高优先级项目落地实施，A 公司已经在一定程度上实现了供应链管理的数字化转型。

### （二）第二类 4 个子项目的说明

一是预测准确率提升项目，A 公司对线上平台的销售数据进行深度分析，根据定制的预测算法模型，实现线上平台上冰箱的销售预测准确率从 60% 提高到 64%，增幅达 4 个百分点。此项目的成功实施，有效减少了因预测偏差而导致的断货及库存积压风险，提升了供应链响应速度，增强了市场竞争力。

二是订单交付时长、周期优化项目，A公司对内部流程进行梳理，优化资源配置，成功将内销订单交付时长从33天下降到25天，大幅提升了订单处理效率。同时，将订单锁定周期由3周缩短至2周，并确保评审版计划每周三准时发布、正式版计划稳定在每周五发布，进一步压缩了准备时间。这些调整提升了客户满意度，增强了公司的市场响应能力和服务质量。

三是实现日计划执行率提升项目。A公司对生产线的日计划执行情况进行分析，针对生产调度、排班制度的优化等采取了一系列措施，最终实现日计划执行率从91%提升到96%的目标，这不仅提升了生产线运行效率，还降低了由计划执行不佳而带来的额外成本，为公司创造了更多经济效益。

四是产销协同优化项目。为解决产供销环节中存在的信息不对称问题，A公司上线了产销协同运行系统，经过3个月的实际应用，初步建立了较为完善的运营体系，如图7-4所示。同时，A公司通过信息化手段，实现了生产端和销售端的整合，通过提高资源利用率，降低沟通成本，改善了产品从生产到销售的全链条效率，为公司未来扩大市场份额奠定了基础。

### 六、"三轮传动模式"的实践总结

A公司制定了以业务能力提升为目标的变革纲要和路线图，全面开展与标杆企业的差距分析，从关键绩效指标切入，依托"三轮传动模式"指引，加速核心竞争能力的提升。其核心能力提升项目的选定必须与能力绩效改善强相关，这不是一个单纯的流程项目，也不是单纯的数字化项目、单纯的组织优化项目、单纯的定岗定编定人项目和能力提升项目，而是综合以上所有要素，紧密围绕绩效目标改善的项目。最终，项目的成果要落到信息化、数字化系统中，优秀的系统能实现对业务的深度赋能。

A公司通过将业务分解到基因层级进行详细诊断，在新型精益思想指导下，实现将数字化转型"三大要素、四大步骤和一个机制"融入企业发展战略，据此输出转型升级方案，努力实现业绩目标改善，如订单交付时长、预测、计划执行率、人员效率等能力指标提升改善，建立"流程 – 组织 – 岗位 – 绩效"长效机制，并固化到数字化系统中，不因人的变化而变化。同时，还需要培养未来干部，完成 A 公司的流程再造、组织再造、人岗再造的实施落地。

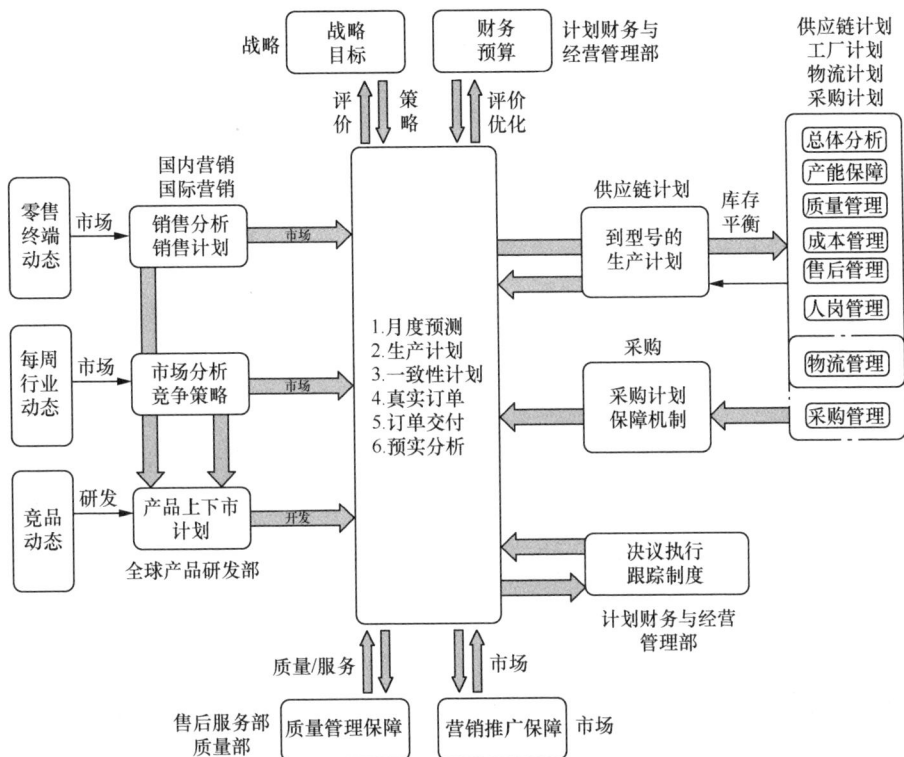

图 7-4　A 公司产销协同运营体系示意

## 7.2　大型民营企业高质量发展实践案例

在数字经济时代浪潮下，国内经济结构调整、产业升级对企业的创新能力提出了更高要求，大型民营企业面临着前所未有的挑战和机遇。同时，新一代信息技术的广泛应用为大型民营企业提供了转型升级的强大动力。在"新型精益思想、数字化转型、评价驱动"三轮传动模式中，新型精益思想倡导最小资源投入创造最大价值输出，它不仅是提升内部管理水平的基石，还是推动企业从"制造"向"智造"转变的重要引擎，使企业实现了成本降低、品质提升和响应加速；数字化转型能够帮助大型民营企业对生产、运营、物流等各大环节进行深度改造，构建网络化、数字化、智能化的新型生产和服务模式，提升决策的科学性和精准性；评价驱动帮助大型民营企业构建涵盖财务绩效、顾客满意度、内部运营流程等多个维度的高质量发展评价指标体系，评价结果的应用与激励机制的建立能够形成大型民营企业高质量发展的强大合力。在"三轮传动模式"指引下，B公司通过深度评估自身的核心能力，结合"目标–赋能–改善"的发展闭环，通过流程管理优化和企业整体运营思维与模式的革新，实现了企业核心竞争力的提升。

### 案例7-2 B公司打造灵活响应市场需求的智慧营销管理体系

B公司属于B2B工业品流程制造型企业中轧制品下的钢材、冶金材、建材、造纸类行业，在迈向全球化和多元化的过程中，B公司遇到了资金流动性、盈利能力、应收账款与存货管理、市场竞争与产能扩张、环保政策与低碳转型等多方面的挑战。B公司按照"三轮传动模式"制订了全面的转型升级计划，涵盖信息系统整合、数据采集与分析、智能化应用、信息安全及业务流程优化，同时，依托大型民营企业高质量发展评价驱动，从营运能力、盈利能力、发展能力、顾客满意度、市场环境等领域为团队开展企业核心能力诊断提供理论支撑。通过这些措施，B公司显著提升了生产效率、资源利用率和决策质量，增强了市场竞争力。

#### 一、企业发展环境及业务基本情况说明

B公司作为中国500强企业，深耕X金属加工领域，是中国X金属加工行业中产品线最全、综合加工能力最强的佼佼者。公司业务辐射X金属加工、新材料、有色金属贸易等多个领域，依托强大的生产与贸易网络，主要产品涵盖X金属线、X金属棒、X金属管等，产量与品质均领跑业界。

#### 二、基于新型精益思想的业务痛点挖掘

B公司当前的痛点主要集中在资金流动性、盈利能力、应收账款与存货管理、市场竞争与产能扩张、环保政策与低碳转型等方面。公司需要针对这些问题制定有效的应对策略和措施，以推动公司的持续健康发展。这部分问题也集

中反映在企业流程的流畅度、完整度、可扩展性等方面，同时对企业的信息化、数字化水平提出更高的要求。为积极响应国家高质量发展与数字化转型战略，实现业务的稳步快速增长，B 公司需要通过评估诊断对业务存在的冗余或者短板进行检验，因此 B 公司主动开展流程管理能力深度诊断。

### 三、依托评估诊断结果的问题进行根因分析

对 B 公司及其 3 个子公司进行测评，主要测评人员按岗位类型、职层分布、与业务相关性等要素进行选取，以管理类为主，职层上覆盖高层、中层与员工，从近 2000 名人员中选出 262 名中高层管理者及一线业务人员参与测评，B 公司通过系统性现状调研、标杆对比，运用"显差 – 析差 – 关差"评估诊断机制，对涵盖信息管理部、生产品质部、工程装备部等 12 个部门的 87 个核心领域进行了细致评估，涉及 246 项具体诊断指标及 25793 个侦测点，全面诊断流程信息化能力，找出了与行业最佳实践的差距。B 公司核心能力诊断核心领域分布如图 7-5 所示。

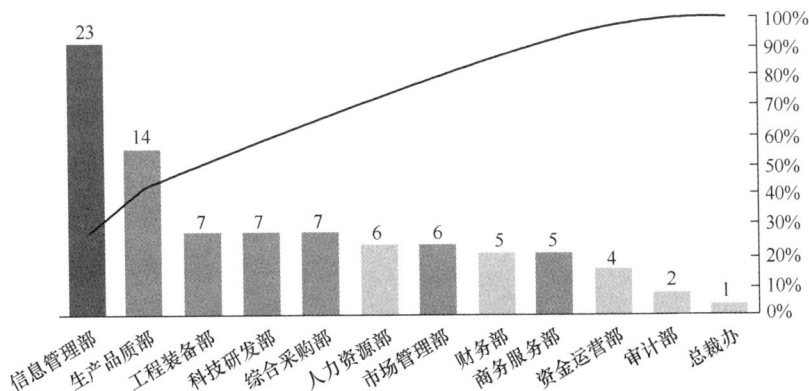

**图 7-5 B 公司核心能力诊断核心领域分布** [1]

### （一）信息系统整合与协同问题

一是信息孤岛现象。在多年的信息化建设过程中，B 公司形成了 ERP、财务、销售、仓库、生产等多个独立的信息系统。由于数据不共享、流程不协

---

1 注：图中的折线是各部门参与人数的累计值。

同，这些系统之间产生了影响信息流通和决策效率的"信息孤岛"现象。

二是系统集成度低。虽然 B 公司已经建立了一些信息系统，但这些系统之间的整合程度不高，业务流程无法实现实时的数据共享和无缝连接，这往往需要人工介入，增加了出错风险，也使整体运营效率降低。

### （二）数据采集与分析能力不足

一是数据采集手段有限。在智能制造和数字化改造的大背景下，B 公司对生产过程中实时数据的收集需要更加高效。但 B 公司还存在数据收集手段有限、数据质量不高等问题，造成生产情况反映不全面、不准确。

二是数据分析能力待提升。对于收集到的数据，挖掘数据背后的价值，并指导决策，这需要 B 公司具有一定的数据分析能力。目前 B 公司的相关能力可能还不足以满足这方面的需求，造成收集的数据不能完全发挥效用。

### （三）智能化应用水平不高

一是智能化应用覆盖不全。尽管 B 公司在智能制造方面已经取得了一些进展，如某些产线自动化率超过 90%、已建成智能仓库等，但其智能化应用的覆盖范围还不够广泛，无法全面覆盖所有业务流程和环节。

二是智能化应用深度不够。在已经实施智能化应用的领域，B 公司还存在应用深度不够的问题。例如，B 公司虽然建立了智能仓库，但还未实现其与上下游供应链系统的深度集成；虽然引入了数据采集与监控系统（SCADA），但还未充分发挥其在生产调度和决策支持方面的作用。

### （四）信息安全与数据隐私保护问题

一是信息安全风险。随着信息化程度的提高，B 公司面临着更复杂的信息安全风险。这些风险可能会对公司的业务运营产生重大影响，包括数据泄露、黑客攻击、病毒入侵等。

二是数据隐私保护。B 公司在收集和分析客户资料的过程中，为确保客户资料的安全和隐私得到保护，需要严格按照有关法律法规和隐私政策的要求执行。但 B 公司目前存在数据使用不当、未经客户同意擅自进行数据共享等对数据隐私保护不到位的情况。

### （五）业务流程与信息化系统不匹配

一是业务流程优化不足。在信息化建设过程中，为适应信息化整体要求，B公司需要优化和重构自己的业务流程。但业务流程不够完善，导致信息化系统不能很好地发挥效用的问题仍然存在。

二是人员培训与技能提升。员工的支持与配合离不开信息化系统的有效运行。但是，目前B公司的员工还存在着对信息化系统不熟悉、操作不熟练等问题，这会对信息化系统应用效果产生影响。

### 四、采用数字化转型赋能企业改善升级

以"目标－赋能－改善"数字化转型发展闭环为理论指导，B公司通过制定战略规划，利用人岗协同和组织结构优化服务业务目标，并通过数字化工具加速生产方式迭代升级，对系统整合、数据分析、智能应用、信息安全和流程优化等领域发掘的问题点进行改善优化。

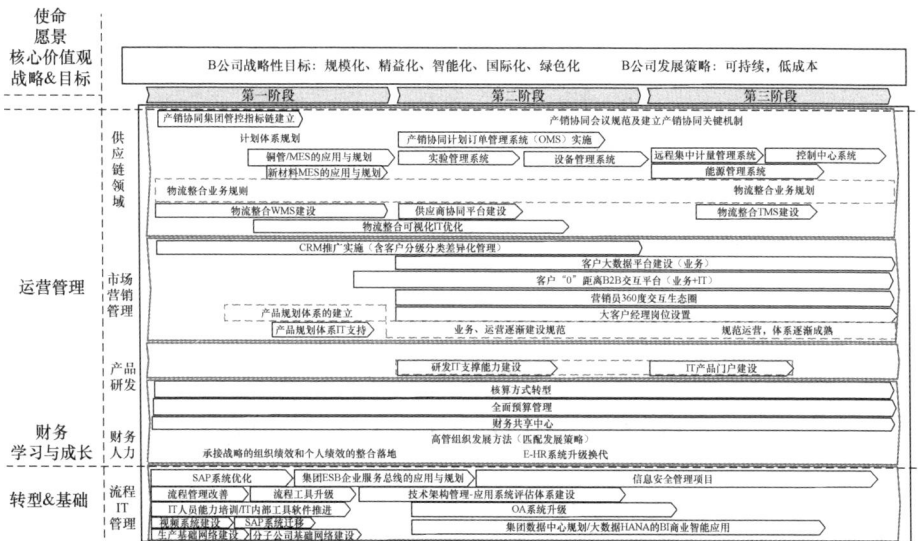

**图7-6　B公司数字化转型路线图规划**

### （一）信息系统整合与数据共享

一是系统整合。在同一个平台整合B公司多个独立信息系统，实现数据的实时共享和业务流程的无缝对接，公司致力于引入业务中台，对工艺质量标准

体系、工厂数字化场景、数据应用建设进行全面整合，以提高系统集成度，减少信息孤岛现象。

二是数据共享。公司加大各系统间的数据交互与共享力度，保证数据准确无误且相互协调一致，通过应用集成提高生产流程的执行力，实现销售、仓储等各个环节数据互联互通。

### （二）数据采集与分析能力提升

一是引入先进数据采集技术。B公司在生产车间引入SCADA等先进技术，实现对生产设备、工艺、能源等实时状态和数据的采集和监控。同时，利用传感器、工业网关等设备，对熔炉、轧机、电机等关键生产设备和部件的数据进行采集，提高数据采集的广度和深度。

二是提升数据分析能力。B公司组建数据分析专业团队，利用大数据、人工智能等技术对采集到的数据进行深度挖掘和分析，提取有价值的信息进行洞察。通过数据分析结果指导生产决策和流程优化，提高生产效率和产品质量。

### （三）智能化应用水平提升

一是扩大智能化应用覆盖范围。B公司不仅将智能化的设备和系统引入生产节点，还将智能化的应用推广到仓储物流、品质管理、安全环保等诸多环节。例如，B公司将5G和AI技术用于质量管理中的产品质量检测；建成智能化仓库，并在仓储物流方面投入运营等。

二是深化智能化应用深度。B公司通过进一步挖掘潜力，提升已实施智能化技术场景的应用效果。例如，B公司通过对MES进行优化定制，使之与生产工艺及具体需求更加适应；通过5G技术的引入，实现设备预测性维护、远程运维等高级功能。

### （四）信息安全与数据隐私保护

一是加强信息安全防护。B公司重视建立完善的网络安全保护体系。信息系统的安全稳定运行需要通过防火墙、入侵检测和数据加密等多种方式来实现；对存在安全隐患的信息系统，要定期开展安全漏洞扫描和风险评估，及时发现并修复隐患。

　　二是强化数据隐私保护。有关法律法规和隐私政策的要求，在数据的采集、存储、处理和使用过程中需要得到严格遵守。公司加强职工安全意识教育和技术培训，提高职工的隐私保护意识和数据安全防范能力；建立完善的资料访问权限管理制度和审核机制，确保客户资料的安全和隐私得到保护。

## （五）业务流程优化与员工培训

　　一是业务流程优化。B 公司数字化转型路线图规划如图 7-7 所示，B 公司结合数字化转型的需求对业务流程进行优化和重构。B 公司通过引入新型精益思想中的六西格玛等先进管理理念和方法对业务流程进行梳理和改进，构建各部门输入、流程、输出及对象部门的流程图，形成相应制度规范；通过数字化手段实现业务流程的自动化和智能化，同时，减少人工干预，降低出错的风险，提高整体运营效率。

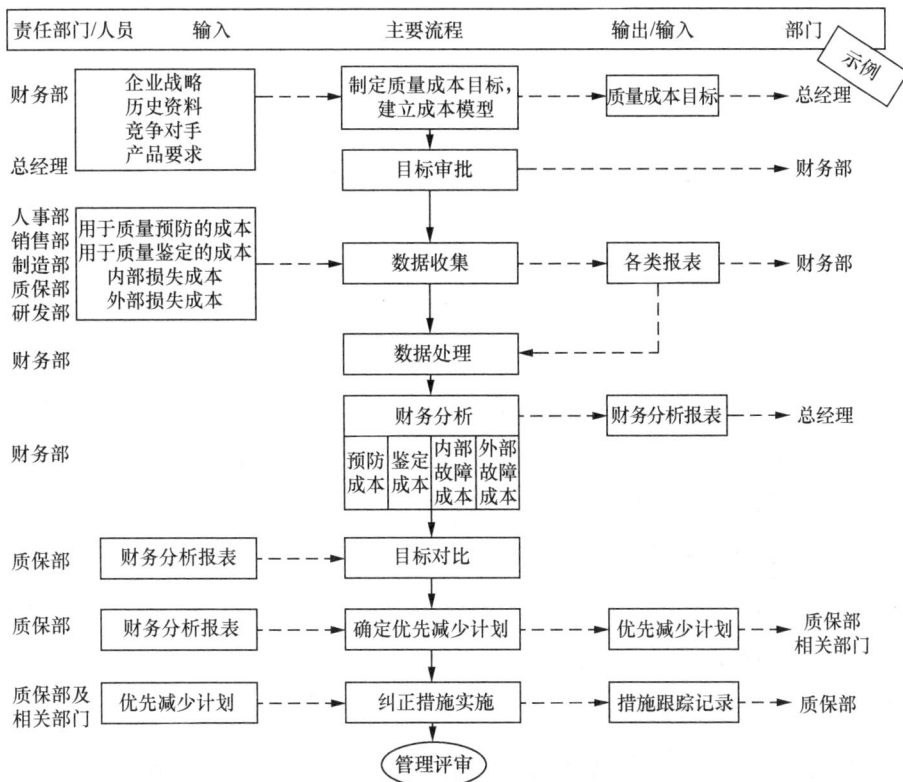

图 7-7　B 公司数字化转型路线图规划

二是员工培训与技能提升。公司加强员工对数字化转型的认识和理解；通过培训和教育，提高员工对信息化系统的操作技能和应用能力；鼓励员工积极参与数字化转型工作。

### 五、结合诊断评估开展转型的成效分析

一是效率显著提升，流程优化见成效。经过测评诊断与后续的流程优化，B 公司的高效流程系统使任务执行速度变快，因时间浪费而产生的损失得到降低，整体工作效率得到了明显改善。通过打破信息壁垒、流程梗阻、沟通不畅、职责不清、认知偏差 5 类部门墙，整体业务流程数量减少 61%，审批效率提升 72%，审批节点数量精减 55%。另外，B 公司对流程进行了优化配置，有效地避免了资源的浪费，既使运营成本得到降低，又使资源利用效率得到提升，有力地促进了企业经济效益稳步发展。

二是强化市场响应，巩固竞争优势。以市场为导向，B 公司设计形成 L1 级流程 12 项、L2 级流程 54 项、L3 级流程 205 项，L4 级流程 432 项，启动各部门设计指导、文档制作和审核实施。B 公司能够灵活高效地响应市场变化和客户个性化需求，从而使企业始终保持领先地位。再加上 B 公司的快速策略调整能力和对市场机遇的敏锐捕捉能力，确保企业通过持续创新以扩大市场份额，并在复杂多变的市场环境中实现稳健发展。

三是 B 公司的数字化转型是围绕"目标 – 赋能 – 改善"的闭环进行的，既包括在流程管理上的优化，又包括企业整体运营思维与模式的革新。B 公司通过运用业务流程信息化，打造了数据驱动的决策机制，使公司实现了管理的精细化与智能化，从而有效地提高了生产运营效率。

### 六、"三轮传动模式"的实践总结

在"三轮传动模式"的引领下，B 公司通过新型精益思想指引，完善了生产、物流的工作流程，这不仅解决了目前运营中的效率瓶颈，还通过核心能力诊断和数字化转型的深入实施，构筑了企业长远发展的坚实基础。在高质量发展的时代背景下，B 公司正朝着成为国际领先的 X 金属加工及新材料解决方案提供商的目标稳步迈进，以数字化转型为驱动，积极开拓创新，不断优化管理

流程，提升核心竞争力。

## 7.3　中小企业高质量发展实践案例

中小企业是推动国家经济增长、激发市场活力、促进社会就业的重要力量。"新型精益思想、数字化转型、评价驱动"三轮传动模式对于引领中小企业高质量发展具有重要意义。在复杂多变的市场环境和资源约束的现状下，新型精益思想成为推动中小企业高效运营、灵活应变的内在驱动力，帮助中小企业更精准定位市场需求，根据需求优化产品设计、生产、销售各个环节，增强企业市场竞争力；数字化转型推动中小企业经营管理模式深刻变革，帮助中小企业实现生产过程智能化、供应链管理透明化、市场营销精准化，加速产品和服务创新，促进企业与产业链上下游伙伴更紧密协作；评价驱动从经济效益、创新能力、经营管理和绿色安全 4 个核心维度出发，帮助中小企业构建了一套全面反映其发展状况的指标体系，能够助力企业更清晰地了解自身发展状况和存在问题，促进企业健康可持续发展。C 公司在"三轮传动模式"的引领下，其运营效率与市场竞争力得到了有效提升，实现了产业升级与可持续发展的双重目标。

**案例7-3　C公司构建可持续性强的运营管理体系**

C 公司属于 B2B 工业品流程制造型企业中材料加工下的高分子材料、高端新材料行业，其面临竞争激烈和客户需求多样化的挑战，传统管理模式和信息系统的局限性显现。财务及库存管理低效、内部沟通滞后、数据分析能力不足等制约了公司的发展。在专业团队协助下，C 公司引入企业高质量发展评价诊断体系，依托中小企业高质量发展评价驱动，从经济效益、创新能力、经营管理、绿色安全等领域为团队开展企业核心能力诊断提供理论支撑，通过诊断发现，C 公司存在技术基础设施落后、系统集成度低、信息流通不畅等问题。为解决这些问题，C 公司通过组织变革、流程优化和引入先进技术进行数字化转型，提升了生产效率、降低了能耗和运营成本，增强了市场竞争力和创新能力，为可持续发展注入动力。

## 一、企业发展环境及业务基本情况说明

C公司成立于2022年，是深耕新材料研发制造领域的高新技术企业，其核心产品是石英坩埚，在光伏及半导体产业中占据着举足轻重的地位，显示出其强大的市场竞争力和成长潜力。凭借创新的技术和对高品质的不懈追求，C公司在为国内外顶尖企业服务的同时，也成为推动光伏及半导体产业在全球范围内实现高质量发展的一支重要力量。C公司面对国家高质量发展的号召，确立了通过技术革新和管理升级，以数字化转型为引擎，实现产业升级和可持续发展的蓝图。

## 二、基于新型精益思想的业务痛点挖掘

尽管C公司在市场上已取得一定成就，但面对日益激烈的市场竞争、客户需求的多元化以及行业技术的快速迭代，其现有的管理模式与信息系统逐渐显露出局限性。尤其是在库存、订单和设备3个方面存在不少问题。

一是库存记录不准确。如图7-8所示，C公司库存记录不准确影响进销存，常造成库存积压。库存管理系统存在数据更新滞后或录入错误的概率，导致实际库存与系统记录之间存在一定差异。例如，一次例行盘点中，发现某原材料实际库存量仅为系统记录的90%，这一误差直接使后续的采购决策出现误判，部分原材料因此出现短缺，而另一些材料却被过度采购，出现积压现象。

图7-8　C公司库存记录不准确影响进销存

二是订单生产进度无法被及时跟踪。由于缺乏有效的生产进度监控手段，客户及内部销售部门往往难以获取订单生产实时状态。例如，在处理一笔紧急订单时，C公司由于缺乏对生产进度的实时追踪，无法迅速响应客户需求，最终未能按期交货，影响了公司的信誉。

三是设备异常无法及时被发现和处理。如图7-9所示，在生产设备运行过程中，C公司由于缺乏有效的监控预警机制，使设备故障常常在发生一段时间后才被发现。例如，某生产线上的关键设备润滑不良导致设备停机，但由于未被及时察觉，连续生产出了近千件次品，这不仅给C公司造成了直接经济损失，还因停机维修延误了正常的生产进度。

图7-9 C公司设备异常难以被及时发现

因此，C公司亟须通过全面的评估诊断，识别并解决其进一步发展的瓶颈问题，为数字化转型奠定坚实的基础。

**三、依托诊断评估结果的问题进行根因分析**

C公司根据"三轮传动模式"的指导，在专业团队的协助下，全面开展评估诊断，参与人员来自公司战略、营销销售、数字化建设、项目实施、软件开发、组织人才6个业务部门，诊断业务范围涵盖了32个业务领域、100余个组件、1030余个侦测点。依托诊断评估结果，C公司存在以下7个方面的问题。

一是缺乏数字化转型整体规划。C公司尚未形成覆盖全企业的系统级战略规划，更没有绘制数字化转型蓝图，导致其在实施过程中方向不明确。因此，C公司将制定数字化转型整体规划放在首位，明确转型目标、路径和时间表，确保各项措施有的放矢，为企业的长远发展奠定坚实的基础。

二是缺乏新型精益思想指引。C公司生产经营存在流程冗余、效率低下等问题，新型精益思想的缺失导致资源利用效率不高。为解决这一问题，C公司计划推行新型精益思想理念，优化内部流程，减少浪费，提高工作效率，从而增强企业的市场竞争力。

三是未能利用MES的自动化、智能化实现降本增效。生产成本偏高一直是困扰企业发展的难题，原因在于缺乏有效的MES以及其和ERP、CRM等相关系统的连接。C公司通过实施MES，不仅可以实现生产过程的精细化管理，还能通过上下游有效控制生产成本，提升企业的利润空间。

四是缺乏实施系统集成，企业治理效率低下。C公司数据孤岛现象严重，各部门之间信息交流不畅，影响了决策的及时性和准确性。C公司通过实施系统集成，打通各个业务环节的信息壁垒，实现数据共享，这有助于提高管理效率，快速响应市场变化。

五是缺乏品质管理系统。产品质量是企业的生命线，但目前C公司在产品质量管理方面存在薄弱环节。如果C公司能实施产品质量管理，建立严格的质量控制标准，确保产品达到预期，便能够增强企业的品牌影响力。

六是缺乏低成本智能自动化升级。随着劳动力成本的不断攀升，企业迫切需要通过自动化、智能化改造来降低成本。C公司通过引入自动化设备和技术，优化生产布局，提高生产效率，为企业创造更大的利润空间。

七是缺乏助力研发创新的整体设计。当前，C公司在产品研发方面创新能力不足，难以满足市场需求的变化。C公司通过引入新型精益思想，优化设计工作的上下游流程，提高研发效率，加快新产品的上市速度，为公司赢得更多的市场份额。

### 四、采用数字化转型赋能企业改善升级

数字化的决策革命，能够帮助企业适应快速变化的市场需求。根据"三轮传动模式"中数字化转型的指导思想，数字化通过企业内部ERP、CRM、SCM、MES等通用软件和自研软件系统的应用，实现对客户以及研发、生产、

供应链等数据的深度挖掘、汇聚和分析。这些数据和算法结合，能够构建一套新的决策机制，使决策更加高效、科学、精准、及时。结合数字化转型理论，针对上述问题，C公司采取了"六动"措施，将先进的战略思路、管理方式、技术应用引入并生根发芽。

一是"动流程"，即优化流程体系，奠定坚实基础。原有的管理制度、流程文件、质量程序文件等已难以满足各业务板块的协同发展诉求，鉴于此，C公司构建了完整的新型精益流程体系。如图7-10所示，C公司基于新型精益思想的数字化转型整体规划，重点打造敏捷制造机制，确保能够快速响应客户需求，满足客户多元化、个性化诉求。通过广泛借鉴业界标杆实践，C公司对现有流程机制进行系统性优化。同时，C公司通过搭建制造系统指标体系，全面优化设备配置、系统集成和原材料管理，从而达成平台系统间的无缝衔接、数据共享、生产透明、管理智能的效果。

二是"动系统"，即加速数字化转型，缩小与行业标杆差距。与行业标杆相比，C公司的数字化水平明显落后，存在一定代差。C公司将现有业务支撑系统分级分类，如部分系统亟待完善、部分系统需要全面重构、部分系统从零开发，确保新建或更新的系统能够支撑业务在数字时代的应用和发展，也将新的业务流程嵌入数字化系统中，实现流程标准化、流程规范化、操作自动化，实现工作效率的跃升。

三是"动组织"，即调整组织结构，优化资源配置。流程的优化必然要求组织结构的相应调整，C公司对现有组织架构进行全面梳理，对于不符合业务发展要求、不产生效益的组织纳入撤销范围，对于符合数字时代要求、符合业务发展方向的组织进行创设或重构。例如，在"三轮传动模式"的3个要素理论指导下，产销协同组织在各部门的协同团队需要重构和强化，从而支撑协同效率的提升。

四是"动岗位"，即岗位调整与人才优化。组织结构的调整必然伴随岗位的相应适配，在新型精益思想的理论指导下，C公司梳理出先进流程所需要的关键岗位，如采购工程组织中需要分别面向数字化团队、面向供应商的采购质

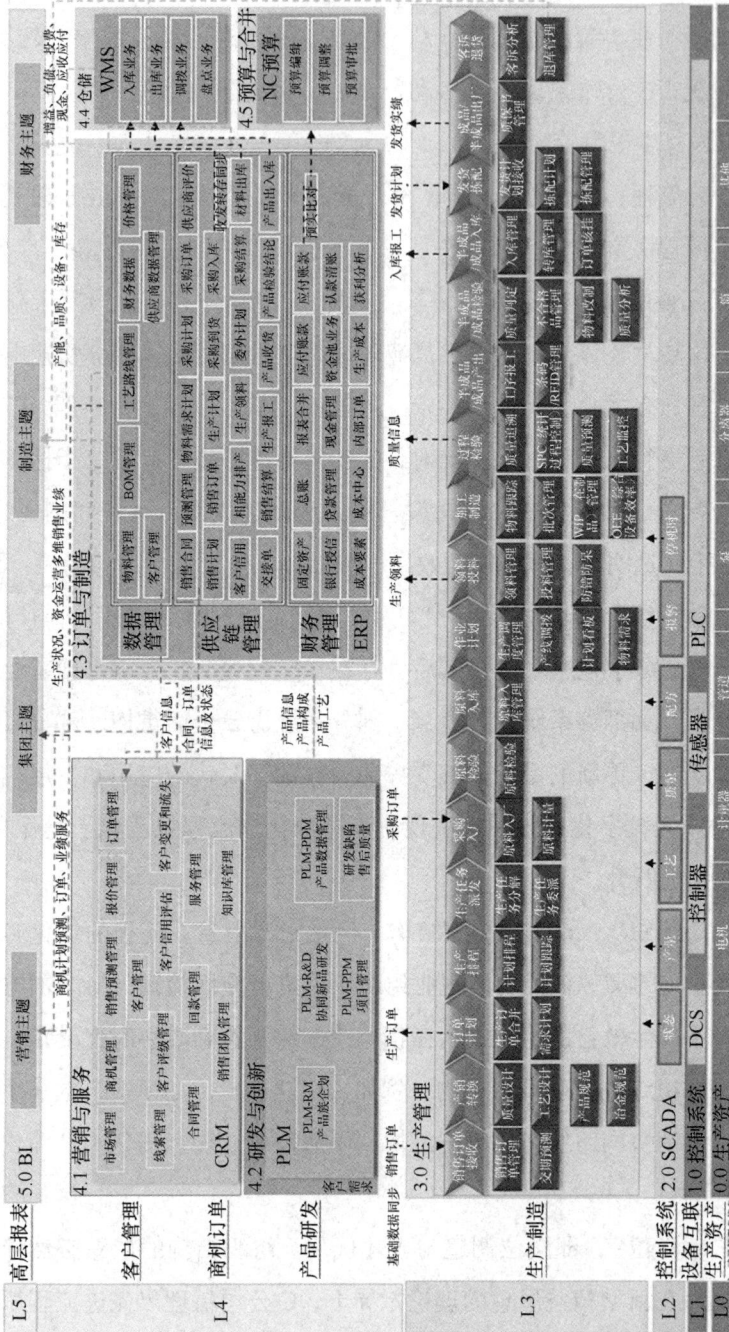

图 7-10  C 公司基于新型精益思想的数字化转型整体规划

量工程师，部分业务部门需要精益管理专家、数据分析师和系统需求工程师等岗位，从而保证数字化技术和业务发展的有效融合，实现人力资源的优化配置。

五是"动机制"，即机制改革与绩效考核优化。随着业务变革和组织优化的深入推进，尤其是绩效考核的机制改革需要全面调整和优化。例如，针对跨部门协同困难的问题，公司需要建立跨部门目标的"互锁机制"，以强化部门间的协同配合，公司通过绩效考核等机制的优化，服务其培育独特的新型精益文化，以多个班组产线为基础试点，逐步延伸到工厂，即C公司各大部门，促进运营效率和产品质量等稳步提升。

六是"动人员"，即人员调整与团队建设。选拔和培养积极参与业务变革、在C公司整体转型过程中有显著贡献和成长的员工进入关键岗位。例如，C公司打造高素质"新型精益师"带队伍模式，通过系统化培训，实战演练及清晰的培训体制，员工的技能水平全面提升，一支高效、专业、富有创造力的团队被打造成功，为公司发展提供有力的人才保障。

### 五、结合诊断评估开展转型的成效分析

经过"三轮传动模式"的应用实践，C公司在高质量发展层面取得显著的成效。

在运营效率方面。一是生产率跃升，工厂产线数字化转型初显成效。C公司上线的智能化生产设备与自动化控制系统，如图7-11所示，该系统提升了生产流程的精准控制率与高效协同效应，生产能力显著提升幅度达10%。这不仅彰显了数字化的高效优势，还为业务获取了更多的市场先机与竞争优势。二是节能减排，践行绿色制造理念。在生产效率跃升的同时，C公司亦高度重视环境保护与可持续发展。通过引入节能设备与技术，优化能源管理系统，能源消耗下降了5%，为绿色制造理念提供了实践素材。三是成本优化，经济效益显著提升。数字化转型带来精细化管理与智能化决策能力，提升运营成本控制能力。通过优化资源配置、减少浪费、提升管理效率等措施，公司运营成本降低了6%，为企业的持续盈利与健康发展奠定了坚实基础。四是响应加速，灵活应对市场变化。数字化转型提升了C公司的市场响应速度与决策效率。通过

构建高效的信息传递与决策支持系统，C 公司能够迅速捕捉市场信号、分析数据、制定策略，以更加灵活的方式抓住商机，确保在激烈的市场竞争中保持领先地位。

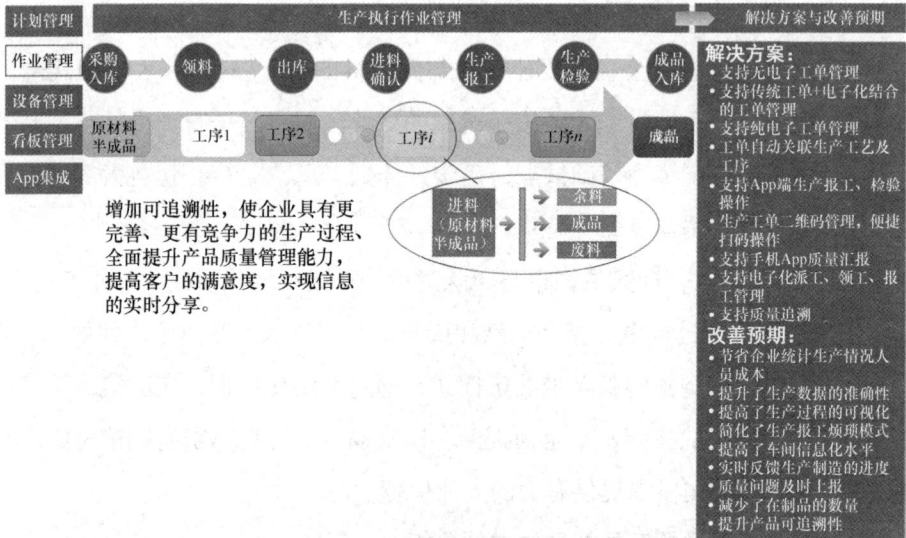

图 7-11　智能化生产设备与自动化控制系统

在市场竞争力方面。一是创新产品与服务，满足市场需求。数字化转型为 C 公司产品与服务创新提供了强大动力。公司紧跟市场趋势与客户需求变化，依托数字化技术加速推动产品与服务的持续迭代升级，不仅满足了市场的多样化需求，还成功打造了多个具有核心竞争力的产品与服务品牌，进一步增强企业的市场竞争力。二是客户体验优化，提升品牌忠诚度。C 公司高度重视客户体验的优化工作。通过运用大数据、人工智能等先进技术进行精准营销与个性化服务定制，C 公司成功提升了客户满意度与品牌忠诚度。这种以客户为中心的服务理念不仅巩固了现有客户基础，还吸引了大量新客户加入，进一步扩大了市场份额。三是敏捷响应市场变化，抢占先机。数字化工具的应用使 C 公司能够实时掌握市场动态与竞争态势。C 公司凭借敏锐的市场洞察力与高效的决策执行能力迅速调整市场策略、优化产品结构、提升服务质量，在激烈的市场竞争中抢占先机，实现快速发展。四是强化供应链协同，提升整体竞争力。数字化转型还促进了 C 公司供应链管理的优化与升级。通过构建数字化供应链平台，C 公司实现了上下游企业之间的信息共享与协同作业，这不仅降低了交易成本，还提升了供应链的整体效率与灵活性。这种高效的供应链协同机制为公司赢得了更多合作伙伴的信任与支持。

**六、"三轮传动模式"的实践总结**

C 公司的数字化转型是在"三轮传动模式"的新型精益思想指引下的一场深刻的组织变革与流程优化。结合"显差 – 析差 – 关差"评估诊断机制，以及评估诊断发现问题、分析问题、并利用数字化工具与技术解决问题，既解决了长期存在的痛点，又使运营效率与市场竞争力得到双重提升，为公司的可持续发展注入了强大动力，促使企业向智能制造与绿色制造不断迈进。

## 7.4　小结

通过深入研究"新型精益思想、数字化转型和评价驱动"三轮传动模式在大型国有企业、大型民营企业、中小企业 3 类共计 3 个案例，我们提炼出其成功要素、面临挑战、采取策略以及最终成效，这些案例展现了"三轮传动模式"在企业高质量发展过程中的实施路径。这些案例不仅涵盖了企业生产、经营和管理环节的各个维度，如技术应用、流程优化、组织变革等，还涉及转型过程中的管理决策、文化调整、市场反应等策略，旨在通过具体企业实例，为读者提供可借鉴、可复制的成功经验。

首先，新型精益思想强调以客户为中心，通过持续改进和消除浪费，提升企业的管理经营效能和市场响应能力。案例中展示的企业，将新型精益思想和企业生产经营流程深度融合，优化了经营管理流程，提升了资源利用效率，不仅为企业管理提供指导，还为企业文化创新和深化组织变更奠定了基础。其次，通过案例分析看到，企业通过数字化手段实现了生产经营过程的智能化以及数据驱动的决策机制，在研发、产品、质量、服务等领域服务企业在复杂多变的市场环境中保持了灵活性和适应性。最后，评估体系的引入为企业转型提供了科学有效的衡量和验证工具，通过全面评估诊断，帮助企业主动发掘经营问题和进行根因分析，进而制定切实可行的改进措施。

在新型精益思想指导下，以数字化转型手段为支撑，通过评价体系的可持续驱动，企业构建"目标–赋能–改善"的数字化转型闭环，结合核心能力诊断实现"显差–析差–关差"的螺旋式能力提升，推动企业高质量发展。这些案例展示了不同行业背景下企业利用数字化工具和技术进行自我评估、优化流程、提高效率以及增强创新能力，这不仅为企业的数字化转型提供了宝贵的经验启示和切实可行的实施路径，还为业界提供了丰富的实践参考。

# 后记

现在，我们共同站在了眺望中国经济发展未来壮丽图景的制高点上。这是一场关于梦想与现实的深刻对话，是一次对实现中华民族伟大复兴梦想路径的勇敢探索。在时代的浩瀚长河中，企业作为经济社会的细胞，其高质量发展的步伐不仅关乎自身的兴衰存亡，还关乎国家经济的持续发展、民族复兴梦想的实现。本书通过总结凝练"新型精益思想、数字化转型、评价驱动"这一三轮传动模式，揭示了企业高质量发展的内在逻辑与外在路径，构建了一个以数据为核心驱动力的崭新图景。

在企业高质量发展的征途中，数据不再是冰冷的数字堆砌，而是成为推动企业转型升级、优化资源配置、提升核心竞争力的关键要素。通过新型精益思想、数字化转型和评价驱动的三轮传动过程，我们不断沉淀和留存企业数据，汇聚成中国企业高质量发展"大数据湖"。这座"大数据湖"是高质量发展的智慧源泉，是未来数字空间的重要基础资源，它不仅记录了企业成长的轨迹，还蕴含着行业发展的规律与趋势。当我们将这些宝贵的数据资源与其他领域的数据（如信用、政务、人口、地理信息、税务、司法、经济等）进行深度融合与交叉分析时，就能绘制出一幅幅复杂而精细的社会经济图谱，它们能为我们开启一扇通往未知世界的大门。我们有理由相信，未来的产业链构建、产业集群发展将不再受限于物理空间，而是在数字空间中自由生长，形成前所未有的协同与创新生态。

回望历史长河，政府执政的智慧始终围绕着制度政策与经济发展这两条波动不息的"波浪线"。这两条看似平行的"波浪线"，实则紧密相连，互为因果。制度政策为经济发展提供方向与保障，经济发展为制度政策的完善提供动力与支持。如何使这两条"波浪线""同频共振"，曾经依赖于领导者的智慧、时代的机遇乃至偶然的英才涌现。而今，随着智能算力、大数据、云计算、人工智能等技术的飞速发展，数据成为连接制度政策与经济发展的新桥梁，未来数字空间将成为政府决策的"新罗盘"，引领制度政策与经济发展的深度融合，使政府能够更加精准地把握经济社会发展的脉搏、更加科学地制定决策。这不仅是技术进步的必然结果，还是对人类治理智慧的一次深刻反思与重构。在数字经济时代，数据不仅是资源，还是力量；数据空间不仅是技术的"竞技场"，还是治理的"新舞台"。只有当我们学会运用数据的力量，才能更好地回答"窑洞之问"，即在新的历史条件下，如何更好地实现国家治理的现代化与高效化。

当我们站在人类文明的更高处回望，无论是企业的高质量发展，还是政府治理的现代化，都是通往一个具有更加崇高愿景的阶梯——世界大同，和合共生。这一理想不仅是中国儒释道文化的精髓所在，也是共产主义理想的终极形态，是跨越中西、贯穿古今的永恒目标。它超越了地域、民族、文化的界限，成为全人类共同的精神家园。然而，要实现这一崇高的愿景并非一蹴而就。它需要我们一代又一代人的不懈努力与奋斗。在数字空间日益成为人类生活重要组成部分的今天，我们更有理由相信，数字技术将成为推动世界大同愿景实现的重要力量。通过构建开放、共享、安全的数字空间，我们可以打破信息壁垒、促进文化交流、增进相互理解，为实现全球范围内的和平与发展奠定坚实的基础。

总而言之，企业的高质量发展不仅是经济领域的自我超越，还是社会整体进步的缩影；数据空间的构建，不仅是技术的革新，还是对人类共同梦想的支撑。从企业的高质量发展到未来数字空间的构建，再到世界大同愿景的实现，一条脚踏实地、方向清晰的愿景之路展现在我们面前，而本书提出的"新型精益思想、数字化转型、评价驱动"的三轮传动模式恰是这漫漫征程上的坚实一步。九层之台，起于累土。实现世界大同是一项需要全社会共同参与的伟大事业，只有将愿景转化为行动，将理论付诸实践，方能将宏伟蓝图变成美好现实。我们相信，随着时代的洪流滚滚向前，实现中华民族伟大复兴的中国梦这一宏伟蓝图，需要每一位参与者的辛勤耕耘与无私奉献。让我们紧紧抓住这大有可为的战略机遇期，牢牢把握高质量发展这个首要任务，以更加坚定的步伐迈向世界大同愿景的辉煌篇章。